삼국유사고증 역주 三國遺事考證 譯註

An Annotated Translation of "Historical Investigation of the Three Kingdoms Archive in Ancient Korea"

【一】

(삼국유사고증 상)

「왕력 편」

삼국유사고증 역주三國遺事考證 譯註 【一】
(삼국유사고증 상)
An Annotated Translation of "Historical Investigation of the Three Kingdoms Archive in Ancient Korea"
—

1판 1쇄 인쇄 2023년 3월 24일
1판 1쇄 발행 2023년 4월 7일

—

저   자 ㅣ 三品彰英 외
역주자 ㅣ 김정빈
발행인 ㅣ 이방원
발행처 ㅣ 세창출판사
　　　　신고번호 제1990-000013호
　　　　주소 03736 서울시 서대문구 경기대로 58 경기빌딩 602호
　　　　전화 02-723-8660 팩스 02-720-4579
　　　　이메일 edit@sechangpub.co.kr 홈페이지 www.sechangpub.co.kr
　　　　블로그 blog.naver.com/scpc1992 페이스북 fb.me/Sechangofficial 인스타그램 @sechang_official

—

ISBN 979-11-6684-188-0 94910
　　　　979-11-6684-187-3 (세트)

—

이 역주서는 2018년 대한민국 교육부와 한국연구재단의 지원을 받아 수행된 연구임.
(NRF-2018S1A5A7028408)

—

삼국유사고증 역주 三國遺事考證 譯註

An Annotated Translation of "Historical Investigation of the Three Kingdoms Archive in Ancient Korea"

【一】

(삼국유사고증 상)

「왕력 편」

三品彰英 외 저

김 정 빈 역주

세창출판사

상권 서문

　　　　　　　　"삼국유사"는 고려의 승려 일연(1206-1289)이 찬술한 사적으로, 불교 사료를 중심으로 하고 있으며, 정사로서 편찬된 "삼국사기"(1145)에 수록되지 않았던 수많은 이전이나 민간전승 등이 수록된, 조선고대사의 기초사료이다. … 그러나 본서는 이전의 열기, 불교적 해석, 미정리인 그대로의 전승기사, 특히 변칙적인 한문과 향가 등 때문에, 최근 왕성해지고 있는 조선고대사의 연구자에게도 충분히 이용되지 않고 있다. 이미 조선연구회본인 "삼국유사"(일본어문)[1]나 이병도의 "역주 삼국유사"[2] 등도 있으나, 이것은 상당히 오독이 있을 뿐만 아니라, 주해도 간단하여 연구자가 이용하기에는 충분하지 않다. "삼국유사고증"에서는 정덕본[3]을 저본으로 하여, 종래의 연구를 근거로 하면서 대학의 학생도 본서를 이용할 수 있도록 역문과 주해를 달았다. 또한 주해에서는 전부 다룰 수 없는 문제를 참고나 논문으로 보이고 싶었으나, 지면 관계도 있어서, 이것은 대부분 할애하지 않을 수 없었다. ….

이것은 지난 1963년 10월에 발간된 "조선학보"(제29집)에 '삼국유사연구회'

---

1) 고증.(고증 원문에 의한다. 이하 전부 '고증'으로 약칭.) 본서 "삼국유사" 해제 참고.
2) 고증. 주1과 같다.
3) 고증. 주1과 같다.

가 '삼국유사고증-가락국기(1)'를 투고할 때에, 해당 연구회 창시자이며 또한 주재자였던 고(故) 미시나 아키히데 박사가 이 논고 모두의 요약문(梗槪欄)에서 해설적으로 서술한 말이다. 그래서 이제 "삼국유사고증"(상권)의 목적과 의의는, 새삼스럽게 후학인 우리가 장황한 말을 하지 않아도, 미시나 박사의 위의 말로도 충분히 알 수 있을 것이라고 생각한다. 그러면 본서 간행의 모체가 된 '삼국유사연구회'는 무엇인가. 또 이 연구회는 어떻게 해서 만들어졌는가. 나아가 본서가 어떠한 경과를 거쳐 간행되었는가에 대하여, 잠시 지면을 내어 이러한 경위를 말하고자 한다.

처음 "삼국유사연구회"가 새롭게 소리를 낸 것은 1958년의 일이며, 같은 해 1월의 하버드 연경(燕京)(Harvard-Yenching) '동방학연구' 일본위원회 석상(席上)에서, 교토부회의 위원이었던 미시나 박사는,

(1) 최근 조선의 조선사 연구가 점차 활발해지고 있으나, 정치적인 장애뿐만 아니라 언어상의 장애도 있어서, 조선사 연구가 일본의 학회나 사학(斯學)의 연구자에게 거의 알려져 있지 않다. 그런 까닭에 조선에 있어서 조선사 연구를 비롯하여, 이와 관련을 가진 조선의 고고학·민속학·민족학·언어학의 주요한 논문을, 가능한 한 많이 초역(抄譯)해서 그 현상을 널리 일본의 학계 연구자에게 전하고 싶다. 또 이것으로 인해 양국의 학술연구교류의 일단을 담당할 뿐만 아니라, 나아가서는 양국의 친선을 부흥하는 인연으로 삼고 싶다.

(2) 일본의 조선고대사 연구는 차츰 진전하고 있다. 그러나 조선고대사 연구상, 필수사료인 "삼국유사"에 대하여 전면적인 연구는, 아직 이루어지지 않고 있다. 이것은 이 책이 극히 난해한 까닭이어서, 사학(斯學) 연구상 커다란 결함이 되어 있다. 이 결함을 제거하기 위해, 다방면의 연구자를 모아 '삼국유사연구회'를 창설하고 싶다. 이 연구회 창설에는 지금 한 가지 목적이 있다. 현재 조

선사 연구에 종사하고자 하는 젊은 연구자가 거의 없다. 이대로라면 일본의 조선사 연구의 장래가 위태롭다. 그런 까닭에 이 연구회에서는 "삼국유사" 연구와 함께, 이것을 통하여 사학학도의 양성에 힘쓰고 싶다.

라는 의제를 제안하셨다. 다행스럽게도 이 제안은 위원회에서 채택하게 되어, '조선연구회'와 '삼국유사연구회'가 같은 해, 7월 1일에 동시에 발족하게 되었던 것이다.[4] 그래서 '조선연구회'는 주지하는 바와 같이, 1959년 이후 "조선연구연보"를 계속 발간하여, 작년까지 15호를 세상에 내보냈다. 또 현재 성황리에 진행되고 있는 '일본사연구회'도, 이 '삼국유사연구회'에서 파생된 것이다.

'삼국유사연구회'의 당초의 멤버는 미시나 아키히데, 이노우에 히데오, 아오야마 히데오, 가사이 와진, 기시타 레진에 필자 무라카미 요시오를 더해 6명이었다. 이 가운데 기시타 레진은 대학원생이었다. 아오야마는 불행하게도 질환으로 인해, 1959년 4월 이후는 결석했기 때문에 허전했으나, 1960년 4월부터는 새로이 대학원에 진학한 에바타 다케시가 참가하였다. 다음으로 연구비는 1960년도 1년간은 문부성과연비(각개연구)로 충당되었으나, 그 외의 연도에는 거의 연속해서 하버드 연경 자금으로 충당되었다.

다음으로 연구회는 매월 2회를 원칙으로 했다. 그래서 처음에는 미시나 박사의 근무처인 도시샤대학 문학부대학원 문과사(文科史) 학과교실에서, 이어서 1960년 10월에 박사가 신설된 오사카 시립박물관장으로 옮기고 나서는,

---

4) 고증. "조선학보" 제24집(1962년 7월), 및 동지(同誌)를 복각한 "미시나 선생 환갑 기념 일선고사창고(日鮮古史彰考)"의 휘보란에 게재한 '조선연구회의 발자취'(이노우에 히데오 작) 참조. 또한 초기의 '삼국유사연구회' 등의 발자취에 대해서는, 위에 이어 '삼국유사연구소사(小史)'(기시타 레진 작) 및 '일본서기연구소사(小史)'(에바타 다케시 작)를 참조.

오사카성 내의 이곳에서 계속되었는데, 이 흐름은 박사가 퇴직한 1968년 3월까지 지속되었다. 또 우리는 이 연구회 외에, 1959년 이후에는 매년 빠지지 않고, 하계마다 수일간에 걸쳐 연구합숙을 해 왔다. 연구회의 발자취를 뒤돌아보면, 처음 수년간은 미시나 박사의 지도 아래, 각자가 가지고 온 텍스트인 '정덕본'의 본문을 읽고, 그 후에 신화전설·불교관계(미시나), 중국사와의 관련 및 지명고증(무라카미), "삼국사기"와의 관련 및 인명·관제의 고증(이노우에), 고고학 및 기년관계(가사이), 조선어관계(아오야마), "일본서기"와의 관련(에바타), 전문통석(기시타) 등 각자의 분담에 따르며, 게다가 반드시 해야 하는 검토를 서로 했던 것이다. 그렇게 연구는 착실하게 진행되어 본문 비판, 기년 고증, 인명·지명 고증 등 여러 문제점에 대한 토론이 거듭되었고, 그 논의는 종종 뜨겁게 끓어올랐던 것이다. 매월 예회 시간은, 대략 오전 10시경부터 오후 5시경까지로 되어 있어도, 제때 끝나지 않은 날이 많았던 것은, 논의가 뜨거워지거나 미시나 박사의 유머와 풍부한 화술에 매료되어 흥취가 다 끝나지 않았기 때문이었다. 다만 여기에서 잊어서는 안 되는 것은, 조선어학습에 대해서이다. 처음에 조선어 전문가인 아오야마가 모임의 멤버였기 때문에, 연구회마다 처음 1시간은, 반드시 아오야마의 지도 아래, 조선어의 소개를 받았던 것이다. 그러나 앞서 말한 대로 아오야마의 병환으로 인해, 1959년 4월 이후에는 그 지도와 조언을 받을 수 없게 되어, 연구회로서는 커다란 아픔이 되었다. 일동은 아오야마의 학은에 대하여, 깊이 감사하고 있을 따름이다.

또한 본회에서는 단순히 "삼국유사" 연구뿐만 아니라, 이것과 관련되는 조선고대사 전반에 걸쳐 항상 자유로운 의견을 교환하여, 그곳에서 다루어진 문제점을 각자의 연구 테마로 감안해 왔는데, '신라의 골품제에 대하여'(미시나), '금관국의 세계와 졸지공'(무라카미), '고대조선의 문화경역'(이노우에), '삼

국유사 백제왕력과 일본서기'(가사이), '일본서기에 보이는 백제사료의 사료
적 가치에 대하여'(기시타) 등의 모든 논고는, 본 연구회의 초기 연구과정에서
나온 풍부한 결실의 일부였다. 이렇게 개시한 후 4년간에 "삼국유사" 통독이
일단 끝났기 때문에, 1962년도부터는 출발점으로 되돌아가, 보다 정밀하게
제1부터 재독·재점검을 하면서 연구성과를 차례차례 상재(上梓)하기로 했
다. 이 이후에는 각 장절마다 책임자를 정하여, 그 당사자가 해당 장절의 집
필을 이어받아, 원고 마무리에 전력을 다하기로 했기 때문에, 1963년 이후에
는 다음과 같이 상재가 진척되었다. 즉,

(1) "삼국유사고증 제1분책"(권제1, 서문 말갈)(1963년 6월 "조선연구연보" 제5
호의 부록)

(2) "삼국유사고증 - 가락국기(一)"(1963년 8월 "조선학보" 제29집)

(3) "삼국유사고증 - 가락국기(二)"(1964년 1월 "조선학보" 제30집)

(4) "삼국유사고증 제2분책"(권제1, 이서국(伊西國) - 우사절유택)(1964년 6월
"조선연구연보" 제6호의 부록)

(5) "삼국유사고증 제3분책"(권제1, 신라시조 혁거세왕)(1967년 6월 "조선연구
연보" 제9호의 부록)

(6) "삼국유사고증 제4분책"(권제1, 상동(上同) - 제2남해왕)(1969년 11월 "조
선연구연보" 제11호의 부록)

인데, 위의 (2), (3)은 1963년의 하계 합숙 중에 전원이 분배하여 불면불휴하
며, 원고를 적어 끝나자마자 대기 중인 요시오카 미쓰코(현재 기우치 부인, 당시
에는 학생이었다)가 그것을 정서(淨書)하고, 완성되자마자 곧장 조선학회에 보
내 조판에 들어갔던 것으로, 그 추억은 지워지지 않는다.

하계 연구합숙은 1959년도부터 1967년까지에 한해서 본다면, 1961년의 가사기야마 산기슭과 1962년도의 가부산사(다가쓰기시)로의 이동을 제외하면, 줄곧 시가현 모리야마시 미야케의 렌쇼지에서 행해졌다. 당시에는 렌뇨쇼닌의 유서 깊은 고찰이며, 또 미시나 박사의 생가이다. 박물관장으로 옮겼을 때에도, 늘 박사는 합숙을 위하여 일부러 연차 휴가를 내면서까지 참가하여, 여러 가지로 지도해 주셨는데, 게다가 합숙할 때마다 많은 보살핌을 준, 미시마 부인의 후의에도 감사하지 않을 수 없으며, 평생 잊지 못하는 바이다. 이윽고 예년의 합숙이 그 지역의 명물이 되어, 가끔 박사의 귀향을 알고 지역 사람들이 차례로 방문했기에, 박사는 연구회와 손님 응접에 자리가 따뜻해질 여가가 없었고, 또 친척이나 사원 신자 부인들의 자발적인 협조나 야채류, 비와호수에서 나는 어패류 등을 맛보는 혜택을 입은 것도 감사한 일이었다. 깊은 숲으로 둘러싸인 사찰 환경과, 독특한 분위기 가운데에서의 연구성과는 괄목할 만한 것으로, 이 합숙은 언제나 대성공으로 끝났다. 또 합숙 중에 일동은 자주 박사로부터 그 지역에서의 박사의 어린 시절 이야기를 들었고, 나아가 해군 교수 시절에 마이쓰루에서 연습함대의 항해에 동행하면서, 한반도 동해안을 구석구석 탐방하며 민속조사 등을 한 이야기 등은, 흥취가 그칠 줄 몰랐다. 단 시국 문제에 대해서는 젊은이와 의견을 달리하는 경우도 종종 있었으나, 널리 음식물·식물 등의 이야기에서 일상다반사에 대해서까지도 화제가 그치지 않고, 일동은 늘 박사의 고견을 즐겁게 경청했다.

또한 박사의 박물관장 재임 중에는, 자주 오사카 시내의 조선요리점에서 조선요리를 맛보면서 망년회를 했고, 나아가 겨울의 따뜻한 아이오이 해안이나, 신와카우라 해안에까지 발을 옮긴 숙박여행도 잊기 어려운 추억이다. 이윽고 1968년 3월 말에 박물관장을 사임하였으나, 이후에는 자택에 머물면서, 연구에 전념함과 동시에 논문집 등의 저작에 임하게 되었다. 한편 발족 당초에는 아직 젊었던 멤버도, 해를 거듭함에 따라 학교나 사회에서 공사다망한 지위에 있게 되었고, 나아가 1968년쯤부터 전국적으로 퍼진 대학분쟁에 휩싸였기 때문에, 이전과 같이 빈번하게 모이는 일이 어려워져, 예회는 교토 시내의 미시나 박사의 자택이나 교토시 교직원 회관에서 종종 행해지는 것에 지나지 않게 되었으나, 하계 연구합숙은 끊기지 않았다. 그래서 1968년도에는 일본난류가 흐르는 구시모토(和歌山縣)에서, 1969년도는 쓰시마 해류가 흐르는 일본해안의 가스미(兵庫縣)에서 행했다. 특히 구시모토에서는 어느 날 아침 해 뜨는 시각에 맞추고자, 혼슈 최남단의 시오노미사키까지 걸어가, '닌도쿠기'에 보이는 푸성귀(御網葉)를 시오노미사키 신사 옆에서 채취했는데, 숙소로 돌아온 뒤 아침식사로, 그 푸성귀에 한 가지 반찬을 감싸 고대인을 추모하며 먹었다. 박사는 식후 이 감격을 1문으로 적었는데 그 한 절은 "일본서기 연구"(제4책)의 서문에 수록되어 있다.

또 박사는 이전부터 일조(日朝)의 학술교류에도 뜻을 가지고 있었는데, 1968년 가을에는 시간을 내어 염원하던 방한을 이루고, 오래간만에 증유의 땅을 찾음과 함께, 오랜 친구를 만나 기쁨을 다했던 것이다. 그때의 심경의 일단은 같은 해에 간행된 "조선연구연보" 제10호의 서문에서도 볼 수 있으나, 이것을 계기로 해서 다음 해 1970년 하계 합숙에는, 한국에서 온 황수영(현재 서울국립박물관장), 김택규(영남대 교수), 장주근(서울대 교수, 당시 일본에 출장 중) 세 사람을 맞이하여, 국제연구회(회장, 교토시 교직원회관)가 병행되어 열렸다. 일본에서는 회원 외에 조선어학 전공 나카무라 다모쓰(도호쿠대), 신화학·민속학 전공 마쓰마에 다케시(헤이안박물관, 현재 텐리대), 일본고대사·불교사 전공 다무라 엔초(규슈대), 세 사람도 참가하였다. 이 연구회의 일부는 "조선연구연보" 제13호에 소개되었다. 이 연구회가 개최된 것은, "삼국유사" 권제3 이하가 대부분 불사 건립 연기나 불교설화 등으로 이루어져 있고, 또 향가 등도 비교적 많이 포함되어 있다는 것 등으로, 마땅히 해야 할 권제3 이하의 연구심화와 집필에 대비함과 동시에, 연구회의 진전을 도모했기 때문이다.

전후 사정 이야기이지만, 미시나 박사는 생전에 이 "삼국유사고증" 일을, 데쓰겐의 "일체경" 개판사업과 비유하여 데쓰겐 이야기를 자주 하였다. "삼국유사고증"의 간행은, 분책으로 세상에 내보낸다. 그리고 분책의 간행이 진척되어 완수될 때에는, 이것을 서로 묶어 재간하려고 하는 의도 아래, 경비 사정을 감안하여 각 분책의 종이 모양을, 하나하나 인쇄소와 교섭하여 만들고 이것을 보존하려고 했다. 이것은 이러한 종류의 출판이 용이하지 않기 때문이다. 그런데 1968년이 되어 도쿄의 하나와 쇼보가 "일본서기연구"의 출판을 담당하고 있는 관계로, 미시나 박사에 대하여 "삼국유사고증"의 간행을 인수해도 좋으냐는 요청이 있었던 것이다. 그래서 1968년 하계 합숙(구시모토)에서는, 이 낭보로 이미 출간한 각 분책을 보정함과 동시에, 권제1(紀異 제1)의 미간 부분의 원고작성을 서두르기로 했다. 또 필자는 이때의 방침에 따라서 '삼국유사 해제'의 초안을 집필했는데, 다음 해의 하계합숙(가스미)에서는 '권제1'의 미간 부분의 원고를 가지고 서로 점검하는 등, 진척은 순조로웠다. 그리고 나아가 '왕력' 편과 '권제2(기이 제2)'의 부분의 원고작성에 들어가기로 했던 것이다. 이러한 결정이 이루어진 후, 한층 더 다른 출판사로부터도 "삼국유사"의 역본을 내고 싶다는 의뢰를 받았으나, 하나와 쇼보와의 선약이 있어 도의적으로도, 금후 이러한 신청을 거절하기로 했다. 하나와 쇼보로부터 신청을 받기 이전의 어렴풋한 계획 단계에서는, '권제1(기이 제1)'과 '권제2(기이 제2)'를 합하여 한 책으로 할 예정이었으나, 그 후 '왕력'과 '권제1(기이 제1)'을 합하여 "삼국유사고증" 상권으로 하고, '권제2' 이하는 중권·하권으로 하는 계획으로 변경했다.

이와 같이 출판에 광명이 보이는 가운데, 1971년 여름을 맞이했으나, 미시나 박사의 건강이 좋지 않게 되어, 7월 말의 연구 합숙(교토시 교직원회관)에도 참가하지 못하게 되어, 그 진행을 필자에게 맡기고 요양하였던 것이다. 이때부터 박사는 흉배 부위의 아픔을 호소하며 집필도 중지하였다가 결국 8월 중순, 아무도 모르게 교토 부립 의대병원에 입원하여, 일체의 면회를 거절하고 오직 요양에 힘쓰게 되었다. 나중에 안 일이지만 박사의 몸은, 이미 악성 후복막 종양이 되어 있었던 것이다. 필자는 11월 말에 특별히 허가를 받고 병문 안차 박사의 병실에 들어갔는데, 박사는 침대에서 몸을 일으키고 여느 때와 같이 유쾌하게 여러 가지 이야기를 하고, 나아가 다가오는 봄부터의 계획 등도 언급하였다. 이때 소견이지만 박사의 신체는 쇠약하다는 느낌도 없었고, 안색은 7월경에 비하면 훨씬 좋았기 때문에, 필자는 만나기 전까지의 불안한 마음도 사라지고, 안심하면서 귀갓길에 올랐던 것이다. 단지 식욕이 나지 않는다기에 다소의 불안은 느꼈으나, 최악의 사태 등은 도저히 예상할 수 없었다. 그런데 12월 19일에 이르러 박사의 용태는 급변하여, 끝내 불귀의 객이 되었다. 진심으로 슬프기 짝이 없었다. 또 박사는 7월 5일 탄생일에, '독생독사독거독래'(拜無量壽經, 彰英, 歲當古稀)라고 색지에 적었는데, 이것이 절필이 되었던 것이다.

박사의 급서는 각 방면에서 애석하게 여겼으며, 학계에 있어서도 타격이 었는데, 직접 지도자로 모시고 대주석으로 여겨 왔던 당 연구회로서는 큰 타격이었다. 연구회의 멤버 일동은 비보를 접했을 때에, 완전히 악연실색이었으며, 한때는 말 그대로 허무하게 망연자실했던 것이다. 하버드 연경 연구소로부터는, 박사가 돌아가신 후인 1972-73년 회계연도에도, 계속 연구자금의 원조를 받았다. 오랜 기간에 걸쳐 연구자금을 주신 하버드 연경 연구소 및 하버드 연경 동방학 일본위원회 교토지부의 요시카와 고지로 박사, 히비노 다이조 박사 등의 호의에는 감사하지 않을 수 없다. 깊은 감사의 말씀을 올릴 따름이다. 또 하나와 쇼보로부터도 새롭게 호의적인 의뢰를 받는 일 등이 있었기에, 한층 더 연구를 계속하게 되어 '권제1(기이 제1)' 부분의 원고는 작년 6월에, 또 여러 사정으로 정체를 거듭하여, 본서의 조기간행이 늦어졌던 '왕력' 부분의 원고도, 9월에 인쇄할 수 있었던 것이다.

　당 연구회가 결성되고 아직 얼마 지나지 않았을 때에, 미시나 박사는 자주 연구회 멤버 가운데 박사 다음으로 연장자인 필자를 가리키며, '무라카미 군, 내 사후를 잘 부탁하네.'라고 말씀하셨다. 그 당시에는 그저 농담으로 가볍게 웃어넘기고, 진지하게 앞일은 생각하지 않았는데, 이렇게 박사의 급서를 당하고 나니, 오싹해지고 박사의 위대함이 몸에 스며들어 옴과 동시에, 책임의 막중함에 부들부들 떨기만 할 따름이다. 본서가 이루어짐으로써, 필자로서는 책임의 일단을 이루었다는 안도감 등은 조금도 느끼지 못하고, 이것을 박사 살아생전에 올리지 못했다는 것이 후회스러워, 스스로 회초리로 때리고 싶어지는 것이다. 또 본서의 조판 중에, 예의 석유위기가 찾아와 경제이변이 속출하고, 나아가 하나와 쇼보의 시라이시 요시아키 사장이 급서하는, 이중의 불행을 당하는 등의 사정이 있어, 발간이 예정보다 훨씬 늦어져 박사의 삼회기법요[5)에도 올리지 못했다. 박사의 유족에 대해서도 송구하며 사과를 드릴 따름이다.

　이상 미시나 박사를 추모하며, '삼국유사연구회'의 발자취를 회고함에 많은 지면을 할애해 왔는데, 처음에 말했듯이 당 연구회는, 미시나 박사의 지도 아래 연구를 계속해 왔던 것이다. 그래서 본서의 원고는 미시나 박사를 필두로 이노우에, 가사이, 기시타, 에바타와 필자 6명이 집필해 왔으나, 본서에 담

---

5) 역자.(이하 기본적으로 역자 주이다. 역자.는 생략. 다만 필요에 따라 출처는, 각각 글머리에 고중.과 같이 분명하게 보인다.) 장례 후 49일에 치르는 제사.

은 '왕력' 편의 원고는, 미시나 박사의 서거 후에 된 것이기 때문에, 결국 박사의 교열을 받지 못했다. 또 '권제1(기이 제1)' 후반의 원고도, 박사가 병상에 계신 이후에는, 정리·통일 등 모두 필자가 맡았기 때문에, 본서에 불비한 점이 있다고 한다면, 그것은 미시나 박사의 책임이 아니고 모두 필자의 죄이다.

　독자도 본서를 통람하면서 알 수 있듯이, 본서는 "삼국유사"의 '왕력'과 권제1(기이 제1)에 대하여 '정덕본'을 저본으로 하여 그 본문을 싣고, 이어서 그 역문과 주해를 단 것이다. 그리고 주해에서 모두 다룰 수 없는 문제는 참고나 논문으로서 붙이고 싶었으나, 지면 사정도 있어 거의 할애를 하지 않을 수 없었다. 또 새로이 "삼국유사" 연구에 뜻을 두는 사람들을 위해, 유익하게 하고자 하는 참고논문 등의 주기도 제한하지 않을 수 없었다. 나아가 주해를 위하여 참고했던 자료 종류는 셀 수 없이 여러 갈래에 걸쳐 있었다. 즉 모든 저서, 논문, 사료집, 유서(類書), 사전 등이나, 우리는 이것으로부터 많은 학은을 입은 것은 잊을 수 없다. 삼가 감사의 뜻을 표할 따름이다. 또한 최근의 조선(남북 모두)이나 일본에 있어서, 고대사 연구에 괄목한 것이 있고 그 성과도 눈부시다. 본서에서는 가능한 한 그것을 다루어 왔으나, 조판 중이나 교정 중에도, 추기하거나 보정해야 할 곳이 나타날 정도였다. 또 본서에는 여러 사정으로 색인을 달 수 없었다. 이러한 불비한 점에 대해서는 장래에 완벽을 기하고 싶다. 많은 분들의 비정(批正)을 받을 수 있다면 매우 다행이다.

　당 연구회로서는 금후 중권, 하권의 간행을 준비하고 있다. 일찍이 우리는 앞서 적은 바와 같이, 어느 여름날 아침, 미시나 박사를 따라, 혼슈 최남단의 시오노미사키로 걸음을 옮겨, 산허리에 솟아오른 백악(白堊) 등대 아래에서 휴식을 취한 일이 있었는데, 레이더 등이 보급되고 과학이 진보된 지금도 또한 태평양을 항행하는 크고 작은 선박은, 어두운 밤에 이 등대에서 발하는 빛을 의지하여 왕래하고 있다. 지금 명토(冥土)와 현세를 달리하고 있으나, 원하는 것은 미시나 박사의 유덕이, 어두운 밤을 비추는 등대의 빛과 같이, 오래도록 우리들의 앞길을 가리켜 줄 것을, 그리고 박사의 유업이 하루 빨리 완성되기를 바랄 따름이다.

마지막으로 본서의 출간에 있어서, 간행을 흔쾌하게 받아 주신 하나와 쇼보의 시라이시 사장, 편집이나 교정 일로 여러 가지 애쓰신 시라이시 시즈오, 요네자와 야스코 등에게도 감사의 뜻을 표할 따름이다.

1974년 8월

미시나 박사의 학은에 감사하면서

삼국유사연구회 무라카미 요시오

해제(解題)

　　"삼국유사"는 고려의 승 보각국존 일연(1206-1289)이 찬술한 것이다.

일연의 전기[6]는 충렬왕 21년 을미(1295)에 세워진 경상북도 군위군 고노면 화수동의 인각사지의 단비 '고려국의흥화산조계종인각사사지산하보각국존비명병서'의 전문(민지[7]의 찬문과 관련)이 전존[8]되고 있으므로 비교적 자세하게 알 수 있으나, "삼국유사"(이하 "유사"로 약칭) 찬술의 명확한 연월은 불명이다.

　　그러나 "유사" 본문 가운데 '금지원년십팔년신사세운운' 등이 기록되어 있으므로, 그 찬술은 적어도 충렬왕 7년(元世祖의 至元 18년, 서기 1281)에서 입적한 충렬왕 15년(1289) 사이에 일어난 것으로, 일연의 만년의 작에 속하는 것이다.

　　나아가 "유사"에는 일연 입적 전, 혹은 후에 제자인 무극이 주기를 추가[9]한

---

6) 고증. 이마니시 류, '고려보각국존일연(高麗普覺國尊一然)에 대하여'("藝文" 제9년 7・8호= 大正 8년 7・8월) (同=高麗史研究 ―昭和 19년간― 에 수록).

7) 고려후기 예빈윤, 한림직학사, 여흥부원군 등을 지낸 문신. 고증에는 민독(閔漬).

8) 고증. 원래 비(碑)는 풍우(風雨) 마식(磨蝕)에 의해 만환(漫漶)은 심하여, 읽을 수 있는 문자는 몇 개도 안 되었다. 그러나 다행히 강원도 평창의 오대산 월정사가 본비의 고사(古寫)를 가지고 있다. 이것이 "조선금석총람"에 수록되어 있기 때문에, 지금은 모두 이것을 읽을 수 있다.

9) 고증. "삼국유사" 권제3・탑상 제4・전후소장사리(前後所將舍利), 동권 제4・의해 제5(義

부분이 있는 것으로 보아, "유사"는 일연의 만년에 탈고되었으나 아직 간행에 이르지 못하고, 그가 죽은 후, 제자인 무극혼구[10](1251-1322)가 한층 더 면밀하게 검토하여, 그 모자라는 곳을 보록하여 '무극기'라고 서명하고 나서, 비로소 책으로 만들었을 것이라고 생각한다.[11]

현존하는 '정덕본 삼국유사'에는, 원저자의 주기 이외에 '고본', '일본'(一本), '혹본'(或本), '일왈', '혹왈' 등의 주기가 도처에 보인다. 최초의 고본이라는 것은 무극의 초간본으로 생각되므로, 소위 정덕본이 간행되기까지는 초간본 이하, '일본', '혹본'의 3종이 간행되었으나, 한층 더 나아가 이 외에도 '일왈', '혹왈' 이라고 부른 이본이 간행되었는지도 모른다.[12]

그런데 일연의 찬술보다도 약 200년 후인 16세기 초엽경이 되면, "유사"의 완본은 용이하게 얻을 수 없는 정황이 되었다. 그래서 경주부윤인 이계복은 "유사"의 간행을 기도하여 널리 세상에 이 완본을 찾았으나, 좀처럼 구할 수 없어 허망하게 몇몇 조각난 글을 보고 있었던 것이다. 이것을 들은 성주목사인 권진이, 그 완본을 찾아내어 이것을 계복에게 전했고, 계복은 이것을 바탕으로 조선 중종 7년 임신(明의 正德 7년, 서기 1512)에 중간했다. 이것이 이른바 '정덕본 삼국유사'이다(이계복의 복간 경위는, 이 권말에 부재되어 있는 발문에 기록되어 있다).

'정덕본 삼국유사'를 보면 서나 목록이 없다. 그래서 "유사" 초간본은 역시

解第五 · 관동풍악발연수석기(關東楓岳鉢淵藪石記)의 장말(章末) 참조. 또한 다카하시 도루 "삼국유사"의 주 및 단군전설의 발전'("조선학보" 제7집, 쇼와 30년 3월)을 참조.
10) 고증. 무극혼구의 사적(事蹟)은, 이제현(益齋)과 봉의찬(奉宜撰)인 '유원고려국조계종자씨산영원사보함국사비명'(有元高麗國曹溪宗慈氏山瑩源寺寶鑑國師碑銘)에 자세하다. 사(師)는 고종 38년 신해(1251)에 태어나, 충숙왕 9년 임술(1322)에 입적, 72세였다.
11) 고증. 다카하시 도루, 전게 논문.
12) 고증. 위와 같다.

서문과 발문 · 목록이 없고 크게 '왕력'으로 묶었다고 생각한다.

즉 "유사"는 5권 9편으로 이루어져 있는데, 그 분편(分篇)은,

삼국유사 왕력(王曆) 제1

기이(紀異) 권제1

삼국유사 권제2

삼국유사 권제3

홍법(興法) 제3[13]

탑상(塔像) 제4

삼국유사 권제4

의해(義解) 제5

삼국유사 권제5

신주(神呪) 제6

함통(咸通) 제7

피은(避隱) 제8

효선(孝善) 제9

이다. 이것은 스에마쓰 야스카즈가 말하듯이, 양고승전 · 당고승전의 그것에 암시를 받으면서도, 삼국불교사의 특수성에 비추어 독자적인 편목을 세웠던 것이 아닐까 생각한다.[14]

---

13) 고증. 탑상 제4의 '제4' 2자는 원본에 빠져 있다. 국역대장경 수록의 삼국"유사"(노무라 요쇼 역주)에는 '예를 들면 제4편명이 탑상제4라는 것을 지적한 것은 본서로서 효시가 된다'라고 보이나, 이미 고본에는 제4를 묵서한 것이 있다. 그래서 고본의 묵서보기(墨書補記)에 따라서 탑상제4라고 하는 것이 지당하다.
14) 고증. 스에마쓰 야스카즈 '삼국유사 해설'(昭和 39년 1월, 가쿠슈인, 동양문화연구소간 "삼

이어서 권차와 편목과의 관계에 대하여, 첫 부분에 혼란이 있다고 하며, 최남선은 이것을 정리하여

　　삼국유사 권제1
　　왕력 제1
　　기이 제2
　　삼국유사 권제2
　　(기이속(續))

이라고 고쳤다.

　'왕력'은 원래는 독립된 한 책이었던 것이, 편의상 "유사"의 일부분으로서 나중에 덧붙여진 것이기 때문에, 그러한 혼란이 일어났을 것이다.

　"유사" 최고판본, 혹은 그것에 가까운 것으로 생각되는 잔권[15]은, 쇼와 15년 (1940)경에 발견되었으나(전반은 송석하, 후반은 이인영의 소장이 되었다), 그것을 제외하면 지금은 덴리도서관에 소장되어 있는, '이마니시본'이 최고(最古)·최선본(最善本)이라고 한다.

　이 '이마니시본'은 1512년에 복간된 '정덕본'의 완본에, 훗날 안정복(順庵)이

───────

　국유사" 수록).

15) 고증. 쇼와 48년(1973) 2월 21일에 국서간행회가 출판한 삼국유사(全)의 제2판에 실린 스에마쓰 야스카즈의 "'왕력 제1'—의 교정에 대하여'에는 '고본의 1책은 왕력 제1과 기이 권제1로 되어 있으며, 송석하 소장에 의했다. 다른 1책은 권제3 이하의 부분으로, 이인영의 소유에 의했다. 종래 알려져 있던 최선본인 정덕임신본(이마니시본)과 비교해 보면 정덕임신본의 몇 장인가는 고본과 같은 판목에 의해서 인쇄되었다고 판정되며, 그 부분 고본은 문자가 선명한데 정덕본은 마멸되어 있다는 차이가 있는 것이 확인되어, 정덕본은 고본의 보각본이라고 할 수 있다. 게다가 고본과 정덕본과의 차이가 가장 현저한 것은 "왕력 제1"의 부분에 확인된다. … 다만 고본의 "왕력 제1"은 유감이지만 제10정 좌우와 제11정 도합 3면이 결락되어 있다.'라고 되어 있다.

삼국유사고증 역주[一]

직접 필을 더한 것으로, 다이쇼 5년에 이마니시 류(당시 교토 제국대학 조교수)가 입수한 것이다.

이계복에 의해 복간된 이 '정덕본 삼국유사'도, 간행 후 150여 년이 지난, 경주부윤인 민주면이 "동경잡기"를 편찬한 조선 현종 11년 경술(1670)경에는, 경주에서 이미 희소해졌던 것 같다.

다음으로 "유사"가 일본에 유전(流傳)된 것은 분로쿠·게이초 사이로 보이는데 그 가운데 현존하는 것은, 오와리 도쿠가와가(舊男爵家)의 한 권과 도쿄의 간다가(旧男爵家)의 한 권이다. 이 도쿠가와본·간다본은 모두 정덕 간본이며, 동시에 분로쿠의 난(임진왜란) 때에 장병들이 가져온 것이다. 특히 간다본에는 요안인의 장서인이 있는데, 이것은 우기다 히데이에가 소지하다가, 의관인 마나세 쇼린에게 줬던 것이다. 단지 이 도쿠가와본, 간다본에는 모두 7장의 탈락이 보이는데, 이것은 아마 분로쿠 이전의 어느 시기에 이미 탈락되었던 것이라고 한다.

"유사"의 근대 활자본의 간행은, 메이지 37년(1904)의 도쿄 제국대학 문과대학 사지총서본 "삼국유사"의 간행부터 시작되었다.

이 '사지총서본' 간행의 경위에 대해서는, 고 쓰보이 구메조의 서언에 자세하다. 즉 이것은 메이지 이후의 새로운 역사학의 진전에 동반하여, "유사"가 김부식 찬 "삼국사기"와 함께 삼국의 역사자료로서 중요한 것으로, 쓰보이 구메조·구사카 히로시 두 사람에 의해 메이지 35년(1902) 9월에 문과대학 사지총서의 하나로서 실렸다가, 37년 8월에 발행되었던 것이다(이하 이것을 '도다이본'(東大本)이라고 약칭한다).[16]

---

16) 고증. 도쿄 제국대학장판. 인쇄자·발행서사(發行書肆) 요시카와 한시치(도쿄시 京橋區 南傳馬町 1초메 12번지).

즉 이 도다이본은 간다본, 도쿠가와본을 저본으로 하고, 이것에 제사적(諸史籍)·제고승전(諸高僧傳) 등을 참조하여, 그 잘못을 바로잡고 궐루(闕漏)를 보완하여 활자 인쇄해서 세상에 알렸던 것이다. 그리고 이 도다이본의 득실에 대해서는, 고 나이토 도라지로(藤南)가 '교다이본'(京大本) 서문에서 말했으며, 뒤에 보이는 이마니시본 계통의 간본과 비교하면 백문이불여일견으로 쉽게 이해된다. 지면 사정도 있어 도다이본의 득실에 대한 논평은 삼가겠으나, 그 저본 자체에 낙장이 있으므로, 이것을 근거로 한 도다이본에도 낙장이 있는 것은 어쩔 수 없는 일이다. 예를 들면 왕력의 수부(首部) 2장(張)이 빠져 있기 때문에, 이 왕력을 왕력이라고 하지 않고, 연표로 하고 있을 뿐만 아니라 편중(編中)에서도 수장(數張) 또는 다수의 문자가 탈락되어 있어, 그 교정상의 고민은 어느 정도 있었던 것 같다. 당시로서는 이 이상으로 완전을 기하는 것은 무리였을 것이다.

그 후 "대일본속장경"이 간행되면서 "유사"가 수록되었으나, 그것은 도다이본을 정정해서 판을 짜 맞춘 것에 지나지 않았다.[17]

또 다이쇼 4년 6월에는, 조선연구회(京城黃金町三丁目)에 의해서 조선연구회 고서진서 간행 제2기 제14집 조선연구회로서, 국판 1책 양철본의 "원문일본어역대조·삼국유사"(原文和譯對照·三國遺事)[18]가 간행되었으나, 이 후반부에 수록된 원문은 도다이본을 답습한 것에 지나지 않는다. 따라서 "유사"의 보급을 목적으로 출판된 본서 전반부의 일본어역도 제약이 있고 불충분했다.

그러나 이 다음 해인 다이쇼 5년에 들어가, 기술한 것과 같이 고 이마니시

---

17) 고증. "대일본속장경" 지나찬술(支那撰述)·사전부(史傳部) 조선일연 "삼국유사"·동년표".
18) 고증. 저작 겸 발행인 경성 황금정 3가 아오야기 쓰나다로.

삼국유사고증 역주[一]

류가 정덕본의 완본(이것을 이마니시본이라고 약칭한다)을 입수했는데, 이 이마니시본은 다이쇼 15년(1926)에 교토 제국대학 문학부 총서의 하나로 사진으로서 축소 인쇄되었다(이하 이것을 교다이본이라고 약칭한다). 그리고 이 권두에는 나이토 고난이 다이쇼 10년 3월에 실은 서문과 활자 인쇄 간행한 목차가 붙어 있다.

한편 이마니시 류는 다이쇼 5년에 완본(이마니시본)을 입수한 이후, 은사 쓰보이 구메조의 지도하에 다른 고서와의 이동(異同)을 교정주기하고, 이자(異字)와 오자(誤字)를 구별하는 등을 하여 고본(稿本)을 작성했는데, 그 간행은 참본으로 해야 하기 때문에 기회를 기다리던 중에, 그 다이쇼 12년 간토대지진을 만나, 도쿄 제국대학에 있었던 그 고본(稿本)이 잿더미가 되어 버렸던 것이다. 또 다이쇼 15년에 이마니시본을 축소 사진 인쇄했던 교다이본은 발행부수가 적었기 때문에, 일반 연구자는 구독하는 데 한계가 있었을 뿐만 아니라, 영인본의 성질로서 판독하기 어려운 자구(字句)가 있는 까닭에, 조선사학회(京城)는 이것을 활자 인쇄해서 세상에 유포하고자 하여, 쇼와 3년(1928) 9월에 국판 양장 1책의 활자본으로 발행했다(이하 이것을 조선사학회본이라고 약칭한다). 그리고 이것이 교정에는 초교에서 교정 완료에 이르기까지 원본 소장자였던 이마니시 류가 완전히 혼자 임하여, 왕력 편 같은 것은 6교에서 8교에까지 이르렀다고 할 정도로 정확을 기했다고 한다. 그런 까닭에 이 조선사학회본은 이마니시본의 계통을 이은 것으로 게다가 최선본의 하나로서 손꼽을 수 있다. 나아가 본서에는 귀중한 향가를 싣고 있는 승전 "석균여전"(고려초기의 찬술)과 이마니시 류가 쓴 장문의 발문이 부재(付載)되어 있어, "유사" 연구자에게는 필독서라고 해야 할 것이다.

이어서 쇼와 7년(1932)에는 이마니시본의 거의 원본 크기의 프로세스 평판이 경성의 고전간행회에 의해 학동총서 · 제2로서 간행되었기 때문에(이하 이것을 '고전간행회본'이라고 약칭한다), 일반연구자는 '교다이본', 조선사학회본에 이어서 고전간행회로, 최선의 텍스트를 손에 넣을 수 있게 되었던 것이다.

이상 말한 것 이외, 다른 활자본에 대해서는, 히라이와 유스케 초역 "삼국유사"(46판 양철가장본)가 다이쇼 12년 2월에 만선총서 제6권으로서 지유도큐샤(도쿄시 시부야 295)에서 발행되었는데, 나아가 쇼와 11년 7월에 호소이 하지메 편저의 조선총서·제3에 수록되어 조선문제연구소(도쿄시 오지구 가미주조 1584)에서 발행되었다. 본서는 왕력을 제외한 부분의 초역(일본어역)이므로 학술적 가치는 낮다.

다음으로 쇼와시대에 들어가서 다이쇼신슈대장경이 간행되면서 "유사"는 그 제49권·사전부에 수록되어 쇼와 2년(1927)에 출판되었는데, 본서는 대일본속장경본의 글과 교다이본의 글이 교합된 것이다.

또 전술한 조선사학회본 이외에 서울에서의 활자본 간행은, 전쟁 이전으로는 쇼와 2년(1927)의 계명본, 쇼와 16년(1941)의 삼중당간본이 있다.

전자(前者)의 계명본은 잡지 "계명" 제18호(특집호)에 수록된 최남선(六堂) 감수의 교정본 "삼국유사"이다. 이것은 최남선이 쓴 해제[19]와 다수의 사료가 부재되어 있는데, 이 해제는 특히 상세하다.

그러나 이 계명본은 제2차 세계대전 종결에 이어 독립 직후 얼마 지나지 않아, 한국에서 1946년에 새로이 소개된 백제단비·신라장적영간(쇼소인몬조)과 이홍직 작성의 색인을 부가하여, 서울민중관에서 "증보삼국유사"─부색인급고문헌십삼종으로서 출판(1954년 제2판, 1973년 제5판)되었기 때문에, 계명본을 손에 넣기 어려운 오늘날에 그 목 타는 갈증이 나아진 것이다.

---

19) 고증. 이 잡지 "계명" 제18호, 특집호(쇼와 2년 3월 발행)에 전부(前付)된 최남선의 '삼국유사 해제'는 "유사"년제로서는 가장 상세한 것이다.

삼국유사고증 역주[一]

그 후 한국에서는 1956년 8월에 서울의 학우사에서 고전연역회의 "완역 삼국유사"가 출판되었다. 본서는 전편 한자혼용의 한국어역인데, 이어서 같은 해 9월에는, 동국문화사에서 이병도 교수의 "원문병역주삼국유사"(국판양장본)가 출판되었다. 본서의 내용은 ① 당현수(法名法藏)가 신라의 의상에게 준 친서, ② 서언, ③ 범례, ④ 원문, ⑤ 역주편으로 되어 있는데, ④ 원문은 "고전간행회본"을 주로 하면서 한층 더 최남선의 "증보삼국유사"와 조선사학회본을 참고로 했고, ⑤ 역주편은 한자혼용문의 한국어역이다. 나아가 1967년 6월에는 서울의 광문출판사에서 "삼국유사"(상)(하) 2책이 세계고전전집의 ⑩⑪에 수록되어 출판되었다. 본서는 이재호에 의한 한국어역과 원문으로 이루어져 있다.

다음으로 조선과학원(북한)에서는, 1960년 1월에 순조선어역 "삼국유사"가 간행되었다. 본서는 한글의 활자를 가로판으로 한 국판양장본인데, 내용은 ① 서문,[20] ② 본문, ③ 색인으로 나누고, 한국어역 본문에는 곳곳에 주(注)가 있다. 그러나 이 역주도 이병도의 역주도 모두 간단하다.

마지막으로 일본의 전후에 있어서의 간본에는 ① 국역 일체경본, ② 가쿠슈인본, ③ 고쿠쇼간행회본, ④ 고쿠쇼간행회본(개정판) 등이 있다. 우선 ①은 릿쇼대학의 노무라 요쇼에 의한 일본어역이 있는데, 이것은 "국역 일체경"의 사전부(史傳部) 10 가운데에 수록되고, 쇼와 37년(1962) 7월에 다이토출판사에서 간행되었던 것이다. 이 우사의 권두에는 노무라의 장문의 해제가 부재되어 있으며, 일본어역 본문에도 많은 주가 있고, 그 내용도 다방면에 걸쳐 있으나 왕력 부분이 빠져 있다(단 본문의 주에는 도처에 왕력을 인용하고 있다). 또

---

20) 고증. 본서의 서문에 이상호가 쓴 '삼국유사해제'가 실려 있다. 근래 일본의 나가시마 기미치카에 의해 "조선사연구회회보" 제32호(1973년 3월)에 게재되었다.

노무라는 사전부(史傳部) 10에 수록된 삼국유사편의 발쇄를 제본해서 단행본으로 하여 배포도 이루어져 있다.

②는 고전간행회본을 국판대로 사진축소 인쇄 발행하고, 쇼와 39년(1964) 1월에 가쿠슈인 동양문화연구소가 간행한 것이다. 이 간행에는 당시의 가쿠슈인 원장 아베 요시시게의 진력을 잊지는 못할 것이나, 스에마쓰 야스카즈가 전담하여 권말에는 그의 글인 삼국유사해설과 목차가 부재되어 있다. 전후 일본의 조선사연구를 향한 길은 평탄하지 않았으나, 가쿠슈인본의 간행은 사학의 발전에 비익하는 바가 다대했다.

③은 최근의 인쇄술의 발전과 소위 역사 붐·조선 붐 등의 영향에 의해, 고전이나 기간(旣刊)의 제 자료의 복각이 성행하게 되어, 위의 조선사학회본이 쇼와 46년 7월에 고쿠쇼간행회에 의해 영인복각된 것이다.

④는 위의 제2판이 쇼와 48년 2월에 간행됨에 있어, 스에마쓰 야스카즈의 요망에 의해 권두의 왕력 부분이 이미 기술한 바가 있는 송석하 소장의 고본에 바탕을 두어 교정된 것이다. 즉 고본(古本)과 정덕본과의 차이가 가장 현저한 것은, 왕력 부분에 보이는 것[21]으로, 스에마쓰가 다행히 소지하고 있던 신고양본대교(新古兩本對校)의 메모에 근거하여 원고를 작성한 것이다. 지금 서울에서 우리가 용이하게 볼 수 없는, 고본(古本)의 일단이 본서의 출현에 의해서 살필 수 있게 된 것은 기쁜 일이다.

⑤ 조선사학회본 간행 후, 본서의 교정자 이마니시 류는 본서의 오식·오독 등을 발견함에 따라서, 빨간 잉크로 면의 여백에 정중하게 적어 넣었다. 이 기입본에 관한 것은 지금까지 세상에 알려져 있지 않았으나, 최근 영식(令息)인 슌쥬가 이것을 고쿠쇼간행회에 제시하였다. 그래서 고쿠쇼간행회는 쇼

---

21) 고증. 주15) 참조.

와 49년 3월에 조선사학회본의 제3판을 간행할 때에 이마니시 류의 기입본을 영인하여, 제2판에 실은 스에마쓰 작성의 왕력은 별록으로서 권말에 옮겨 독자의 참고로 제공하도록 했다.

무라카미 요시오

범 례

❶ 본서는 삼국유사의 왕력에 대하여 고증을 행한 것으로, 그 내용은 각 장절마다에 원문·역문·주해 순서로 기술하고 있다.

❷ 왕력 편은 고증의 편의상, 각 장(張)의 표리마다 행했다. 그리고 글머리에 정덕본 삼국유사 왕력의 영인(京大本에 의한다)을 보이고, 이어서 왕력을 보정한 사작연표를 넣고, 그 후에 왕력의 각 항목에 대하여 역문·주해를 기술했다. 단 왕력 원문의 교정은 사작연표 가운데에서 행하였다.

❸ 삼국유사 원문은 정덕본을 중심으로 하면서 다른 간본도 참고하여 교합을 하였다.

❹ 역문은 현대어로 했다.

❺ 주해에 자주 나오는 아래 문헌은 다음과 같이 약기했다.

유(遺)·········삼국유사(三國遺事)

사(史)·········삼국사기(三國史記)

나기(羅紀)·····삼국사기 신라본기(新羅本紀)

여기(麗紀)·····삼국사기 고구려본기(高句麗本紀)

제기(濟紀)·····삼국사기 백제본기(百濟本紀)

승람(勝覽)·····신증동국여지승람(新增東國輿地勝覽)

서기(書紀)·····일본서기(日本書紀)

❻ 마한 조 후반의 사이·구이·구한·예맥 이하의 문과 말갈·발해 조 말미의 흑수·옥저 이하의 문은, 원래 마한과 사이·구이·구한·예맥 및 말갈·발해와 흑수·옥저의 각 장절과 독립되어 있던 것이, 후세 서사 때에 후자의 제각기가 전자에 이어져서 현재와 같이 되었다고 생각한다.

삼국유사고증 역주[一]

목차에는 마한

　　　　사이 · 구이 · 구한 · 예맥

　　　　말갈 · 발해

　　　　흑수 · 옥저

　　와 같이 독립된 장절을 보였으나, 고증은 원문에 따라서 행하였다.

❼ 현재의 인쇄사정에 제약을 받아, 삼국유사의 원문과 주해의 표제어에 한하여 옛 한
　자를 사용하고, 그 외는 모두 현대일본의 신활자[22]를 사용하지 않을 수 없었다.
　단 원문에 사용된 약자나 오자는 되도록 원형을 보존하도록 했다.

---

22) 이 역서에서는 모두 한국 상용한자를 사용하였다.

총 목차

孝善第九
효선 제9

● 七권 ●

(삼국유사고증 색인편)

一권 목차

(삼국유사고증 상)

三國遺事 卷第一
삼국유사 권제1

王歷

삼국유사 권제1

三國遺事 卷第一

왕력

王曆

이미 해제에서 다루었으나, 현존하는 삼국유사의 권차와 편목은, 다음과
같이 되어 있다.

　삼국유사 왕력 제1三國遺事 王曆 第一

　기이 권제1紀異 卷第一

　삼국유사 권제2三國遺事 卷第二

　삼국유사 권제3三國遺事 卷第三

　흥법 제3興法 第三

　탑상 제4塔像 第四

　삼국유사 권제4三國遺事 卷第四

　의해 제3義解 第三

　삼국유사 권제5三國遺事 卷第五

　신주 제6神呪 第六

　감통 제7感通 第七

　피은 제8避隱 第八

　효선 제9孝善 第九

그러나 위의 권차와 편목篇目에는, 첫 부분에 혼란이 있다. 그래서 최남선은
이것을 정리하여,

　삼국유사 권제1三國遺事 卷第一

　왕력 제1王曆 第一

　기이 제2紀異 第二

　삼국유사 권제2三國遺事 卷第二

기이속紀異續

이라고 고쳤던 것이다. 본서에서는 왕력이 원래 독립된 하나의 책이었던 것을 편의상 유(遺)의 일부로서 나중에 부가되었던 것으로 보아, 한층 더 제3권 이하의 권차와 편목의 관계로부터 유추하여

삼국유사三國遺事 왕력王曆

삼국유사 권제1三國遺事 卷第一

기이 제1紀異 第一

삼국유사 권제2三國遺事 卷第二1

기이 제이紀異 第二

로 고치는 것이 적당하다고 생각했다.

최초의 왕력편은 독자적인 내용을 가짐과 동시에, 사료적 가치로도 높은 것이 보인다.

왕력편의 고증을 함에 있어, 일본에 존재하는 최고(最古)·최선본(最善本)이라고 하는 이마니시본(今西本)(正德本)을 축소 인쇄 발행한 교다이본(京大本)의 왕력 15정(丁)의 표리(表裏), 합계 30면을 원본 크기로 복사해서 싣고, 각 면마다에 번역문·주해를 했다.

우선 왕력의 기사(記事)가 알기 쉽고, 또 왕력의 본문 및 연표의 착오를 보정하기 위하여, 왕력 각 면의 사진판 다음에는 사작연표(私作年表)를 실었다. 그리고 이 연표 가운데 옮긴 왕력의 기사에 대하여. 번역문·주해를 했다.

왕력에 대해서는 쇼와 15년(1940)경 서울의 송석하(宋錫夏) 소장의 최선본(最善本)이 되는 고본삼국유사(古本三國遺事)의 왕력편에 의해야 할 것이나, 지

금 그 사진판을 실을 수 없어, 교다이본에 의했다. 그리고 이 고본삼국유사의
왕력은 스에마쓰 야스카즈(末松保和)가 교정한 국서간행회(國書刊行會)의 복간
본(제2판)을 참조하여 주해에서 보정했다.

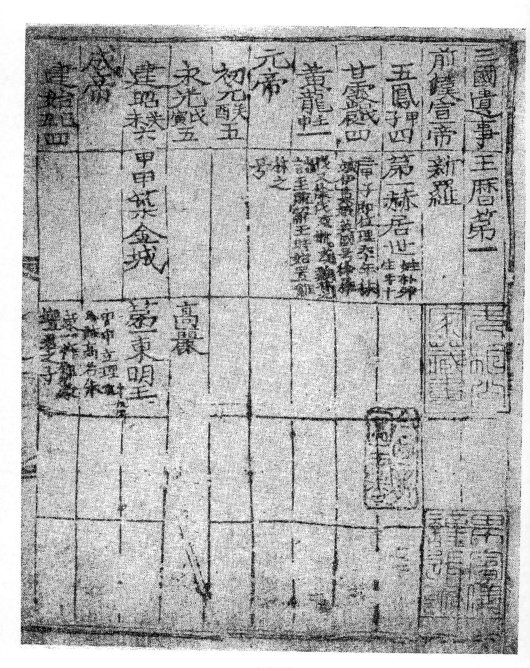

제1장 앞면

일본	간지干支	서력西曆	중국	유遺 중국력中國曆	라羅	려麗	제濟	락洛
崇神41	갑자甲子	B.C. 57	五鳳1	前漢宣帝 五鳳甲子 四	新羅 第1赫居世 姓朴卵生年十 三甲子即位理 六十年□娥伊 英娥英國號徐 羅伐又徐伐或 斯[口]或鷄林之 齧至脫解王時 始置鷄林之號			
42	을축乙丑	56	2					
43	병인丙寅	55	3					
44	정묘丁卯	54	4					
45	무진戊辰	53	甘露1	甘露戊辰 四				
46	기사己巳	52	2					
47	경오庚午	51	3					
48	신미辛未	50	4					
49	임신壬申	49	黃龍1	黃龍壬申一				
50	계유癸酉	48	初元1	元帝 初元癸酉五				
51	갑술甲戌	47	2					
52	을해乙亥	46	3					
53	병자丙子	45	4					
54	정축丁丑	44	5					
55	무인戊寅	43	永光1	永光戊寅五				
56	기묘己卯	42	2					
57	경진庚辰	41	3					
58	신사辛巳	40	4					
59	임오壬午	39	5					
60	계미癸未	38	建昭1	建昭癸未六				
61	갑신甲申	37	2		甲申築金城	高麗 第1 東明王 甲申立理 □□[十九]		
62	을유乙酉	36	3					
63	병술丙戌	35	4					
64	정해丁亥	34	5			姓高名朱 蒙一作部 鄒蒙 檀君之子		
65	무자戊子	33	竟寧1					

66	기축己丑	32	建始1	成帝 建始己丑四				
67	경인庚寅	31	2					
68	신묘辛卯	30	3					
垂仁1	임진壬辰	29	4					

중국력

전한선제오봉갑자사(前漢宣帝五鳳甲子四)

풀이 전한 선제 때, 오봉은 갑자에서 4(년), 감로는 무진에서 4(년), 황룡은
임신에서 1(년)이었다.

주해 [1] ○ 【前漢宣帝云云】 전한 선제는 기원전 69년부터 기원전 49년까지 재위하
였다. 이 치세연간에 지절(4년), 신작(4년), 오봉, 감로, 황룡의 연호가 쓰
였는데, 신라의 시조 혁거세가 즉위했다고 하는 갑자년(기원전 57)부터
4년간, 감로는 무진년(기원전 53)부터 4년간, 황룡은 임신년(기원전 49)
의 1년간이었기 때문에, '유' 왕력은 이것을 위와 같이 오봉 갑자4, 감로
무진4, 황룡 임신1 등과 같이 나타내고 있는 것이다. 이하 왕력은 이것에
준하므로 이후 총망라하여 주해하는 것은 피하고, 오기(誤記)나 특필할

---

1) 이 역서에서는, 고증의 주해를 중심으로, 관견(管見)에 의해 유사 원문의 각 이본과, 한국
사 데이터베이스(이하, 전부 DB.로 약칭), 연세대 파른본 등과의 대조분석 결과를 각주에
보인다.

만한 것에 한하여 주해를 펼치기로 했다. 그리고 이용자는 자작연표(自作年表)[2]를 대조해 볼 것을 바란다.

원제 초원제유오(元帝初元癸酉五)

풀이 원제 때, 초원은 계유에서 5(년), 영광은 무인에서 5(년), 건소는 계미에서 6(년)이었다.

주해 ○【元帝云云】건소 다음에 경녕(竟寧)이 빠져 있다.

제일혁거세(第一赫居世)

풀이 제1혁거세는, 성은 박(朴)이며 알(卵)에서 태어났다. 13세의 갑자에 즉위하여, 다스리기는 60년이었다. 여동생은 아이영(혹은), 아영이다. 나라를 서라벌 또는 서벌이라고 불렀는데, 혹은 사로(斯盧[3]), 혹은 계림이라는 설이 있으며, 일설[4]에는 탈해왕 때에, 처음으로[5] 계림이

---

2) 고증. '사작연표(私作年表)'. 한국의 보편적인 용어와 문체로 옮겼다.
3) DB. 최남선교주본에는 '盧', 이병도역주본에는 '盧'. 또 이재호역주본·권상로역해본에는 '盧'로 추정.
4) DB. 원문의 '□說'은 순암수택본·조선사학회본에는 '之'로, 이병도역주본에는 '一'로 되어

란 국호를 두었다고.

○ 【第一赫居世】 '유' 권제1의 신라 시조·혁거세를 참고.

○ 【理六十年】 '유' 권제1(신라시조 혁거세왕)에는 '理國六十一年. 王升于
  天'이 있어 맞지 않다. 이 점에 대해서는 권제1의 주해 128을 참고.

○ 【□娥伊英. 娥英】 조선사 제1편 제1권(조선사료)(조선총독부판)에서는,
  □에 徘의 자를 넣고 '徘或作妹'라고 두주(頭注)하고 있다. '유' 권제1(혁
  거세왕)을 보면 '是日沙梁里閼英井一作娥利英井邊有鷄龍現. 而左脇誕生
  童女 … 女以所出井名名之 … 仍以女爲后'라고 되어 있어, 알영 혹은 아
  리영은 혁거세의 왕비의 이름으로 되어 있고, 여동생은 아니다. 그러나
  원판의 자형은 매(妹) 자 같다. 양자 사이를 왕과 왕비의 관계라고 하는
  설과 형매(兄妹) 관계라고 하는 설이 있었던 것은 아닐까 한다. 또한 권
  제1의 주해 120, 121, 121a를 참조.

○ 【徐羅伐】【徐伐】【斯盧】【鷄林】 '유' 권제1(신라시조 혁거세왕)의 주해
  123, 124를 참조.

○ 【□斯□】 사로(斯盧)의 로(盧)가 탈락한 것이겠으나, 사(斯)의 우하(右
  下)의 □은 적어 넣은 것으로 보인다.

갑신축금성(甲申築金城)

 갑신(년)에 금성을 쌓았다.

있으며, 최남선교주본에도 '一'로 의심된다. 고중. '一'. 연세대 파른본. '一'.
5) DB. 석남필사본에는 '妃'가 아닌 '姑'로 되어 있으나, '妃'가 맞는 것으로 생각된다. 고중. '始',
파른본에는 '姑'에 가깝다.

○ 【甲申】 이 갑신년은, 혁거세거서간의 21년(서기 37)이라 한다.

○ 【築金城】 '나기' 혁거세거서간 조의 '二十一年築京城號曰金城'에 근거했을 것이다. 또한 그 26년 조에 '春正月營宮室金城', '나기' 미추이사금 원년 조에 '秋七月. 金城西門災. 延燒人家百餘區', 유례이사금 14년 춘정월 조에 '伊西古國來攻金城. 云云'이 있으며, 또 '유' 권제1(이서국 및 미추왕·죽엽군)에도 '弩禮王十四年伊西國人來攻金城' 등으로 보이고 있다. 신구(新舊) 당서의 신라전에 보이는 금성은 왕도를 가리키고 있으나, 위의 금성은 오히려 왕성을 가리키고 있는 것 같다. 또 왕성에 관하여 '나기' 파사이사금 22년 조에 '春二月築城名月城. 秋七月王移居月城'이라고 되어 있다.

고려

제일동명왕(第一東明王)

제1동명왕은 갑신(년)에 일어서, 다스리기를 □□이었다. 성은 고(高), 이름은 주몽(일부 추몽이라고도 적었다)으로, 단군의 자손이다.

○ 【高麗】 고구려의 별칭. '유' 권제1(고구려)에 '국사고려본기'라고 되어 있는 것과 대응한다. 고구려가 정식 명칭이라고 생각되나, "남제서", "수서", "당서", "서기" 등 고려라고 하는 것이 많다. 권제1(고구려)의 주해(82 이하) 참조.

○ 【東明王】 동명이라는 시호(諡)의 유래는, "위지" 동이전·고구려 조에

'以十月祭典. 國中大會. 名曰東明'에 의한다고 생각된다(동명왕의 개괄은 주해 84 · '始祖東明聖帝'의 면 참조).

○ 【甲申】 '사' 연표에서는, 전한의 효원제건소(孝元帝建昭) 2년(기원전 61)으로 넣고 있다.

○ 【□□理□□】 2자 말살되고 그 옆에 19년[6]이라고 적어 넣고 있다. '여기에서 시조동명성왕의 치세연차를 19년으로 하고 있기 때문에, 이것을 차용한 것이다. 최남선 편 "신정삼국유사"(新訂三國遺事)에서는 '理十八[7]'로 하고 있다. 이것은 '사'의 흥년칭원을, '유' 왕력의 다른 왕대의 예에 따라 월년칭원이라고 가정하고, 1년 삭감을 했다. 그러나 이 부분의 말살은 2자이며, 후자(後字)는 자획이 많은 연(年)을 말살했다고는 보이지 않는다.

○ 【姓高】 주해 88의 '이고위씨'의 항목을 참고.

○ 【名朱蒙. 一作鄒蒙】 주몽은 주해 86의 '위선사위주몽'의 항목을 참조. 추몽(鄒蒙)은 주몽(朱蒙)의 이차자로서, 주(朱)를 추(鄒)로 한 예는 광개토왕릉비 · 신찬성씨록에 보인다.

○ 【壇君之子】 단군(壇君)은 단군(檀君)의 잘못으로, 그 신화는 '유' 권제1(고조선)에 자세하게 보인다. 이것에 의하면 단군은 기자가 조선에 봉한 뒤, 아사달의 산신이 되었다고 하며, 그 자손에 대해서는 다루지 않고 있다. 또 주몽에 대해서는, 마찬가지로 '유' 권제1 고구려 조에 신화전승이 있으나, 단군과의 관계는 전혀 전해지지 않고 있다. 아마 고려말 · 조선왕조 초기의 가필일 것이다.

---

6) DB. 조선사학회본에는 '卄'. 다른 판본은 모두 '十'. 고증에도 '十'.
7) 파른본. '十八'.

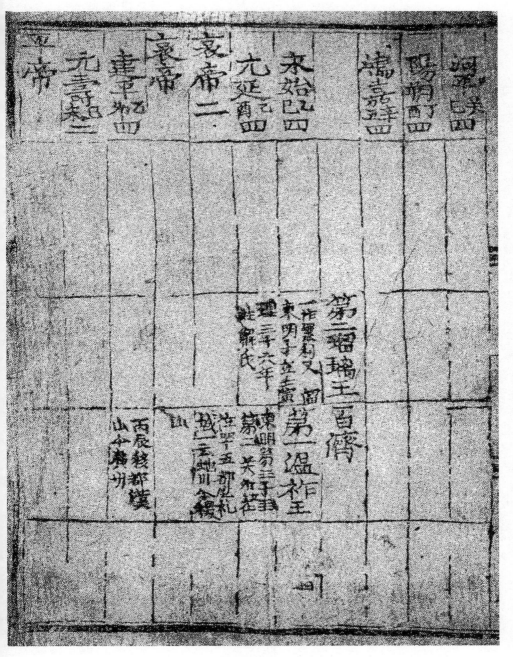

제1장 뒷면

일본	간지干支	서력西曆	중국	유遺 중국력中國曆	라羅	려麗	제濟	락洛
垂仁2	계사癸巳	B.C.28	河平1	河平癸巳四				
3	갑오甲午	27	2					
4	을미乙未	26	3					
5	병신丙申	25	4					
6	정유丁酉	24	陽朔1	陽朔丁酉四				
7	무술戊戌	23	2					
8	기해己亥	22	3					
9	경자庚子	21	4					
10	신축申丑	20	鴻嘉1	鴻嘉申丑四				
11	임인壬寅	19	2					
12	계묘癸卯	18	3					
13	갑진甲辰	17	4				百濟 第一溫祚王東	
14	을사乙巳	16	永始1	永始乙巳四		第二瑠璃王 一作累利又□留東	明第三子一云	
15	병오丙午	15	2			明子立壬寅理三十	第二癸卯団在	
16	정미丁未	14	3			六姓解氏	位四十五都慰	
17	무신戊申	13	4				禮城一云蚺川	
18	기유己酉	12	元延1	元延己酉四			今稷山	
19	경술庚戌	11	2					
20	신해申亥	10	3					
21	임자壬子	9	4					
22	계축癸丑	8	綏和1	哀帝二				
23	갑인甲寅	7	2					
24	을묘乙卯	6	建平1	哀帝				
25	병진丙辰	5	2	建平乙卯四				
26	정사丁巳	4	3					
27	무오戊午	3	4				丙辰移都漢山	
28	기미己未	2	元壽1	元壽己未二			今廣州	
29	경신庚申	1	2					
30	신유申酉	A.D.1	元始1	平帝				

경제 2(哀帝二)

○【哀帝二】 수화계축2(綏和癸丑二)[8])로 고쳐야 한다. 수화는 애제 전의 성
제대(成帝代)의 마지막 연호.

제2유리왕(第二瑠璃王)

풀이 제2유리왕은 혹은 루리(累利)라고 하며, 또 □류(□留)라고도 한다. 동
명왕의 아들이다. 임인(년)에 일어나, 다스리기를 36년이었다. 성은
해씨(解氏)이다.

주해 ○【瑠璃】 '유'에서는 이것에 이어 루리(累利)・□류(□留)[9])라고 되어 있고,
'사'에서는 유리(琉璃)・류리(類利)・유류(孺留)라고 되어 있다. "광개토

---

8) 파른본을 비롯한 다른 원문에는 '哀帝二'.
9) DB. 최남선교주본・이병도역주본・이재호역주본・권상로역해본은 '孺'가 탈자된 것.

왕릉비문"에는 유류(儒留)라고 되어 있다. 이와 같이 다양한 차자가 있는 것으로부터, 이케우치 히로시는 '필경 주몽을 비롯하여, 이하 모든 왕이 실재의 인물이 아니고, 후세의 고구려인이 공상적으로 만들었기 때문일 것이라고 생각된다.'라고 한다. 그러나 차자법이 다양했던 것은, 문자의 사용법이 확립되지 않았기 때문이며, 특히 한자사용에서 벗어나 있던 지방의 고유명사에서는, 극히 장기간 차용 한자가 유동적이다. 그런 까닭에 그것을 근거로 제5대 모본왕(慕本王) 이전을 공상적인 조작이라고 하는 것은 불충분할 것이다. '여기' 유리왕기(琉璃王紀)에는 아버지 주몽이 부여를 달아난 뒤에도, 어머니와 함께 머물며, 오랫동안 고구려에 있을 때에 신검(神劍)을 얻고 종자(從者)를 다스리고 있었다. 이 이주(移住)설화는 주몽의 개국신화와 상당히 유사하다. 그 외 '여기'에는 신화·전승적인 기사가 많으나, 그 반면 이 연대에 신(新)의 왕망이 고구려를 침략하여 국왕추(國王騶)를 참수한다. 그러한 까닭에 이케우치와 같이 전면적으로 부정할 수도 없다고 생각한다.

○ 【□留】류(留)의 위 1자가 공백으로 되어 있다. 이것을 여기'의 유류(儒留)의 유(孺), 혹은 광개토왕릉비문의 유류왕(儒留王)의 유(儒)로 보는 것이 온당할 것이다.

○ 【立壬寅. 理三里六】'사' 연표에 의하면, 유리명왕유리의 즉위연차는 전한성제(前漢成帝)의 홍가 2년(前九) 임인(壬寅)으로, 이 왕의 홍거는 신국왕망천봉(新國王莽天鳳) 5년(18)으로서, 유리왕의 치세연수는 37년이 된다. 단 '유'는 홍거한 해는 치세연수에 넣지 않았기 때문에, '사'보다 1년 짧아진다.

○ 【姓解氏】주해 88의 '以高爲氏'의 항목을 참조. 해씨(解氏)의 유래는 천손(天孫)의 후예를 표방한 미칭일 것이다.

제1온조왕(第一溫祚王)

풀이 제1온조(第一溫祚)는 동명의 제3자(子)이며 혹은 제2(자)라고도 한다. 계묘(年)에 일어나 즉위한 것은 45(년)이었다. 위례성을 도읍으로 했는데, (위례성은) 혹은 사천이라고도 한다. 지금의 누산[10]이다.

주해 ○ 【溫祚王】 '유' 권제1(弁韓‧百濟)을 참고.

○ 【東明第三子. 一云第二】 '제기' 온조왕 조에는, '朱蒙(=東明). 嗣位. 生二子. 長曰沸流. 次曰溫祚'라고 기록하고 제2자설을 말하고 있으나, '유' 권제2(南夫餘‧前百濟)에는 제3자설이 보이고, 같은 곳 인용의 '고전기'(古典記)에도 '동명왕제삼자온조'(東明王第三子溫祚)라고 되어 있다.

○ 【癸卯囝. 在位四十五】 계묘년은 기원전 18년으로, '제기'와도 일치한다. 그러나 재위 연수에 대해서는 '제기'에서는 46년이 되어 있다. 원칙적으로 '유' 왕력 치세연수는 '사'의 그것에 비해 1년 적게 되어 있다. 이것으로 보아 '사'가 당년칭원법에 의하고 있는 것에 대하여, '유' 왕력은 월년칭원법에 의해서 치세연수를 산정했던 것으로 추측할 수 있으나, 그러나 어느 산정법이든, 건국연차를 절대적 정점으로서 기산한다면, 시조왕의 치세연수에 대해서는 같아야 할 것이다. 그러므로 온조왕에 보이는 1년의 차이는, '유' 왕력의 치세연수가 당년칭원법에 의하더라도, 그 말년을

---

10) DB. 순암수택본 · 최남선교주본 · 이병도역주본 · 이재호역주본 · 권상로역해본 · 三品彰英 遺撰本에는 '祉山'이 아닌 '稷山'으로 되어 있다.

신왕천조(新王踐祚)의 전년까지로 한 결과라고 생각하지 않을 수 없다.

○ 【都慰禮城. 一云虵川. 今累山】 '유' 권제2(남부여 · 전백제) 참조.

풀이 병진(년)에 도읍을 한산 (즉) 지금의 광주(廣州)로 옮겼다.

주해 ○ 【丙辰. 移都漢山. 今廣州】 '제기' 시조온조왕조의 '十四正月遷都', '유' 권제2(南夫餘 · 前百濟)의 '(溫祚王) 十四年丙辰(西紀前五年). 移都漢山(今廣州)'이 이 기사에 상응하는 것이다. 자세한 것은 '유' 권제2(남부여 · 전백제)로 미루나, 지금의 광주(경기도)는 옛 한산(혹은 漢城 · 南漢山) 지역이다. 백제는 건국 이래 이 지역을 도읍으로 했으나, 475년의 고구려군의 침입에 의해 상실이 불가피했다. 그러나 551년에 백제성명왕은 모처럼 이곳을 탈환했으나, 지속을 못 하고 오히려 신라에게 점령되었다. 그리고 신라는 553년에 한산에 신주(新州)를 설치했다. 이것은 고구려 방위, 황해연안의 확보, 한강유역의 보존 때문이었다. 이어서 557년에는 한산주라고 고쳤으나, 이 한산주는 568년에 폐지, 604년에 다시 설치, 또 655년에 폐지와 설치를 반복했으나, 문무왕대에 들어 세 번째로 한산주가 설치되고, 이후 변하지 않았다(단 경덕왕대에 한주로 이름을 고친다). 세월이 흘러 고려 태조 23년(940)에 한산은 광주로 이름을 바꿔 오늘날에 이르고 있다.

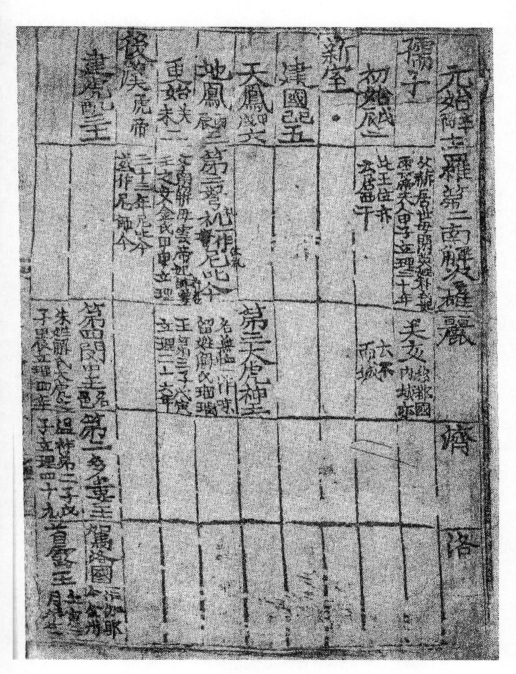

제2장 앞면

일본	간지干支	서력西曆	중국	유遺 중국력中國曆	라羅	려麗	제濟	락洛
垂仁31	임술壬戌	A.D.2	元始1	元始辛酉七				
32	계해癸亥	3	2			癸亥 移都國內城亦 云不而城		
33	갑자甲子	4	3					
34	을축乙丑	5	4					
35	병인丙寅	6	居攝1	孺子	第二南解次々雄 父赫居世母閼英 姓朴氏妃雲帝夫 人甲子立理二十 年此王位亦云居 西干			
36	정묘丁卯	7	2					
37	무진戊辰	8	初始1	初始戊辰				
38	기사己巳	9	始建國1	新室 建國己巳五				
39	경오庚午	10	2					
40	신미申未	11	3					
41	임신壬申	12	4					
42	계유癸酉	13	5					
43	갑술甲戌	14	天鳳1	天鳳甲戌六				
44	을해乙亥	15	2					
45	병자丙子	16	3					
46	정축丁丑	17	4					
47	무인戊寅	18	5					
48	기묘己卯	19	6					
49	경진庚辰	20	地皇1	地鳳庚辰三				
50	신사申巳	21				第三大虎神 王 名無恤一作味 留姓解氏瑠璃 王第三子戊寅 立理二十六年		
51	임오壬午	22	3		第三弩礼(禮) [一作□(作禮)]尼 師今			
52	계미癸未	23	更始1	更始癸未二				
53	갑신甲申	24	2					
54	을유乙酉	25	建武1	後漢虎帝 建虎乙酉三 十一				
55	병술丙戌	26	2		父南解王母雲帝 妃□要[許婁]王 之女金氏甲申立 理三十三年尼叱 今或作尼師今			
56	정해丁亥	27	3					
57	무자戊子	28	4					
58	기축己丑	29	5				第二多婁王 溫祚第二 子戊子立 理四十九年	
59	경인庚寅	30	6					
60	신묘申卯	31	7					
61	임진壬辰	32	8					
62	계사癸巳	33	9					

63	갑오甲午	34	10				
64	을미乙未	35	11				
65	병신丙申	36	12				
66	정유丁酉	37	13				
67	무술戊戌	38	14				
68	기해己亥	39	15				
69	경자庚子	40	16				
70	신축辛丑	41	17				駕洛國[一作
71	임인壬寅	42	18				伽耶國
72	계묘癸卯	43	19				今金州]
73	갑진甲辰	44	20				首露王
74	을사乙巳	45	21			第四閔中王	壬寅三月卵
75	병오丙午	46	22			名色朱姓解氏 大虎之子甲辰 立理四年	生是月即位 理一百五十
76	정미丁未	47	23				八年因金卵 而生故姓金 氏開皇曆載

중국력

원시 신유칠(元始辛酉七)

풀이　평제(平帝) 때, 원시(元始)는 신유(辛酉)에서 7(년)이었다.

주해　○ 【元始辛酉七】 이 '왕력'은 원시(元始)의 기간을 신유에서 정묘까지 7개년
으로 하고 있으나, 중국력에서는 이 마지막의 2년에 거섭이라는 연호를
세우고 있다. 유자영이 자리에 올라 왕망이 섭정했다. 그러므로 이곳은

元始辛酉七五로 고치고, 유자(孺子) 다음 행에 '居攝丙寅二'라고 보완해
야 한다.

유자(孺子)초시무진이(初始戊辰二)

풀이 유자(孺子) 때, 초시(初始)는 무진에서 2(년)이었다.

주해 ○ 【初始戊辰二】이곳은 '初始戊辰一'11)로 고쳐야 한다. 무진년(서기 8) 12
월 왕망이 스스로 신황제라고 부르며, 그다음 해에 시건국이라고 개원했
다. 그래서 이곳은 '孺子. 居攝丙寅二. 初始戊辰一'로 고쳐야 한다.

신실건국기사오(新室建國己巳五)

풀이 신실 때, 건국은 기사에서 5(년), 천봉은 갑술에서 6(년), 지봉은 병진
에서 3(년), 경시는 계미에서 2(년)이었다.

주해 ○ 【地鳳丙辰三】지봉은 지황으로, 병진(丙辰)은 경진(庚辰)으로 고쳐야 한
다.
○ 【更始癸未二】서기 23년 2월에 유현은 제(帝)를 칭하고, 9월에는 왕망이
패사(敗死)하여 신(新)이 망했다. 경시(更始)는 신의 연호가 아니고 유현
(劉玄)이 세운 연호이다.

---

11) DB. 고증에는 '二'. 고증은 '一'로 주장. 파른본에는 '一'.

후한호제건호을유삼십일(後漢虎帝建虎乙酉三十一)

풀이 후한 호제 때, 건호는 을유에서 31(년)이었다.

주해 ㅇ【虎帝】광무제.

　　ㅇ【建虎】건무(建武). 서기 25년 6월, 유수가 즉위하여 한(漢)을 다시 일으키고, 원호를 고쳐 건무라고 했다. 광무제·건무의 무(武)를 호(虎)라고 하는 것은, 모두 '유' 권제1 권제1(고조선)의 주해 9에서 말하듯이, 고려 혜종의 휘(諱)인 무(武)를 피하여 호(虎)라고 했던 것이다.

제이남해차차웅(第二南解次々雄)

풀이 제2남해차차웅은, 아버지는 혁거세이고 어머니는 알영(閼英)이다. (또) 성은 박(朴)이며, 비(妃)는 운제부인이다. 갑자(년)에 일어나, 다스리기를 20년이었다. 이 왕위(?)도 또한 거서간이라고 했다.

주해 ㅇ【甲子立. 理二十年】'유' 권제1(제2남해왕)에는 '前漢平帝元始四年甲子即位御理二十年以地皇四年甲申崩'이라고 되어 있어 이 '왕력'과 다르다. 그러나 지황(地皇) 4년은 갑신이 아니고 계미년에 해당하므로, '왕력'의 기재와 같이 남해왕의 즉위를 갑자(서기 4), 노례왕의 즉위를 갑신(서기

24)이라고 하고, 남해왕의 치정(治政)을 '理二十年'('유'왕력에서는 왕의 붕년(崩年)을 치정연차에 넣지 않았다.)이라고 한다면, '나기'의 기재와도 일치한다. '유'의 본문이 이설(異說)을 전하면서, 연차와 간지 사이에 잘 못이 있다는 점이 아쉽다. 또한 자세한 것은 권제1의 주해를 참조.

○ 【雲帝夫人】 '나기'는 '一云阿婁夫人'이라고 전하고 있다. 또 '유' 권제1(제 2남해왕)에는 '一作雲梯. 今迎日縣西. 有雲梯王聖母. 祈旱有應.'이라고 한다.

제삼노례일작□이사금(第三弩机一作□尼師今)

풀이 제3노례(第三弩机)이사금은, 아버지는 남해, 어머니는 운제, 비(妃)는 □요왕(□要王)의 딸인 김씨이다. 갑신년에 일어나, 다스리기를 33년 이었다. 이질금은 혹은 이사금이라고도 한다.

주해 ○ 【第三弩机(禮)一作□尼師今】 원판(原版)의 판독은 꽤 곤란하다. '一作□'의 불명인 자가 있는 곳은 노(弩)이나 노(努) 자 같은 것이 먹으로 지워져 있다. 고구쇼간행회 복간본(제2판)에는 노(努)라고 하고 있다. 노(弩)로 주(注)를 단다면 위치가 다르다. 弩机는 노례(弩禮)[12]로 고쳐야 한다. 또 '一作□'의 □의 자를 지우고 작례(作禮)하고 있는데, 문장으로 서는 이쪽이 맞다. '유' 권제1(제3 노례왕에는 '박노예이사금일작유례왕' (朴弩豫尼師今一作儒禮王)이라고 되어 있다. '사는 '유리이사금'이라고 한다.

---

12) DB. '弩'가 석남필사본에는 '努'로 되어 있고, 이재호역주본에는 '儒'로 되어 있다. 또 이병도 역주본에는 '儒禮'로, 조선사학회본에는 '弩理', 규장각본에는 '弩'로 되어 있다. 고증. '弩'. 파 른본. '努'.

○【妃□(許婁)要王之女】앞서 말한 "조선사"에 '허루'라는 기입이 있는 것은 '나기'의 '妃曰知葛文王之女也或云妃姓朴許婁王之女'에 의한 것으로 보인다. 그러나 노례이사금의 비(妃)에 관한 '유'와 '사'와의 기재를 비교할 때, 그것이 서로 다른 소전(所傳)은 아니었던가 하는 생각이 든다. 그러므로 '왕력' 쪽은 '囧要王之女'로 해 두는 것이 좋을 것이다. '사'(辭)는 사(群)의 속자이다.

○【甲申立. 理三十三年】 "유" 권제1(第三弩禮王)에는 '劉聖公更始元年癸未立年表云甲申卽位'라고 되어 있어, '왕력'과 다른 소전을 싣고 있다. 이 계미즉위설은 앞서 말한 남해왕의 붕년을, '갑신붕'(甲申崩)이라고 하고 있는 것과 모순된다. 이 점에 대해서는 권제1(제이남해왕)의 주해를 참조.

○【尼叱今. 或作尼師今】 권제1(제이남해왕)의 주해 137을 참조.

고려

계해(癸亥)

풀이 해년에 도읍을 국내성으로 옮겼다. (국내성은) 또 불이성이라고도 한다.

주해 ○【移都】 '여기 유리왕(琉璃正) 22년 동(冬)10월 조에 '王遷都於國內, 築尉那嚴城'이라고 되어 있다. '사' 연표의 유리명왕 22년의 간지는, 계해로서기 3년에 해당된다. 이 천도(遷都)에 관한 설화가, '여기' 유리왕 22년 다음의 2조가 보인다. '春三月. 郊豕逸. 王命掌本牲薛支逐之. 至國內尉那嚴得之. 拘於國內人家養之. 返見王曰. 臣逐豕至國內尉那嚴. 見其山水深

險. 地宜五穀. 又多麋鹿魚鼈之産. 王若移都. 則不唯民利之無窮. 又可免兵革之患也', '九月. 王如國內觀地勢. 還至沙勿澤澤. 見一丈夫坐澤上石. 謂王曰. 願爲王臣. 王喜許之. 因賜名沙勿, 姓位氏'라고 되어 있다. 3월 조는 '여기' 대무신왕(大武神王) 11년(28) 추(秋)7월 조와 대응하는 것이다. 연차적으로는 신용할 수 없으나, 중국 요동 침략 때에, 천험(天險)의 지역의 이(利)를 얻어 고구려군이 분투한 것을 전하는 기사로, 국내성이 왕성(王城)으로서 걸맞은 역사를 가진 것을 강조한 것이다. 9월 조는 4세기 중엽에 편찬된 고구려 초기의 국사의 기사(記事)에서 온 것이라고 생각된다. 여기에서는 왕의 활약과 왕신의 획득이 강조되어, 고구려의 정치체제가 5족체제(小國連合體制)에서 5부체제(王權擴大)로의 전환기의 것이다. 이 유리왕대의 천도기사는 산상왕(山上王) 13년(209) 동(冬)11월의 환도(丸都)에 도읍을 옮기는 기사를, 성 이름이 다른 기사로부터 옛날로 거슬러 올라간 조작기사이다. 미시나 아키히데, '高句麗王都考'(조선학보 · 제1집)을 참조.

○ 【國內城. 亦云不而城】 '사' 지리지4에 '孺留王二十二年. 移都國內城.(或云尉耶巖城 或云不而城)이라고 되어 있다. 또 이곳에 압류(?)수이북이강성(鴨淥水以北已降城)의 11조에 '國內州(一云 不而城. 或云. 尉嵒城)'라고 되어 있어, 국내성은 별명을 불이성이라고 했던 것을 알 수 있다.

제3대 호신왕(第三大虎神王)

풀이 제3대 호신왕은 이름은 무휼이다. 혹은 미류라고도 적는다. 성은 해씨(解氏)로 유리왕의 제3자이다. 무인(해)에 일어나, 다스리기를 26년이었다.

○ 【大虎神王】 대무신왕을 말한다. 무(武)를 호(虎)라고 한 것은 앞서 말한 피휘에 의한다.

○ 【味留】 '여기' 대무신왕전기(大武神王前紀)의 분주(分注)에는 '대해송류왕'이라고 되어 있으며, "광개토왕릉비"에서는 '대주류왕'이라고 하고 있다. 필경 미류에 대응하는 것은 송류(宋留)·주류(朱留)일 것이나, 미(味)·송(宋)·주(朱)에는 음 상통 등의 관계를 찾아낼 수가 없다.

○ 【名撫恤. … 瑠璃王 第三子. 戊寅立. 理二十六年】 이것은 모두 '여기' 대무신왕 조와 일치하며, 제3대호신왕 조는, 별명을 제외하면 '여기에 의한 것이라고 생각된다.

○ 【姓解氏】 '사'의 대해송류왕년(解)에 의한 해석이 아닐까 생각된다.

제4민중왕(第四閔中王)

제4민중왕은 이름은 색주이다. 성은 해씨(解氏)이며 대호(神王)의 자이다. 갑진(년)에 일어나, 다스리기를 4년이었다.

○ 【名色未. 姓解氏】 '여기' 민중왕전기에 '휘해색주'[13]라고 되어 있는 것을 성과 이름으로 나누었던 것으로 보인다.

○ 【大虎之子】 대호신왕의 신왕(神王)이 탈루(脫漏)된 것이다. '여기' 민중왕전기에는 '大武神王之弟也. 大武神王薨. 太子幼少不克即政. 於是國人推戴以立之'라고 되어 있어, '유'(왕력)와 계보를 달리한다.

○ 【甲辰】 '사' 연표에 의하면, 후한 광무제의 건무 20년(44)의 갑진에 해당된다.

○ 【理四年】 '여기'에 의하면 민중왕은 서기 44년 10월에 즉위하고, 48년에

---

13) DB. '色朱'는 조선사학회본·이병도역주본·권상로역해본에는 '邑朱'로 되어 있다. 고증에는 언급이 없다. 파른본. '色朱'.

훙(薨)하고 있다. 재위는 대략 5년이지만, '유'는 훙년을 치세연수에 넣지 않기 때문에 4년이 된다.

제2다루왕(第二多婁王)

풀이 제2다루왕은 온조의 제2자이다. 무자(년)에 일어나, 다스리기를 49년 이었다.

주해 ○【多婁王】'유' 권제2(남부여·전백제)를 참조.

○【溫祚第二子】'제기'에서는 원자(元子)라고 되어 있다.

○【戊子立. 理四十九年】무자는 서기 28년. '사'에서는 치세연수 50년이라 고 되어 있다.

풀이 가락국은 혹은 가야라고도 한다. 지금의 금주이다.

주해 ○【駕洛國一作伽耶國今金州】상세한 것은 '유' 권제2에 수록되어 있는 "가
락국기"를 참조.

수로왕(首露王)

풀이 수로왕은 임인(년) 3월에 난생하고, 이달에 즉위하여 다스리기를 158
년이었다. 금란에 의해 태어난 까닭에 성은 김씨(金氏)이다. (이것은)
개황력에 실려 있다.

주해 ○【首露王云云】가락국(금관가야)의 시조. 수로왕의 전승은 '유' 권제2 수
록의 "가락국기"에 상세하므로 해설은 그곳으로 미룬다.

제2장 뒷면

일본	간지干支	서력西曆	중국	유遺 중국력中國曆	라羅	려麗	제濟	락洛
垂仁77	무신戊申	48	建武24			第五慕本王		
78	기유己酉	49	25			閔中之兄		
79	경술庚戌	50	26			名愛留一		
80	신해申亥	51	27			作憂戊申		
81	임자壬子	52	28			立理五年		
82	계축癸丑	53	29					
83	갑인甲寅	54	30			第六國祖王		
84	을묘乙卯	55	31			名宮亦云		
85	병진丙辰	56	中元1	中元丙辰 二		大祖王癸		
86	정사丁巳	57	2			丑立理九		
87	무오戊午	58	永平1	明帝		十三年後		
88	기미己未	59	2	永平戊午十七		漢傳初生		
89	경신庚申	60	3			開目能視		
90	신유申酉	61	4			後遜位于		
91	임술壬戌	62	5		第四脫解王	母弟次大		
92	계해癸亥	63	6		[一作吐解]	王		
93	갑자甲子	64	7		尼叱今			
94	을축乙丑	65	8		昔氏父琓夏			
95	병인丙寅	66	9		國含達婆王			
96	정묘丁卯	67	10		一作花夏國			
97	무진戊辰	68	11		王母積女國			
98	기사己巳	69	12		王之女妃南			
99	경오庚午	70	13		解王之女阿			
景行1	신미申未	71	14		老夫人丁巳			
2	임신壬申	72	15		立理二十三			
3	계유癸酉	73	16		年王崩水葬			
4	갑술甲戌	74	17		末□疏井丘			
5	을해乙亥	75	18		中重塑骨安			
6	병자丙子	76	建初1	章帝	東岳今東岳			
7	정축丁丑	77	2	建初丙子十八	大王		第三巳(己)	
8	무인戊寅	78	3				婁王 多婁子丁 丑立理五	

9	기묘己卯	79	4					
10	경진庚辰	80	5				十五年	
11	신사辛巳	81	6		第五婆娑尼師			
12	임오壬午	82	7		今			
13	계미癸未	83	8		姓朴氏父弩			
14	갑신甲申	84	元和1	元和甲申三	禮王母□要			
15	을유乙酉	85	2		[許婁]王之			
16	병술丙戌	86	3		女妃史肖夫			
17	정해丁亥	87	章和1	章和丁亥三	人庚辰立理			
18	무자戊子	88	2		國十二年			
19	기축己丑	89	永元1	和帝				

중국력

명제영평 무오십칠(明帝永平戊午十七)

풀이 명제 때, 영평은 무오에서 17(년)이었다.

주해 ○ 【永平戊午十七】 十七은 十八의 잘못이다.[14]

---

14) 파른본 교감본에도 같은 지적이 있다.

장제건초병자십팔(章帝建初丙子十八)

풀이 장제 때, 건초는 병자에서 18(년), 원화는 갑신에서 3(년), 장화는 정해
에서 2(년)이었다.

주해 ○【建初丙子十八】十八은 八의 잘못이다.[15]

제사탈해일작토해이사금(第四脫解一作吐解尼師今)

풀이 제4탈해(토해)이사금은 석씨(昔氏)이다. 아버지는 완하국[16]의 함달파
왕인데, 혹은 화하국왕이라고도 한다. 왕모(王母)는 적년국왕의 딸이
며, 비(妃)는 남해왕의 딸인 아로부인이다. 정사(년)에 일어나, 다스리
기를 23년이었다. 왕이 붕어하자 수장(水葬)을 하고, 아직 소정의 구
중(丘中)에는 □하지 않고,[17] 뼈를 모아 형체를 만들어(塑) 동악(東岳)
에 안장했다. 지금의 동악대왕이다.

---

15) 파른본 교감본에도 같은 지적이 있다.
16) DB. 조선사학회본에는 '夏'가 '厦'로 되어 있다.
17) 고증에는 '末□' 부분을 아직 … 하지 않았다고 표현. DB. '末□' 부분에서 석남필사본은 '末
刕'라고 되어 있고, 최남선교주본·이병도역주본·권상로역해본은 '末刕'로 되어 있다. 순암
수택본에서는 '疏'가 '躍'으로 되어 있다.

○【昔氏】그 유래 전설은 '유'(권제1・제4탈해왕)와 '나기'와는 다소 다르지만, 여기에서는 다루지 않겠다.

○【琓夏國】후에 화하국이라고도 한다고 되어 있으나, '유'에는 '我(脫解)本龍城國人亦云正明國或云琓夏國,　琓夏或作花夏國龍城在倭東北一千里', '나기'에는 '脫解本多婆郡國所生也. 某國在倭國東北一千里'라고 적혀 있다.

○【含達婆王】'유'의 왕력과 권제1(제4남해왕)은, 모두 탈해의 아버지를 함달파왕이라고 하지만, '나기'에서는 다파나국왕이라고 하고 있다. 또한 '유' 권제1(第三弩禮王)에는 '朴弩禮尼叱今札一作儒禮王初王與妹夫脫解讓位'라고 보이며, 탈해를 노례왕의 매부라고 하고 있다.

○【母積女國王之女】'유' 권제1(탈해왕)도 같으나, '나기'는 '취녀국왕녀'라고 이설(異說)을 전하고 있다.

○【妃南解王之女阿老夫人】왕비를 남해왕의 딸이라고 하는 점은, '유', '나기'와 같으나, 전자(前者)에서는 아로부인, 후자(後者)에서는 아효부인이라고 되어 있다.

○【丁巳立. 理二十二年】이 '理二十三年'은 예에 따라 붕년(崩年)을 더하지 않은 것이라고 한다면, 왕의 붕어년은 건초 5년 경진이 되며, '나기' 및 '사'의 연표와도 일치된다. 그런데 '유' 탈해왕 조만은 '及弩禮崩. 以光虎帝中元六年丁巳六月. 乃登王位(단 六年은 二年의 잘못이 아닐까 생각된다.) … 在位二十三年. 建初四年己卯崩'이라고 이설을 보이며, 1년의 차이를 보이고 있다. 즉 1년 이른 설을 취하고 있는 것이 되나, 이것에 관하여 마찬가지로 '유' 권제1 김알지 조에, '永平三年庚申一云中元六年誤矣中元盡二年而已'라고 되어 있는 것이 주목된다. 중원 6년은 잘못이라고 해도, 그것을 연차 위에서 따져 보면 영평(永平) 4년 신유년에 해당한다는 것은 두말할 것도 없다. 즉 '유' 권제1에서는 김알지의 탄생에 관한 전승에 있어서도, 1년 이른 설을 보이고 있다. 자세한 것은 김알지 조의 주해(162 이하)를 참고.

○ 【水葬未□疏井丘中重塑骨安東岳今東岳大王】 수장(水葬)이라고 하는 것은 주목할 만한 사료라고 생각되지만, '유'(권제1 · 제4탈해왕 조도 '나기'도 이 점에 대해 다루고 있는 곳이 없다. □에 어떠한 자를 넣을까 용이하게 결정하기 어렵기 때문에 문의(文意)를 파악하기 어렵다. '나기'에는 탈해 24년 조에 '秋八月王薨葬城北壤井丘'라고 간단하게 적는 데에 지나지 않으나, '유' 권제1(제4 탈해왕 조)에는 비교적 문제가 많은 이설(異說)을 싣고 있으므로, 그 본문과 주해 161, 161a를 참조.

제오파사이질금(第五婆娑尼叱今)

풀이 제5 파사이질금은 성은 박이며, 아버지는 노례왕, 어머니는 □요왕(□要王)의 딸, 왕비는 사초부인이다. 경진(년)에 일어나, 다스리기를 ③2년(□十二年)[18])이었다.

주해
○ 【姓朴氏】 파사왕의 성에 대하여 전하고 있는 것은 이 왕력뿐이다.
○ 【父弩禮王】 '나기'에서는, '儒理王第二子或云儒弟奈老之子也'라고 이설을 보이고 있다. 노예(弩禮)와 유리(儒理)가 상통하는 것은 주해 144에서 말하겠다.
○ 【厚□要王之女】 어머니가 □요왕((□要王)의 딸이라는 것도 이 왕력이 전한다. 또한 옆에 '허루'의 묵서가 보인다.
○ 【妃史肖夫人】 '나기'는 '妃金氏史肖夫人許婁葛文王之女'라고 기록하고 있다. 만일 □요왕이 허루왕이라고 인정한다면, 허루와 파사왕과의 계보는 다음 표와 같이 차이가 난다.

---

18) 고증. 32년으로 추정. DB. 최남선교주본 · 이병도역주본 · 이재호역주본 · 권상로역해본에 따르면 32년. 서울대규장각본에는 12년의 十 앞이 빈 칸으로 되어 있다.

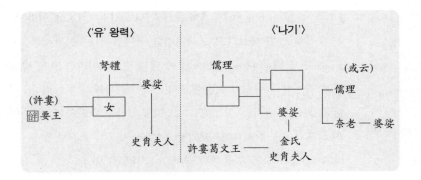

○ 【庚辰立. 理國十二年】경진에 일어난 점에 이설은 없다. 이 경진년은 서기 80에 해당되나, 이것이 파사왕 즉위의 실제 연대가 아닌 것은 두말할 것도 없다. 파사에 관련해서 진구 황후 섭정전기 동 10월 조에 '여기에 신라왕 파사매금 즉 미질기지파진간기를 인질로 삼는다.'가 보인다. 미질기지파진간기에 대해서는 '유' 권제1(奈勿王)을 참조. 12년은 물론 32년으로 해야 한다. ☲자가 빠진 것은 원판의 결손에 의한 것으로 보인다. 그렇다면 예에 의해 '유' 왕력은 파사왕의 붕년이 즉위 33년인 임자년이라는 것으로 보이며, 이 점은 '사'('나기' 연표)와도 일치된다.

제5모본왕(第五慕本王)

풀이 제5모본왕은 민중왕의 형이다. 이름은 애류이며, 혹은 우(憂)라고도 적는다. 무신(년)에 올라, 다스리기를 5년이었다.

○ 【慕本王】 이케우치 히로시 '고구려의 건국전설과 사상(史上)의 사실'("동양학보" 제28권)에 '휘(諱)를 해우라고도 하며, 해애루라고도 했다는 제5대 모본은, "위서"의 막래와 통한다. 단지 모본(慕本)의 본(本)과 막래(莫來)의 래(來)는, 어느 쪽인가 한쪽이 전사(傳寫)에 의하여 생긴 잘못에 틀림없으나, 지금 그 시비를 가리기 어렵다.'라고 되어 있다. 여기에 보이는 "위서"라는 것은 그 열전 제88 고구려전(傳)을 가리킨다.

○ 【閔中之兄】 '여기' 모본왕전기(慕本王前紀)에는, '大武神王元子正'이라고 되어 있어, 계보가 맞지 않다. 이 모본왕까지의 왕통계보를 '사'·'유'·"위서" 고구려전에 의해 각기 표시하면 다음과 같이 된다.

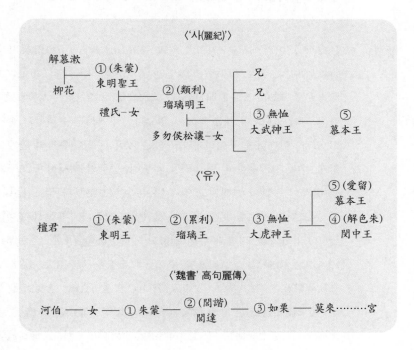

○ 【戊申立. 理五年】 '사' 연표에 의하면, 이 무신(戊申)은 후한 광무제의 건무 24년(48) 무신에 해당한다. 모본왕의 즉위는 이 해의 8월 이전이며, 그 훙거(薨去)는 건무 29년(53) 11월로서, 훙거년은 치세연차에 넣지 않

는 것을 '유'는 취하고 있기 때문에, 치세연수가 5년이 된다.

제6국조왕(第六國祖王)

풀이 제6국조왕은 이름은 궁(宮)이며 또 대조왕이라고도 한다. 계축(년)에
일어나, 다스리기를 93년이었다. 후한전에 말하기를 (왕은) 처음 태어
나자마자 눈을 떠, 빤히 쳐다봤다. 후에 (왕)위를 모제(母弟)인 차대왕
에게 물려줬다고.

주해 ○【國祖王】'여기'에서는 '大祖大王(或云國祖王) 諱宮. 小名於漱. 琉璃王子
古鄒加再思之子也. 母太后扶餘人也. 慕本王薨. 太子不肖. 不足以主社稷.
國人迎宮. 繼立. 王生而開目能視. 幼而岐嶷. 以年七歲. 太后垂簾聽政'이
라고 되어 있다. '유'에는 계보가 없으나, '사'에서는 유리왕의 손자로 하
고 있다. 어머니를 부여인이라고 하는 것은, 주몽전승과의 관계를 생각
하게 한다. 또 "후한서" 동이전을 비롯해, 중국의 역사서에 고구려 왕궁
의 활약이 수많이 전해지고 있다. 혹은 이것으로부터 국조왕, 대조대왕
등, 시조적인 시호를 후세에 붙인 것인지도 모른다. "후한서" 동이전에는
궁(宮)의 활약을, 다음과 같이 전하고 있다. '後句麗王宮. 生而開目能視.
國人懷之. 及長勇壯. 數犯邊境. 和帝元興元年春. 復入遼東. 寇略六顯. 太
守耿夔擊破之. 斬其渠帥. 安帝永初五年. 宮遣使貢獻. 求屬玄菟. 元初五
年. 復興濊貊寇玄菟. 攻華麗城. (華麗縣. 屬樂浪郡) 建光元年春. 幽州刺
史馮煥・玄菟太守姚光・速東太守祭諷等. 將兵出塞擊之. 捕斬濊貊渠帥.
獲兵馬財物. 宮乃遣嗣子逐成. 將二千餘人逆光等. 遣使詐降. 光等信之.
逐成困據險阨. 以遮大軍. 而潛遣三千人攻玄菟・遼東. 焚城郭. 殺傷一千
餘人. 於是發廣陽・漁陽・右北平・涿郡・屬國三千餘騎同救之. 而貊人

已去. 夏, 復與遼東鮮卑八千餘人攻遼隊. (顯名. 屬遼東郡也) 殺掠吏人.
蔡諷等追擊於新昌戰歿. 功曹耿耗 · 兵曹掾龍端 · 兵馬掾公孫酺. 以身扞
諷. 俱歿於陳. 死者百餘人. 秋, 宮遂率馬韓 · 濊貊數千騎圍玄菟. 夫餘王
遣子尉仇台. 將二萬餘人與州郡幷力討破之. 斬首五百餘級'이라고. 이와
같이 고구려는 왕망 이후 처음으로 후한과 대립하게 되었다. 왕망 때는
아직 동방지역에 유력한 국가가 형성되어 있지 않았기 때문에, 오히려 광
범한 이민족의 연합전선이 형성되었다. 후한 화제의 원흥 원년(105) 이
후에는, 고구려의 국가형성이 비약적인 발전을 이루었을 뿐만 아니고, 부
여도 또 국가의 세력이 신장되었기 때문에, 요동군과의 관계가 복잡해졌
다. 그 때문에 이 왕대부터 후한왕조가 고구려에 강한 관심을 가지기 시
작했다.

○ 【名宮】 휘(諱)를 궁(宮)이라고 한 것은 앞서 보인 '여기, "후한서"와도 일
치한다. '여기'에서는 소명(小名)을 어수라고 하고 있는데, 궁(宮)을 한자
명, 어수를 고구려명이라고 볼 수도 있다.

○ 【癸丑立. 理九十三年】 이 계축은 후한 광무제의 건무 29년(53) 계축이다.
국조왕은 '여기'에 의하면, 건무 29년 11월에 나이 7세에 즉위하여, 본초
원년(146) 12월에 동생 수성에게 왕위를 물려주고 있다. 치세연수는 양
위(讓位)년를 빼면 93년이 된다.

○ 【後漢傳云…】 "후한서" 동이전 고구려조를 가리킨다. 간략해서 후한서
고구려전이라고도 하며, 여기에서는 '서고구려'(書高句麗)의 4자가 빠졌
을 것이다. '初生開月能視'는 고구려인의 국조왕생탄전승(國祖王生誕傳
承)에 의한 것이나, 고구려의 요동 침입에서의 왕의 활약에 대한 후한인
의 인상을 잘 나타낸 것이라고 말할 수 있겠다.

○ 【後遜位于母弟次大王】 '여기'에서는 동왕(同王) 80년(132) 추(秋)7월 조
이후, 수성이 5족(五族)의 족장과 모반하여 왕위를 빼앗으려고 하는 기사
가 연속되고 있다. 동(同) 94년 10월에 동생 수성의 모반을 듣고, 양위를
결의했다고 되어 있다. 이것에 대해서는 "후한서" 동이전 고구려 조에서

는 다른 사정을 전하고 있다. '是歲. 宮死. 子遂成立. 姚光上言. 欲因其喪
發兵擊之. 議者皆以爲可許. 尙書陣忠曰. 宮前桀黠. 光不能討. 死而擊之
非義也. 宜遣弔問. 因責讓前罪. 赦不加誅, 取具後善. 安帝從之. 明年. 遂
成還漢生口. 詣玄玄菟. 詔曰. 逐成等桀逆無狀. 當斬斷葅醢. 以示百姓. 幸
會赦令. 乞罪請降. 鮮卑・濊貊連年寇鈔. 驅略小民. 動以千數. 而裁送數
十百人. 非向化之心也. 自今以後. 不與縣官戰鬪, 而自以親附送生口者.
皆與贖直. 縑人四十匹小口半之.'

제3사(기)루왕(第三巳(己)婁王)

풀이 제3 기루왕[19]은 다루(왕)의 아들이다. 정축(년)에 일어나, 다스리기를
55년이었다.

주해 ○【己婁王】ki-ru-wan. 이마니시본(正德本)에는 사루왕이라고 되어 있으
나, 고본(古本)에 의해 정정한 고쿠쇼 간행회부간본(제2판)의 왕력에 의
해 기루왕으로 고쳤다. 이 왕대에 대하여 '제기'에는 신라와의 교섭・천
문・천재(天災) 등에 관한 간략한 기사를 싣고 있다.
○【多婁子】'제기'에는 '多婁王之元子'라고 되어 있다.

---

19) 고증. 기루왕(己婁王). DB. 사루왕(巳婁王). 주(注)에는 석남필사본・이병도역주본・이재
호역주본・권상로역해본에는 '巳'가 '己'로 되어 있다. 파른본에는 '己'.

○ 【丁丑立. 理五十五年】 정축은 서기 77년. 그러나 '제기' 및 '사'의 연표는 치세연수를 52로 하고 있다.

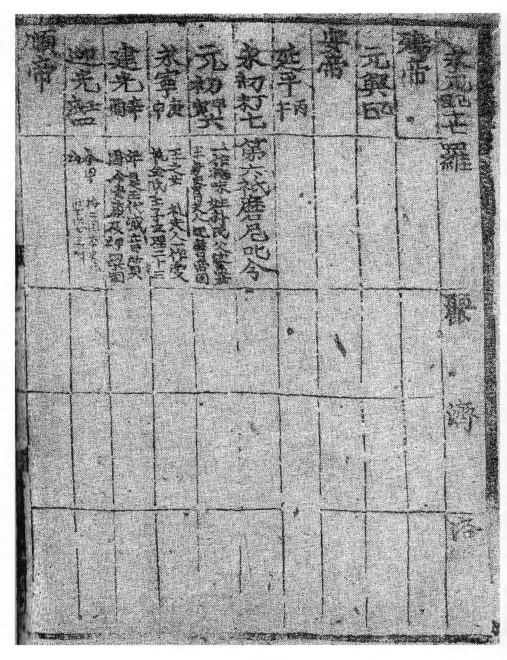

제3장 앞면

삼국유사 권제1

	간지干支	서력西曆	중국	유遺 중국력中國曆	라羅	려麗	제濟	락洛
景行20	경인庚寅	90	永元2	永元己丑十七				
21	신묘申卯	91	3					
22	임진壬辰	92	4					
23	계사癸巳	93	5					
24	갑오甲午	94	6					
25	을미乙未	95	7					
26	병신丙申	96	8					
27	정유丁酉	97	9					
28	무술戊戌	98	10					
29	기해己亥	99	11					
30	경자庚子	100	12					
31	신축申丑	101	13					
32	임인壬寅	102	14					
33	계묘癸卯	103	15					
34	갑진甲辰	104	16					
35	을사乙巳	105	元興1	殤帝 元興乙巳 安帝 延平丙午 永初丁未七				
36	병오丙午	106	延平1					
37	정미丁未	107	永初1					
38	무신戊申	108	2					
39	기유己酉	109	3					
40	경술庚戌	110	4					
41	신해申亥	111	5					
42	임자壬子	112	6		第六祇磨尼 叱今 一作祇味姓 朴氏父婆娑 王母史省夫 人妃磨帝王 之女□禮夫 人一作愛禮 金氏壬子立 理二十三年 是王代滅音 質國今安康			
43	계축癸丑	113	7					
44	갑인甲寅	114	元初1	元初甲寅六				
45	을묘乙卯	115	2					
46	병진丙辰	116	3					
47	정사丁巳	117	4					
48	무오戊午	118	5					
49	기미己未	119	6					
50	경신庚申	120	永寧1	永寧庚申				

51	신유申酉	121	建光1	建光申酉	及押梁國今 □山 (按三國本史 作破娑王時)			
52	임술壬戌	122	延光1	迎光壬戌四				
53	계해癸亥	123	2					
54	갑자甲子	124	3					
55	을축乙丑	125	4	(少帝)				
56	병인丙寅	126	永建1	順帝				

신라

제6기마이질금(第六祇磨尼叱今)

풀이　제6기마이질금20)은 혹은 기미라고도 하며, 성은 박이다. 아버지는 파
사왕, 어머니는 사초부인이며, 왕비는 마제국의 왕녀, □례부인(□禮
夫人)이다. (□禮는) 혹은 애례라고도 하며 김이다. 임자(년)에 일어나,
다스리기를 23년이었다. 이 왕대에 음질국, 지금의 안강, 및 압량국
지금의 □산(□山)21)을 멸망시켰다.

주해　○【一作祇味】왕명의 표기가 기마(祇磨) '유'(왕력), 기마(祇摩)(나기), 기미

---

20) 고증. '기마(祇磨)', '기미(祇未)'. DB.는 '지마(祇磨)', '지미(祇未)'. 역자. 교다이본(京大本)
'유사' 원본에는 1획의 차이로 '기(祇)'로 보인다. 파른본. '기마(祇磨)', '기미(祇味)'.
21) 고증. '章山'으로 주해. DB. '□山'은 최남선교주본·이재호역주본에서는 '梁山'으로, 동경
제국대학영인본·속장경본에서는 '章山'으로, 이병도역주본·권상로역해본에서는 '慶山'으
로 추정.

(祇味)(나기의 주(注)와 다르다.

○ 【姓朴】 이 왕의 성을 다룬 것은 이 '왕력'뿐이다.

○ 【父婆娑王母史肖夫人】 '나기'는 '婆娑王之嫡子'라고 하고 있다.

○ 【妃磨帝日工之女□禮夫人作園禮金氏】 □례부인(□禮夫人)에 먹으로 방선이 그어져 있고 마찬가지로 두주(頭注)에 '고'(考)의 기입이 있다. □ 에 들어갈 만한 것은 불명. 다음으로 '일작'(一作)의 곳은 상당히 판단하기 어려우나, '나기'에 '葛文王摩帝之女愛禮夫人金氏'라고 되어 있기 때문에 '一作園禮金氏'라고 봐도 좋을 것이다.

○ 【理二十三年】 '유'왕력은 기마(祇磨)의 즉위연차를 임자, 다음 일성왕이 일어난 것을 갑술로 하고 있기 때문에, 이상 제5 파사이질금까지의 예에 따르면 붕년을 넣지 않고 '理二十二年'이라고 해야 한다. 따라서 '유'왕력의 '이연수'(理年數)의 계산법은 통일되지 않은 것 같다.

○ 【是王代云云】 음질국과 압량국의 신라를 향한 투항은 '나기'에서는 파사왕 23년 조에 넣으면서, 음질국은 음즙대국, 압량국은 압독국이라고 넣고 있다. 후세의 기입이기는 하지만 머리에 '音質作音汁伐'이라는 것이 보이며, 또 이 조의 끝에 같은 필적으로 '按二國本史作婆娑王時'라고 되어 있다. 또 '사' 지리지(1) · 의창군 조에 '音汁火縣. 破娑王時. 取音汁伐國, 置縣. 今合屬安康縣'이라고 보이며, 마찬가지로 장산군 조에는 '祇味王時. 伐取押梁一作督小國. 置郡. 景德王改名. 今章山郡'이라고 되어 있으나, 장산은 더 나아가 고려 충선왕 때에 경산이 되었다. 경산은 경상북도에 속한다.

○ 【今□山】 결자 부분은 章을 넣어야 할 것이다.

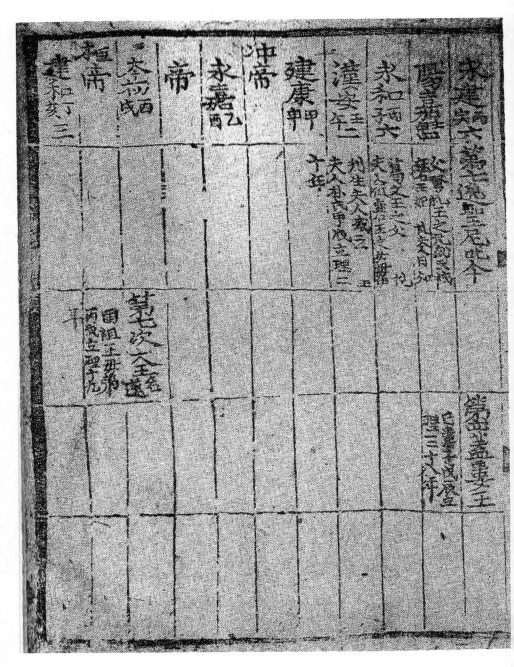

第3장 뒷면

일본	간지干支	서력西曆	중국	유遺 중국력中國曆	라羅	려麗	제濟	락洛
景行57	정묘丁卯	127	永建2	永建丙寅六				
58	무진戊辰	128	3				第四蓋婁王	
59	기사己巳	129	4				巳婁之子戊	
60	경오庚午	130	5				辰立理三十	
成務1	신미辛未	131	6				八年	
2	임신壬申	132	陽嘉1	陽嘉壬申四				
3	계유癸酉	133	2					
4	갑술甲戌	134	3					
5	을해乙亥	135	4					
6	병자丙子	136	永和1	永和丙子六	第七逸聖尼			
7	정축丁丑	137	2		叱今			
8	무인戊寅	138	3		父弩禮王之			
9	기묘己卯	139	4		兄或云祇磨			
10	경진庚辰	140	5		王妃□禮夫			
11	신사辛巳	141	6		人日知葛文			
12	임오壬午	142	漢安1	沖帝 漢安壬午二	王之父□□			
13	계미癸未	143	2	□帝	禮夫人祇磨			
14	갑신甲申	144	建康1	建康甲申	王之女母伊			
15	을유乙酉	145	永嘉1		刊生夫人或			
16	병술丙戌	146	本初1		云□□王夫		第七次大王	
17	정해丁亥	147	建和1	桓帝 建和丁亥三	人朴氏甲戌		名逸國祖王	
18	무자戊子	148	2		立理二十年		母弟丙戌立	
19	기축己丑	149	3				理十九年	

제7일성이질금(第七逸聖尼叱今)

풀이 제7 일성이질금의 아버지는 노례왕의 형이라고 하며, 혹은 기마왕[22]
이라고도 한다. 비□례부인(妃□禮夫人)은, 일지갈문왕의 부□□례부
인(父□□禮夫人)[23]으로, 기마왕의 딸이다. 어머니는 이천생부인(혹은
□□왕부인(□□王夫人)이라고도 하며 박이다. 갑술(년)에 일어나, 다스
리기를 20년이었다.

주해 ○【逸聖尼叱今】'나기'는 '逸聖尼叱今. 儒理王之長文子或云日知葛文王之子
妃朴氏. 支所禮王之女.'라고 전하고 있을 뿐이다. 또 어머니에 관해서도
전하고 있지 않다.

○【伊刊生夫人】"조선사" 제1편 제1권의 두주(頭注)에는 '刊, 或利之訛'라고
되어 있다.

○【甲戌立理二十年】다음 아달라왕의 즉위연차를 갑오년에 두고 있기 때
문에, '理二十年'이라고 하는 것은 역시 붕년을 계산에 넣은 수가 된다.

---

22) 고증. 기마왕(祇磨王). DB. '지마왕(祇磨王)'. 역자. 교다이본 '유사' 원본에는 희미하지만 1
획이 없는 '기(祇)'로 보인다.

23) 고증 원문대로. DB. 파른본에는 '父'로 되어 있으나, 조선사학회본에는 '女'로 되어 있어, 이
에 따른다. 역자. 교다이본 '유사' 원본에는 '父'. '女'와 선명하게 구분되어 있다.

제7차대왕(第七次大王)

풀이 제7차대왕은 이름은 수(遂). 국조왕의 동생이다. 병술(년)에 올라, 다 스리기를 19년이었다.

주해 ○【名遂】'여기', "후한서" 등, 모두 수성(遂成)이라고 한다. 성(成) 글자의 탈락일까.

○【丙戌立. 理十九年】이 병술은 후한질제의 본초 원년(146) 병술에 해당 된다. '여기'에 의하면 차대왕의 재위는 본초 원년 2월부터 환제의 연희 8 년 10월까지로, 그 훙년을 빼면 치세연수는 19년이 된다.

제4개루왕(第四蓋婁王)

풀이 제4개루왕은 기루[24]의 아들이다. 무진(년)에 일어나, 다스리기를 38

---

24) DB. '사루(巳婁)'. 그 주(注)에는 석남필사본·최남선교주본·이병도역주본·이재호역주

년이었다.

 ○ 【蓋婁王】 hap-ru-wan. 제20대에 같은 이름의 왕(蓋鹵王)이 있다. '제기'
에는 동왕(同王) 5년(132)에 북한산성 축성의 기사를 싣고 있다.

○ 【戊辰立. 理三十年】 무진은 서기 128년. '사'는 치세연수를 39년으로 하
고 있다.

본·권상로역해본에서는 '己婁'로, 조선사학회본에는 '已婁'로 되어 있다. 역자. 고(古) 자료
에는 '사(巳)', '이(已)', '기(己)'가 혼용되는 예가 많다.

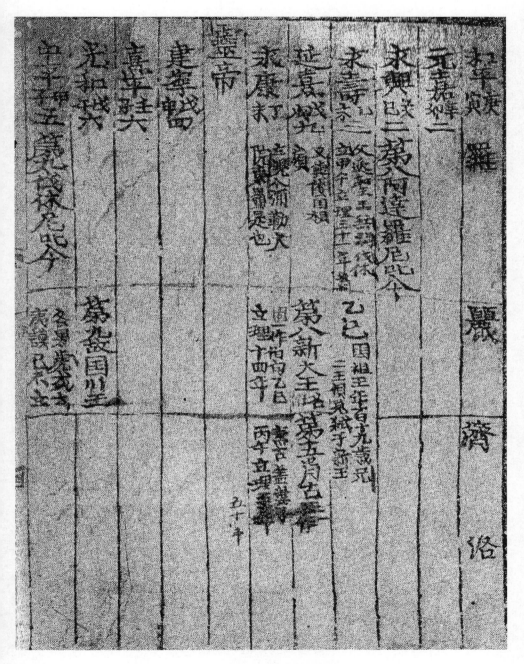

제4장 앞면

일본	간지干支	서력西曆	중국	유遺 중국력中國曆	라羅	려麗	제濟	락洛
成務20	경인庚寅	150	和平1	和平庚寅				
21	신묘辛卯	151	元嘉1	元嘉辛卯 二				
22	임진壬辰	152	2					
23	계사癸巳	153	永興1	永興癸巳 二				
24	갑오甲午	154	2		第八阿達羅尼叱今 父逸聖王無嗣 伐休立甲午立 理三十一年無嗣 又與倭國相… 立峴今彌勒大院東嶺是也			
25	을미乙未	155	永壽1	永壽乙未 三				
26	병신丙申	156	2					
27	정유丁酉	157	3					
28	무술戊戌	158	延熹1	延熹戊戌 九				
29	기해己亥	159	2					
30	경자庚子	160	3					
31	신축辛丑	161	4					
32	임인壬寅	162	5					
33	계묘癸卯	163	6					
34	갑진甲辰	164	7					
35	을사乙巳	165	8					
36	병오丙午	166	9			乙巳 國祖王年百 十九歲兄□ 二王俱見秋 于新王 第八新大王 名伯固作伯 句乙巳立理 十四年	第五肖古王 一作素古蓋 婁子丙午立 理五十年 (五十年)	
37	정미丁未	167	永康1	永康丁未				
38	무신戊申	168	建寧1	靈帝 建寧戊申 四				
39	기유己酉	169	2					
40	경술庚戌	170	3					
41	신해辛亥	171	4					
42	임자壬子	172	熹平1	熹平壬子 六				
43	계축癸丑	173	2					
44	갑인甲寅	174	3					
45	을묘乙卯	175	4					
46	병진丙辰	176	5					
47	정사丁巳	177	6					
48	무오戊午	178	光和1	光和戊午 六				
49	기미己未	179	2			第九故國川 王 名男虎或云 (伊)謨(己未)		
50	경신庚申	180	3					
51	신유辛酉	181	4					

52	임술壬戌	182	5			立理二十年 國川亦曰國 襄乃葬地名 (葬)		
53	계해癸亥	183	6					
54	갑자甲子	184	中平1	中平甲子 五	第九代休尼叱 今 昔氏說解之係 父角干仇鄒母 知珍内禮夫人 金氏甲子立里 十三年			
55	을축乙丑	185	2					
56	병인丙寅	186	3					
57	정묘丁卯	187	4					
58	무진戊辰	188	5					

신 라

제8아달라이질금(第八阿達羅尼叱今)

풀이 제8아달라이질금의 아버지는 일성왕이다. (아달라에게) 후사가 없었기 때문에, 벌휴가 일어났다. 아달라는 갑오(년)에 일어나, 다스리기를 31년이었다. (후사가 없었다.)25) 또 왜국과 패26) ⋯ 령 ⋯ (棋⋯嶺⋯).27) 입현(立峴). 지금의 미륵대원동령이 그것이다.

주해 ○【父逸聖王. 無嗣伐休立. 甲午立. 理三十一年】이 조는 원판 상태가 어떤

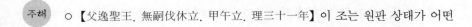

25) DB. 이 부분(父逸聖王無嗣 伐休立甲午立 理三十一年無嗣)이 빠져 있다.
26) 고증. '왜국과 패'. DB. 왜국패(倭國棋).
27) DB. 최남선교주본 · 이병도역주본 · 이재호역주본에는 네 자의 탈자가 있고, 권상로역해본에는 세 자의 탈자가 있다. 탈자로 인해 해석이 불가능하다.

지 의심스럽다. 먼저 자체가 난잡하게 되어 있고, 이곳에는 어울리지 않는 '무사벌휴립(無嗣伐休立)'이라는 기재도 보이기 때문이다. '나기'는 '阿達羅尼叱今立. 逸聖長子也 … 母朴氏. 支所禮王之女. 妃朴氏. 內禮夫人. 祇磨王之女'라고 전하고 있다.

○ 【甲午立. 理三十一年】 '유' 왕력은, 다음 벌휴이질금의 즉위연차를 빠트리고 있으나, 만일 그것을 갑자년이라고 한다면, 여기에 말하는 '理三十年'에는 붕년도 더했다는 것이 된다. 그러나 위에서 말한 바와 같이, 이 조가 원판 그대로 옮긴 것인지 어떤지 의문이기 때문에 이것 이상으로 논할 수 없다. 또 '유'의 연오랑 · 세오녀 조에는 '第八阿達羅王即位四年丁酉'라고 되어 있어, 여기에서 말하는 '甲午立'과 부합된다.

제9벌휴이질금(第九伐休尼叱今)

풀이 제9벌휴이질금은 석씨(昔氏)다. 탈해의 손자로, 아버지는 각간구추. 어머니는 지진내례부인, 김씨이다. 갑자(년)에 일어나, 다스리기를 13년이었다.[28]

주해 ○ 【代休尼叱今】 이 조는 모두 후세의 기입으로, 원판이 어떠했는지는 모른다. '나기'에는 '伐休一作發暉尼叱今, 立. 姓昔. 脫解王子仇鄒角干之子也. 姓金氏. 只珍內禮夫人'이라고 보인다.
○ 【甲子立. 理十三年】 역시 붕년을 계산에 넣은 치정연수이다.

---

28) DB. 역주 및 주해가 전부 생략.

고려

을사(乙巳)

풀이 을사(년)에, 국조왕은 나이 119세였으나, 형□ 이왕(二王)은 모두 신왕
에게 살해당했다.

주해 ㅇ 【乙巳】 이 을사는 환제연희 8년(165) 을사에 해당된다.

ㅇ 【國祖王年百十九歲. 兄□二王俱見弒于新王】 형(兄) 다음의 글자는 공백,
제(弟)의 글자를 넣는 것이 온당할 것이다. 이 기사에 관련하여 '나기'에
는 차대왕 20년(165) 3월 조에 '太組大王蒙於別宮. 年百十九歲. 冬十月.
椽那皂衣明臨答夫因民不忍弒王. 號爲次大王'. 또 신대왕전기(新大王前
紀)에 '新大王. 諱伯個(句)太祖大王의 季第. 儀衣英特. 性仁恕. 初次大王
無道. 臣民下親附. 恐有禍亂. 害及於己. 遂遯於山谷. 及次大王被弒. 左輔
於留與羣公議. 遣人迎致. 及至. 菸支留跪獻國璽曰. 先君不幸棄國. 雖有
子. 不克有國家. 夫人之心歸于至仁. 謹拜稽首. 請即尊位. 於是俯伏三讓
而後即位. 時年七十七歲'라고 되어 있다. 이와 같이 '나기와 다른 사료(史
料)가 있다는 것은 주목할 만하다. 국조왕의 훙거에 대해서는 '사'와 '유'
가 다르나, 차대왕의 살해연차는 모두 일치하고 있다. 다만 차대왕을 살
해한 자를, '여기'에서는 연나조의인 명림답부로 하고 있는 것에 대해서,
'여기'에서는 신왕(新王) 즉 다음의 신대왕(新大王)으로 하고 있다. 현상
으로서는 '여기'의 전승이 올바르다고 생각되나, 연나부가 신대왕 옹립을
위하여 차대왕을 살해한 것이기 때문에, 중국사적풍의 표현으로는 신왕
이 살해했다고 기록해도 잘못이라고는 할 수 없다.

제8신대왕(第八新大王)

풀이 제8신대왕은 이름은 백개[29]로, 혹은 백구라고도 적는다. 을사(년)에 일어나. 다스리기를 14년이었다.

주해 ○【新大王】이곳에 계보를 보이고 있지 않으나, '여기'에서는 태조대왕의 막내 동생(末弟)이라고 하며, "후한서" 동이전에서는 수성(遂成)(次大王)의 아들로 되어 있다. 신대왕 시대의 일을 "후한서" 고구려전에서는 '遂成死. 子伯個立. 其後濊貊率服. 東垂少事. 順帝陽嘉元年(132), 置玄菟郡屯田六部. 質桓之間(146-167). 復犯遼東西安平. 殺帶方令. 掠得樂浪太守妻子. 建寧二年(169). 玄菟太守耿臨討之. 斬首數百級. 狛固降服. 乞屬玄菟傳'이라고 되어 있다. "위지" 고구려전에서는 낙랑태수의 처자를 노략질하는 것까지를, 신대왕백개(新大王伯個) 시대의 일로 하고 있다. 차대왕과 신대왕과의 치세기간에 대하여, 중국에서도 혼란이 있다.

○【乙巳立. 理十四年】이 을사는 위의 을사와 같으며, 연희 8년(165)으로 '여기'에 의하면, 이 해의 10월에 신대왕은 즉위하고, 후한 영재광화 2년(179) 12월에 홍거하고 있다. 그 사이 연(延) 15년이나, 이곳에서는 홍거년을 제외하고 있기 때문에 치세연수는 14년이 된다.

제9고국천왕(第九故國川王)

풀이 제9고국천왕은 이름은 남호(武), 혹은 이모라고도 한다. 기미(년)[30]에

---

29) DB. 「名」下有二字空白・下有手書文「伯固」順庵手澤本作「伯固」而註曰後漢書高句麗傳作遂成死子伯固立三品彰英遺撰本丁本註曰名下當有伯固二字而原刻缺之・下疑脫「伯固」.

삼국유사 권제1

일어나, 다스리기를 20년이었다. 국천 또는 국양이라고 하는 것은 장지(葬地)의 이름이다.

주해 ○ 【名男虎. 或云夷謨】'여기'에서는 '故國川王. 或云國襄. 新大王伯個之第二子'라고 되어 있으며, "위지" 고구려전에서는 '伯個死. 有二子. 長子拔奇. 小子伊夷謨'라고 되어 있다. 이곳에서 이름을 남호라고 했던 것은, 앞서 다루었듯이 고려 혜종의 휘(諱)인 무(武)를 피했기 때문이며, 남무가 원래 이름이다. 이곳에서는 별명을 이모라고 하고 있으나, "위지"·'여기' 모두 이이모라고 되어 있으니, 이것에 의해야 할 것이다., 다만 이(伊)의 발음이 강하지 않았기 때문에 생략되었다고 생각할 수 있다.

○ 【己未立. 理二十年】 기미(己未)의 미(未)는 '이마니시본'에서는 후세의 기입이라고 보고 있으며, 최남선편 "신정삼국유사"에서는 이 글자를 괄호로 표시하고 있다. 이 기미는 '여기'에 의하면 후한영제의 광화 2년(179) 기미로서, 고국천왕의 즉위는 같은 해 12월로 보인다. 또 이 책에서는 건안 2년(197) 5월에 이 왕은 흥거했다고 말한다. '왕력'의 치세연수는 흥거년을 빼고 있기 때문에, '여기'보다 1년 짧은 18년[31]이 되어야 한다. 이 치세연차는 '여기'와는 다른 계통의 사료에 의한 것으로 보인다.

○ 【國川亦曰國襄. 乃葬地名】 '제9대 고국천왕부터 19대 광개토왕에 이르는 동안의 11대의 제왕(諸王)의 호칭은 다음과 같다. ─고국천(국양), 산상, 동천(동양), 중천(중양), 서천(서양), 봉상(치갈), 미천(호양), 고국원(국강상), 소수림(소해주류), 고국괴, 광개토(碑文)에는 국강상광개토평안호태─ 이다. 먼저 주의를 이끄는 것은, 이 11대 사이의 칭호는 그 전후의

---

30) DB. 조선사학회본·권상로역해본에는 '己未'로 되어 있고, 순암수택본에는 '己未'라고 손으로 적었고, 동경제국대학영인본·속장경본·최남선교주본·이병도역주본·이재호역주본·三品彰英遺撰本에는 '未'가 빠진 것으로 보았다. 고증. '己未'.

31) DB. '二十年'이 동경제국대학영인본·속장경본에는 '十八年'으로 되어 있다.

제왕(諸王)의 칭호와 뜻을 달리하는 것으로, 즉 그 이전에서는 태조왕, 차대왕, 신대왕 등이었고, 이후에서는 장수왕, 문자왕, 안장왕 등으로 되어 있는 것에 대해, 이 11대에 한하여, 능묘지의 이름을 부르고 있는 것이다(그 까닭으로 말하는 광개토왕은, 능명을 따르면 제16대의 국강상과 같은 이름이 되기 때문에 광개토라고 한 것이다). 다만 전설시대의 제5대 모본왕만은 능묘지를 하고 있으나, 전설시대이기 때문에 별도로 다루어도 괜찮으나, 그 외의 위의 11대 이외의 15왕의 모든 호칭은 능묘지와 관계가 없거나, 능묘지의 기입을 빼고 있어, 그것을 확정할 수 없는 것이다'(미시나 아키히데, '高句麗王都考', "조선학보" 제1집). 또 천(川)·양(壤)은 內nai, na의 음을 나타내는 차자로서 통용되어, 국내성과 일치한다는 것도 미시나는 언급하고 있다.

제5초고왕(第五肖古王)

풀이 제5초고왕은, 혹은 소고라고 한다. 개루의 아들이다. 병오(년)에 일어나, 다스리기를 50년[32]이었다.

주해 ○【肖古王】cho-ko-waṅ 제13대에 같은 이름의 왕, 근초고왕이 있다. '제기'

---

32) DB. 동경제국대학영인본·속장경본에는 '四十八年'으로 되어 있다. 고증에는 '사'를 인용해 49년.

에는 신라와의 항쟁기사를 싣고 있으나, 신빙성은 적다.

○ 【一作素古】소고(素古) so-ko는 초고(肖古)와 음상통 된다.

○ 【丙午立. 理五十年】병오는 서기 166년. '사'에서는 치세연수 49년으로 되어 있다.

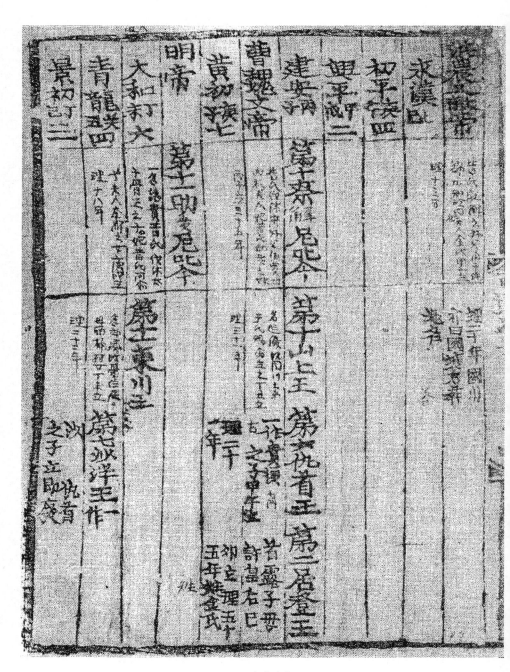

제4장 뒷면

일본	간지干支	서력西曆	중국	유遺 중국력中國曆	라羅	려麗	제濟	락洛
成務59	기사己巳	189	永漢1	洪農又獻帝				
60	경오庚午	190	初平1	永漢己巳				
空位	신미申未	191	2	初平庚午四				
仲哀1	임신壬申	192	3					
2	계유癸酉	193	4					
3	갑술甲戌	194	興平1	興平甲戌二				
4	을해乙亥	195	2					
5	병자丙子	196	建安1	建安丙子[二十四]	第十那[解]尼叱今 昔氏伐休庶孫 父伊買也 內禮 夫人妃昔氏助 賁之妹丙子立 三十五年	第十山上王 名延于故國川 之弟于氏矯命 立之丁丑立理 三十一年		
6	정축丁丑	197	2					
7	무인戊寅	198	3					第二居登王 首露子母許 皇后己卯立 理五十五年 姓金氏 (姓)
8	기묘己卯	199	4					
9	경진庚辰	200	5					
(神功)1	신사申巳	201	6					
2	임오壬午	202	7					
3	계미癸未	203	8					
4	갑신甲申	204	9					
5	을유乙酉	205	10					
6	병술丙戌	206	11					
7	정해丁亥	207	12					
8	무자戊子	208	13					
9	기축己丑	209	14					
10	경인庚寅	210	15					
11	신묘申卯	211	16					
12	임진壬辰	212	17					
13	계사癸巳	213	18				第六仇首王 一作貴須 (肖) (古)之 子甲午立 理二十一 年	
14	갑오甲午	214	19					
15	을미乙未	215	20					
16	병신丙申	216	21					
17	정유丁酉	217	22					
18	무술戊戌	218	23					
19	기해己亥	219	24					
20	경자庚子	220	黃初1	曹魏文帝				

21	신축申丑	221	2	黃初庚子七			
22	임인壬寅	222	3				
23	계묘癸卯	223	4				
24	갑진甲辰	224	5				
25	을사乙巳	225	6				
26	병오丙午	226	7				
27	정미丁未	227	大和1	明帝 大和丁未六		第十一東川王 名郊彘改憂位 居 母酒桶村女 丁未立理二十二年	
28	무신戊申	228	2				
29	기유己酉	229	3				
30	경술庚戌	230	4		第十一助[賁]尼叱今 一名諸貴昔氏 伐休太子骨正 之子妃昔氏阿 爾今夫人那解 之女庚戌立理 十八年		
31	신해申亥	231	5				
32	임자壬子	232	6				
33	계축癸丑	233	靑龍1	靑龍癸丑四			
34	갑인甲寅	234	2			第七沙泮王 一作沙口口仇 首之子立卽 廢	
35	을묘乙卯	235	3				
36	병진丙辰	236	4				
37	정사丁巳	237	景初1	景初丁巳三			
38	무오戊午	238	2				
39	기미己未	239	3				

신라

제10나(해)이질금(第十那(解)尼叱今)

풀이 제10 나[해]이질금은 석씨(昔氏)이다. 벌휴의 서손(庶孫)이며, 아버지는 이매, (어머니는) 내례부인이다. 왕비인 석씨는 조분의 여동생이다.

병자(년)에 일어나, (다스리기를) 35년이었다.[33]

○ 【那[解]尼叱今】 '해'(解)의 자는 묵서한 후의 기입. 이 조도 모두 후인(後人)의 기입으로, 다음에 보이는 '나기'를 참조한 것이라고 생각된다. '奈解尼叱今立. 伐休王之孫也. 母內禮夫人妃昔氏助賁王之妹 … 前王太子骨正及第二子伊買死. 大孫尚幼少. 乃立伊買之子. 是爲奈解尼叱今.'

○ 【庶孫】 나해(奈解)는 벌휴의 제2자 이매의 글자이기 때문에, 위에 보이는 대손에 대하여 서손(庶孫)이라고 적어 넣었던 것이라고 생각된다.

○ 【丙子立. 三十五年】 이곳도 붕년을 계산에 넣지 않은 치세연수이다.

제11조[분]이질금(第十一助(賁)尼叱今)

제십일조[분]이질금은, 일명을 제분(혹은 제귀인가)이라고 하며, 석씨로 벌휴의 태자 골정의 아들이다. 왕비인 석씨, 아이혜부인은 나해의 딸이다. 경술에 올라, 다스리기를 18년이었다.[34]

○ 【第十一助[賁]尼叱今】 [분]([賁])의 글자는 묵서한 후에 기입. 이 왕 조도 원판은 모두 결손이 되어 있어, 후세인의 기입에 지나지 않는다. '나기'에는 '助賁尼師今立助一云助貴昔氏. 伐休尼師今之係也. 父骨正忽爭葛文王. 母金氏玉帽王夫人. 仇道葛文王之女. 妃阿爾兮夫人. 奈解王之女也'라고 되어 있고, 왕모(王母)에 대해서도 명기하고 있다.

○ 【一名諸貴】 제귀는 제분이라고도 보여, 어느 것도 판단하기 어렵다. 조

---

33) DB. 역주 및 주해가 전부 생략.
34) DB. 역주 및 주해가 전부 생략.

(助)와 제(諸)가 상통하는 것은 두말할 것도 없으나, 분(賁)과 귀(貴)는 음·훈 모두 통하지 않는다. 아마도 자형(字形)에서 온 혼동은 아닐까.

○ 【庚成立理. 十八年】18년은 역시 붕년 산입법식(算入法式)이다.

제10산상왕(第十山上王)

풀이 제10산상왕은 이름은 연우라고 하며, 고국천왕의 동생이다. 우씨가 목숨을 건져 이것을 세웠던 것이다. 정축(년)에 일어나, 다스리기를 31년이었다.[35]

주해 ○ 【第十山上王】 이 왕대부터 제12중천왕까지는, 목판의 기사가 없고, '여기'에 의한 기입이 후세에 있었다. 또 주제도 다른 목판과 약간 다르므로, 기사의 기입 이전에 다른 사람의 기입이 이루어졌는지도 모른다. '이마니시본'의 기입 기사는 '名延優. 故國川之弟. 于氏矯命立之. 丁丑立. 理三十一年'이라고 되어 있다. '여기' 산상왕전기(山上王前紀)에는 '山上王. 緯延優. (一名位宮) 故國川王之弟也. 魏書云. 朱蒙裔孫宮. 生而開目能視. 是爲大組. 今王是大祖曾孫. 亦生而視人. 似曾祖宮. 高句麗呼相似爲位. 故名位宮云. 故國川王無子. 故延優嗣立.'이라고 되어 있으며, 이것에 이어서 연우가 전 왕후 우씨의 도움을 받아 목숨을 건지고, 형 발기를 누르

---

35) 파른본. '山上王' 누락. DB. 역주 및 주해가 전부 생략.

고 왕위에 오르는 설화가 보인다. 왕위계승의 과정은 고국천왕에 보이는 설화기사와 줄거리가 유사하다. 고국천왕 전기(前紀)는 "위지" 고구려전의 요약을 넣고, 산상왕 전기(前紀)는 고구려의 전승을 넣고 있으나, 양자는 동일의 사실(史實)을 전하고 있다고 말할 수 있다. 필경 사실(史實)로서는 산상왕 즉위의 사정을 전하는 것으로 보인다. "위지" 고구려전에는 다음과 같이 기록되어 있다. '拔奇不肯 國人便共立伊夷模爲王. 自伯固時. 數寇遼東. 又受亡胡五百餘家. 建安中. 公係康出軍擊之. 破其國. 焚燒邑落. 拔奇怨爲兄而不得立. 與涓奴加布各將下戶三萬餘口. 詣康降. 還住沸流水. 降胡亦叛伊夷模. 伊夷模更作新國. 今日所在是也. 拔奇逐往遼東. 有子留句麗國. 今古雛加駿位店是也.' 또 '여기'의 산상왕 전기(前紀)에는 다음과 같은 고구려 내부 사정을 전하고 있다. '初故國川王之薨也. 王后于氏秘不發喪. 夜往王弟發歧宅曰. 王無後. 子宜嗣之. 發歧不知王薨. 對曰天之曆數有所歸不可輕議. 況婦人而夜行. 貴禮云呼平. 后慙. 便往延優之宅. 延優起衣冠門入座宴飲. 王后曰. 大王薨. 無子. 發歧作長當嗣. 而謂妾有異心. 暴慢無禮. 是以見叔. 於是延優加禮. 親自操刀割肉. 誤傷其指. 后解裙帶. 裹其傷指. 將歸. 謂延優曰. 夜深恐有不虞. 子其送我至宮. 延優從之. 王后執手入宮. 至翌日質明. 矯先王命. 令羣臣立延優爲王. 發歧聞之大怒. 以兵圍王宮. 呼曰. 兄死弟及禮也. 汝越次簒奪. 大罪也. 宜速出. 不然則誅及妻孥. 延優閉門三日. 國人又無從發歧者. 發歧知難. 以妻子奔遼東. 見太守公係度. 告曰. 某高句麗王男武之母弟也. 男武死無子. 某之弟延優與嫂于氏謀即位. 以廢天倫之義. 是用憤恚來. 來投上國. 伏願假兵三萬令擊之. 得以平亂. 公孫度從之. 延優遣弟罽須. 將兵禦之. 漢兵大敗. 罽須自爲先鋒追北. 發歧告罽須曰. 汝今忍害老兄乎. 罽須不能無情於兄弟. 不敢害之曰. 延優不以國讓. 雖非義也. 爾以一時之憤. 欲滅宗國. 是何意耶. 身沒之後. 何面目以見先人乎. 發歧聞之不勝漸悔. 卉至裴川. 自刎死. 罽須哀哭. 收其屍. 草葬訖而還.

제11동천왕(第十一東川王)

풀이   제11동천왕은 산상의 아들로, 이름은 교체이었으나 우위거로 바꿨다. 어머니는 주통촌의 딸이다. 정미(년)에 일어나 다스리기를 23년이었다.[36]

주해   ○【東川王】'여기' 동천왕 전기에는 다음과 같이 기록되어 있다. '東川王(或云東襄). 諱憂位居. 少名郊彘. 山上王之子. 母酒桶村人. 入爲山上小后. 史失其族姓. 前王十七年立爲太子. 至是嗣位.' 이것에 따라 후세 기입은 '山上之子. 名郊彘. 改憂位居. 母酒桶村女. 丁未立. 理二十二年.'이라고 했다.

제6구수왕(第六仇首王)

풀이   제6구수왕은 혹은 귀수라고 한다. 초고(肖古)[37]의 아들이다. 갑오(년)에 일어나, 다스리기를 21년[38]이었다.

---

36) DB. 역주 및 주해가 전부 생략.
37) DB. 서울대규장각본 · 순암수택본에는 '肖古'로 되어 있고, 동경제국대학영인본 · 속장경본 · 최남선교주본 · 이병도역주본 · 이재호역주본 · 권상로역해본에는 '肖古王'으로 되어 있다.
38) 고증, 교다이(京大)본에는 21년. DB. 동경제국대학영인본 · 속장경본에는 '二十一年'이 아

○【仇首王】'유' 권제2(남부여 · 전백제)를 참조.

○【一作貴須】貴須 kui-su는 구수(仇首)와 음 상통. 구수왕은 '제기'에 의하면 초고왕의 장자로 되어 있다.

○【肖古】이 2자는 모필(毛筆)에 의한 기입이다.

○【甲午立. 理二十一年】갑오는 서기 214년. 치세연수는 '사'와 일치한다.

제7사반왕(第七沙泮王)

제7사반왕은 혹은 사□□(沙□□)라고도 한다. 구수(仇首)의 아들이다. 왕위에 올라섰으나 곧 폐위되었다.

○【沙泮王】'유' 권제2(남부여 · 전백제)를 참조.

○【一作沙□□. 仇首之子】'제기'에는 사반, '유' 권제2(남부여 · 전백제)에는 '沙沸王一作沙伊王'이라고 되어 있다. 그러나 伴(pan) · 沸(pur) · 伊(i)의 3자는 음 상통하지 않는다. '제기'에는 구수왕(仇首王)의 장자라고 되어 있다.

○【立卽廢】사반왕의 폐위에 대해서는, '유' 권제2((남부여 · 전백제)에 '沙沸王一作沙伊王仇首王崩嗣位. 而幼少不能政. 卽廢. 而立古爾王', '或云. 至樂初二年己未乃崩. 古爾方立'이라고 하는 두 가지 전승을 담고 있다. 낙(경)초 2년(238)에 붕어한 왕이 구수왕인지, 혹은 사비왕인지는 문맥상 판정하기 어려우나, 만일 사비왕이라고 한다면, 동왕(同王)은 구수왕 붕어 후부터 이 해까지(234-238) 자리에 올랐을 가능성이 나온다. '제기'에는 전자(前者)의 전승이 실려 있다.

닌 '二十年'으로 되어 있다.

가락국

제2거등왕(第二居登王)

풀이 제2거등왕은 수로왕의 아들이며, 어머니는 허황후이다. 기묘(년)에
올라, 다스리기를 55년이었다. 성은 김씨이다.

주해 ○ 【第二居登王】 자세한 것은 '유' 권제2 가락국기 조를 참조.

○ 【己卯立. 理五十五年】 "가락국기"에는 거등왕의 치세에 대하여 '建安四
年己卯(199) 三月十三日卽位. 治三十九年. 嘉平五年癸酉(253) 九月十七
日崩'이라고 기록되어 있다. 이 '治三十九年'은 전후로 보아, 이 '왕력'에
있는 것과 같이 55년으로 고쳐야 한다.[39]

---

39) DB. 고증. 모두 55년.

삼국유사 권제1

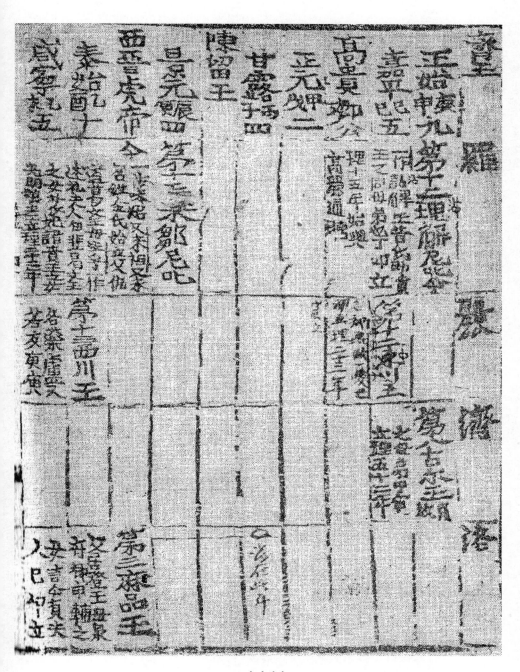

제5장 앞면

일본	간지干支	서력西曆	중국	유遺 중국력中國曆	라羅	려麗	제濟	락洛
(神功)40	경신庚申	240	正始1	齊王 正始申庚九				
41	신유申酉	241	2				第八古爾王 肖故之母弟 甲寅立五 十二年	
42	임술壬戌	242	3					
43	계해癸亥	243	4					
44	갑자甲子	244	5					
45	을축乙丑	245	6					
46	병인丙寅	246	7					
47	정묘丁卯	247	8		第十二理(沾) 解尼叱今 一作詁[沾] 解王昔氏助 賁王之同母 也丁卯立理 十五年始與 高麗通聘			
48	무진戊辰	248	9					
49	기사己巳	249	嘉平1	嘉平己巳五				
50	경오庚午	250	2					
51	신미申未	251	3					
52	임신壬申	252	4					
53	계유癸酉	253	5					
54	갑술甲戌	254	正元1	高貴卿公 正元甲戌二				
55	을해乙亥	255	2					
56	병자丙子	256	甘露1	甘露丙子四				
57	정축丁丑	257	2					
58	무인戊寅	258	3				(當在此 年) 第三貦 品王 父居登王 母泉府卿 申輔之女 言□□夫 人巳(己) 卯 立理三十 二年	
59	기묘己卯	259	4			第十二東川 (中)王 (名然弗東 川 之子)名郊嬂 改憂己卯立 理二十三年 (戊辰立)		
60	경진庚辰	260	景元1	陣留王 景元辰寅四				
61	신사申巳	261	2					
62	임오壬午	262	3		第十三未鄒 尼叱今 一作昩炤又 祖又名召姓金 氏始立父仇道 葛文王母生乎 一作迷禮夫人 伊非葛文王之 女朴氏妃諸賁 王之女光明娘 壬午立理二十			
63	계미癸未	263	4					
64	갑신甲申	264	咸熙1					
65	을유乙酉	265	泰始1	西晉虎帝 泰始乙酉十				
66	병술丙戌	266	2					
67	정해丁亥	267	3					
68	무자戊子	268	4					
69	기축己丑	269	5					

應神1	경인庚寅	270	6			第十三西川		
2	신묘申卯	271	7			王		
3	임진壬辰	272	8		二年	名藥廬又若		
4	계사癸巳	273	9		(壬午立)	友庚寅立理		
5	갑오甲午	274	10			二十年		
6	을미乙未	275	咸寧1	咸寧乙未五				
7	병신丙申	276	2					
8	정유丁酉	277	3					
9	무술戊戌	278	4					
10	기해己亥	279	5					

제12이(첨)해이질금(第十二理(沾)解尼叱今)

풀이 제12이(첨)해이질금은, 혹은 참해왕이라고도 한다. 석씨(昔氏)이며, 조분왕의 동모제(同母弟)이다. 정묘(년)에 일어나, 다스리기를 15년[40] 이었다. 처음으로 고(구)려라고 통빙(通聘)했다.

주해 ○【第十二理(沾)解尼叱今】이(理)의 자 옆에 '沾'자가 적혀 있다. '이해'의 용례는 '유' 권제1(미추왕)에도 보인다.
○【一作詁(沾)解】이곳의 참(詁) 자 옆에도 '첨'(沾) 자가 기입되어 있다.

---

40) DB. 동경제국대학영인본·속장경본에는 '十四年'으로 되어 있다.

'참'(詁)과 '첨'(沾)은 음 상통이라고 생각되나, '이'(理)와는 통하는 곳이 없다. 이것에 대하여 스에마쓰 야스카즈는 '이해'(理解)는 원래 '치해'라고 하며, 나아가 '치자'(治字)는 원래 치((治)의 마지막 1획을 뺀 것)라고 적혔던 것이 와전된 것이 아닐까라고 말하고 있다("신라사의 제문제(諸問題))."

○ 【助賁王之同母弟也】 '나기'와 같다.

○ 【丁卯立】 '사' 연표도 같다.

○ 【理十五年】 이 '유' 왕력은 이해이질금의 즉위연차를 정묘로 하고, 다음의 미추이질금의 즉위연차를 임오로 하고 있다 따라서 이곳에서 말하는 '이15년'(理十五年)은 봉년을 계산에 넣은 수이다. 다음의 미추이질금은 '나기'에 '十五年冬十二月二十八日王暴疾薨'이라고 적혀 있듯이, 전왕(前王)이 12월에 죽었기 때문에 유월칭원으로 익년(임오) 정월부터가 이해이질금의 원년이 된다.

○ 【始與高麗通聘】 고구려와의 관계를 보이는 초기 기사는 '나기' 조분이사금 16년 조에 '高句麗侵北邊. 于老將兵出擊之不克. 退保馬頭柵. 其夜苦寒. 于老勞土卒. 躬燒柴煖之. 羣心感激.' 다음의 첨해이사금(沾解尼師今) 2년 조에 '견사고구려결화'(遣使高句麗結和)라고 보인다.

제13미추이질금(第十三未鄒尼叱今)

풀이 제13미추이질금[41]은, 혹은 미소(未炤), 또 미조(未祖), 또 미소(未召)라고도 한다. 김씨를 성으로 한 자로서는 처음으로 왕이 된 것이다. 아버지는 구도갈문왕, 어머니는 생호이며, 혹은 술례부인이라고도 한

---

41) DB. 석남필사본에는 '未鄒'가 아닌 '末鄒'로 되어 있으며, 그다음에 나오는 '미추'도 마찬가지로 '말추'로 되어 있다. 파른본. 未의 오자.

다. 이비갈문왕의 딸이며 박씨이다. 왕비는 제분왕의 딸인 광명랑이다. 임오(년)⁴²⁾에 올라, 다스리기를 23년이었다.

o 【未鄒】 미조(未祖)에 묵선이 그어져 있으며, 난상(欄上)에 똑같이 '고'(考)라고 적었다. 미소(未炤)·미조(未祖)·미소(米召) 등 많은 표기를 쓰고 있다. 또한 이 외에도 미조(味照)·미추(未雛)·미추(味鄒)·미추(未鄒)·말조(末祖)·말고(末古)⁴³⁾ 등의 용례가 보인다(스에마쓰 야스카즈, "신라사의 제문제(諸問題)"). 미추(未鄒)에 관해서는 '유' 권제1(김알지)의 주해 165를 참조. 또 '유' 권제1(미추왕·죽엽군)에 '今始稱王之陵. 爲始祖堂. 盖以金始(氏)始登王位. 故後代金氏諸王. 皆以未鄒爲始祖宜矣.'(주해 170 참조), '나기' 미추이사금 조에, '此金氏有國之始也'라고 되어 있다.

o 【父仇道葛文王】 '유'는 '因金櫃而出. 乃姓金氏. 閼智生熱漢. 漢生阿都. 都生首留. 留生郁部. 部生俱道一作仇刀. 道生未鄒. 鄒即王位. 新羅金氏自閼智始'(金閼智脫解王代 條)라고 하며, '金閼智七世孫'(未鄭王·竹菓軍 條)이라고 전하고 있다. '나기'도 거의 같은 기재를 남기고 있다. 갈문구도를 왕으로 봉한 것은, '나기' 미추이사금 2년 2월 조에 '封考仇道爲葛文王'이라고 되어 있다.

o 【母生乎一作述禮夫人. 伊非葛文王之女. 朴氏】 생호(生乎)에 묵선이 그어져 있고 난상(欄上)에 '고'(考)라고 하는 기입이 있다. 어머니의 이름을 전하고 있는 것은 이 왕력뿐이고, '나기'는 '母朴氏. 葛文王伊□之女'라고 전하고 있다.

o 【妃諸賁王之女光明娘】 '나기'는 '妃昔氏. 光明夫人助賁王之女'라고 하며,

42) DB. 석남필사본·동경제국대학영인본·속장경본·조선사학회본·최남선교주본·이병도역주본·이재호역주본·권상로역해본·三品彰英遺撰本에는 '壬午'로 되어 있다.
43) 고증에는 분명히 미(未)가 아닌 말(末)로 보였다.

그 성을 전하고 있다.

○ 【壬午立. 理二十二年】 왼쪽에 '임오입'(壬午立)이라고 판단되는 묵서 기입이 있다. 원판의 판독으로는 理二十二로 보이나, '유' 권제1의 주해 170에는 '在位二十二年而崩'이라고 되어 1년의 차이가 있다. 전왕(前王)의 이해이사금은 즉위 15년 12월 28일에 폭질에 의하여 죽었다고 '사'는 전하고 있기 때문에, 그해(辛巳) 중에 즉위했다고 한다면 '理二十二年'설은 성립되며, 또 왕력의 '壬午立'에 따라서도, 다음 왕 유리이질금의 붕년 갑진까지를 계산한다면, 이 경우도 23이 된다. 미추이사금이 임오에 일어나, 재위 23년으로서 갑진에 죽었다고 한다면, 이곳에 말하는 '理二十二年'은 시조혁거세왕부터 제5 파사왕까지와 같이 붕년을 산입하지 않은 방식, 즉 당년칭원법을 또 다시 취했다는 것이 된다.

고려

제12중천왕(第十二中川王)[44]

풀이 생략한다. (다음의 주해를 참조.)

주해 부분에는 후세에 두 번에 걸쳐 기입이 있다. 처음에 '第十二東川王'이라고 되어 있는 것을, 두 번째 기입에서 '東'을 지우고 '中'이라고 고쳤다. 또 기사의 부분은 '名郊彘. 改憂. 己卯立. 理二十三年.'이라고 제1회째 기입이 있었다.

---

44) DB. 왕력에는 이 부분(第十二中川王)이 빠져 있다. 파른본에도 보이지 않는다.

2회째 기입은 행간에 작은 글자로 '名然弗. 東川之子. 戊辰立.'이라고 '사'에 의해서 고쳤다. '나기' 중천왕 전기(前紀)에는, '中川王. (或云中壤) 諱然弗. 東川王之子. 儀表俊爽. 有智略. 東川十七年. 立爲王太子. 二十二年秋九月. 王薨. 太子即位.'라고 되어 있다. 제1회 기입에서는 두셋 정도 예와 다른 곳이 보인다. 중천왕 즉위년은 제1회 기입에 의하면 위(魏)의 감로 4년(259) 기묘이고, '사'에 의하면 정시(正始) 9년(248)이 된다. 그런데 이 기입의 주제는 위(魏)의 제왕 가평연간의 곳에 있다. 기입이기 때문에 부주의라고도 할 수 있으나, 의식적인 것이라면, '第十二東川王'을 가평연간(嘉平年間)(249-258)이라고 하는 이전(異傳)이 있었다는 것이 된다(자작연표는 제1회째의 기입 '己卯立'에 따랐다). 또 제10 산상왕(山上王)의 치세연차는 31년, 동천왕(東川王)은 22년, 제12대의 東川王(中川工)은 23년으로, 이 3대의 치세연차는 모두 '사'에 의하고 있는 것은, 단순히 가필자의 부주의 때문일까.

제13서천왕(第十三西川王)

> 풀이

제13서천왕은 이름은 약로 또는 약우[45]이다. 경인에 올라, 다스리기를 20년[46]이었다.

> 주해

o 【名藥盧. 又若友】'여기' 서천왕전기에는 다음과 같다. '西川王 (或云西壤). 諱藥盧(一云若友). 中川王第二子 °性聰悟而仁. 國人愛敬之. 中川王八年. 立爲太子. 二十三年冬十月. 王薨. 太子即位.'

o 【庚寅立. 理二十年】이 경인(庚寅)은 '사' 연표에 의하면 서진의 무황제태

---

45) DB. '若反'으로 보인다. 그 주(注)에는 동경제국대학영인본·속장경본·최남선교주본·이병도역주본·이재호역주본·권상로역해본·三品彰英遺撰本에는 '若友'로 되어 있다.
46) DB. 동경제국대학영인본·속장경본에는 '十二年'으로 되어 있다. 고증, DB 모두 20년.

시 6년(270)으로, 이 해 10월에 즉위하여 서진의 혜제원강(292)에 훙거했으며, 훙거년을 제외하면 치세연수는 23년이 된다. 제9 고국천왕의 치세연수가 '사'보다 2년 길게 되어 있는 것에 대하여, 이곳에서는 2년 짧아져 있다. 작위적(作爲的)으로 연차를 합쳤다고 보기보다, 다른 계통의 사료라고 보는 것이 좋을 것이다.

제8고이왕(第八古爾王)

풀이 제8고이왕은 초고의 어머니이다. 갑인(년)에 올라, 다스리기를 52년이었다.

주해 ○ 【古爾王】 '유' 권제2(남부여·전백제)47)를 참조.
　　○ 【肖故之母】 '제기'에는 초고왕의 모제(母弟)라고 기록하는 것 외에 개루왕의 제2자라고도 적고 있다. 그러나 개루왕의 자라고 할 때, 동왕(同王)이 죽은 후 71년을 지나 즉위했다는 것이 된다(이마니시 류, "百濟史의 硏究" 참조).
　　○ 【甲寅立. 理五十二年】 갑인년(234)의 즉위는 '사'와도 일치한다. 그러나 이미 적은 것과 같은 경초(景初) 2년(238) 즉위라고 하는 이전(異傳)도 있다. '사'에서는 234년보다 286년까지의 대략 53년의 재위가 된다.

---

47) DB. 고증. 파른본. 모두 '尒'.

제3마픔왕(第三麻品王)

풀이 제3마픔왕은 아버지가 거등왕이며, 어머니는 천부경신보의 딸로 모
정부인[48]이다. 기묘(년)에 일어나, 다스리기를 32년이었다.

주해
○ 【麻品王】상세한 것은 "가락국기"('유' 권제2 수록)를 참조.
○ 【己卯立. 理三十二年】이 기묘년은 259년으로 추정하고 있는 것 같다.
"가락국기"에는 마픔왕은 '嘉平五年癸酉(253)卽位. 治三十九年. 泳平元
年辛亥(291) 一月 二十九日崩.'이라고 되어 있기 때문에, 마픔왕의 즉위
년에 대해서는 6년의 차이가 보인다.

---

48) DB. '言今貞夫人'. 그 주(注)에는 석남필사본 · 조선사학회본 · 최남선교주본 · 이병도역주
본 · 이재호역주본 · 권상로역해본에는 '慕貞夫人'으로 되어 있다.

제5장 뒷면

일본	간지干支	서력西曆	중국	유遺 중국력中國曆	라羅	려麗	제濟	락洛
應神11	경자庚子	280	太康1	大康庚子一				
12	신축辛丑	281	2					
13	임인壬寅	282	3					
14	계묘癸卯	283	4					
15	갑진甲辰	284	5		第十四儒禮 尼叱今 一作世里智王 昔氏父諸(助) 賁母□召夫人 朴氏甲辰立治 十五年補築月 城		第九責責稽 王 古爾子一作 責替誤丙午 立治十二年	
16	을사乙巳	285	6					
17	병오丙午	286	7					
18	정미丁未	287	8					
19	무신戊申	288	9					
20	기유己酉	289	10					
21	경술庚戌	290	太熙1					
22	신해辛亥	291	永熙1 永平1 元康1	惠帝				第四居叱 於(彌)王 軒 一作今勿父 麻品母好仇 辛亥立治五 十五年
23	임자壬子	292	2	元康申亥九		(第十四蜂上 王) 雉菖[葛]名 相夫壬子立 治八年(一云 治十二年)		
24	계축癸丑	293	3					
25	갑인甲寅	294	4					
26	을묘乙卯	295	5					
27	병진丙辰	296	6					
28	정사丁巳	297	7					
29	무오戊午	298	8		第十五基臨 尼叱今 一作基立王昔 氏諸賁王之弟 二子也母阿爾 □夫人戊午 治十二年		第十汾西王 責稽子戊午立 治六年	
30	기미己未	299	9					
31	경신庚申	300	永康1	永寧庚申二		第十五美川 王 (西川王子 咄固之子) 一云好攘名 之弗又漫弗 庚申立理三 十一年		
32	신유辛酉	301	永寧1					
33	임술壬戌	302	太安1	大安壬戌二				
34	계해癸亥	303	2					
35	갑자甲子	304	永安/ 建武 永興	永興甲子二	丁卯是改國 號曰新羅新者 德業日新羅者 網羅四方之氏 云或圉證法興 之世		第十一比流王 仇首第二子 沙泮之弟也 甲子立治四 十年	
36	을축乙丑	305	永興2					
37	병인丙寅	306	光熙1	光熙丙寅				

38	정묘丁卯	307	永嘉1	懷帝			
39	무진戊辰	308	2	永嘉丁卯六			
40	기사己巳	309	3				
41	경오庚午	310	4		第十六乞解 尼叱今		
42	신미辛未	311	5				
43	임신壬申	312	6		昔氏父于老音		
仁德1	계유癸酉	313	建興1	愍帝	角干即奈解王		
2	갑술甲戌	314	2	建興癸酉四	第二子也. 庚		
3	을해乙亥	315	3		午立治十六年 是王代百濟兵 始來侵		
4	병자丙子	316	4				

신라

제14유례이질금(第十四儒禮尼叱今)

풀이 제14유례이질금은 혹은 세리지왕이라고도 하며 석씨(昔氏)이다. 아버
지는 제분(諸賁), 어머니는 □소부인(□召夫人), 박씨이다. 갑진에 올
라, 다스리기를 15년이었으며, (또) 월성을 보축(補築)했다.

주해 ○【儒禮尼叱今】유례(儒禮)의 용자는 '사'에도 보인다. 또 '유' 권제1에는 유
리(儒理)를 쓰고 있다(주해 171 참조). '나기'는 주를 달고 '古記第三第十
四二王同諱. 儒理或云儒禮. 未知孰是'라고 적고 있다.

○【父諸賁】제분(諸賁) 옆에 '조'(助) 자를 묵서하고, 그 위에 '고'(考)라고 적어 넣었다. '나기'도 '助賁之長子'라고 한다.

○【母□召夫人】옆에 묵선이 그어져 있고, 그 위에 '고'(考)의 기입이 있다. '나기'는 모명(母名)을 적고 있지 않으나, '葛文王奈音之女'라고 그 출처를 밝히고 있다.

○【甲辰立. 治十五年】왕의 치세연차를 말하는 데에 지금까지의 '리'(理)를 대신해 '치'(治)의 표현이 되었다. '治十五年'은 붕년을 산입하고 있다. '사'와도 일치한다.

○【補築月城】'나기'에는 왕의 즉위 7년 하5월(夏五月) 조에 '大水月城頹毁'라고만 되어 있어 보축(補築)에 관한 것은 보이지 않는다.

제15기림이질금(第十五基臨尼叱今)

풀이 제15기림이질금은 혹은 기립왕이라고도 한다. 석씨(昔氏)이며 제분왕 동생의 2자이다. 어머니는 아이부인.[49] 무오(년)에 올라, 다스리기를 12년이었다.

정묘년에 국호를 (고쳐) 신라[50]라고 했다. 신(新)이라고 하는 것은 덕업이 날로 새로워지는 것을 말하고, 라(羅)라고 하는 것은 사방(四方)의 백성을 망라하는 것을 의미하는 것이다. (국호제정은) 혹은 지증·법흥 대에 관련되는 것일까.

---

49) DB. 동경제국대학영인본·속장경본·조선사학회본에는 '兮'라고 되어 있고, 최남선교주본·이병도역주본·이재호역주본·권상로역해본에서는 '兮'가 빠진 것으로 추정한다. 고증에는 이러한 언급이 없다.

50) DB. '斯羅', 그 주(注)로는 '斯'는 순암수택본에서 '新'으로 고쳐서 덧칠하였고, 석남필사본·동경제국대학영인본·속장경본·조선사학회본·최남선교주본·이병도역주본·이재호역주본·권상로역해본·三品彰英遺撰本에는 '新'이라고 되어 있다.

○ 【一作基立王】 '나기'와 같다.

○ 【諸賁王之弟二子】 "조선사" 제1편 제1권(조선사료)는 제(弟)는 제(第)라
고 하며, '原作弟今意改'라고 두주(頭注)하고 있다. 그러나 '나기'에는 '助
賁─□─乞淑─基臨'이라는 계보관계 기사가 있어, (基臨尼師今之條)
기림(基臨)이 조분(助賁)의 제1자라고 하는 것은 약간 안정적이지 못
한 표현이다. 모두 결정하기 어려우나, 동생인 제2자라고 한다면, '나
기'에 '沾解尼師今立, 助賁之同母弟'라고 되어 있는 것도 아울러 생각해
야 한다.

○ 【母阿爾□夫人】 원판에서는 아이(阿爾)의 밑에 1자가 새겨져 있는 것처
럼 생각할 수도 있다. 기림(基臨)의 어머니에 대하여 '나기'는 전하고 있
지 않다.

○ 【戊午立. 治十二年】 즉위년은 '사'와도 일치한다. 또 '나기'에는 '十三年夏
五月王寢疾彌留 … 六月王薨'이라고 되어 있으나, '유'의 왕력은 왕의 붕
년을 치세연수에 산입하고 있지 않다.

○ 【丁卯年是(改)國號 … 或圀智證法興之世】 원판의 '시'(是) 자 옆에 '개'
(改) 자가 먹으로 기입되어 있다. 마찬가지로 원판의 '四方之氏'를 '四方
之民'이라고 먹으로 덧쓰고 있다. '혹'(或) 다음 자는 분명히 읽을 수 없
다. '朝鮮史學會本'은 '系'로 하고 있다. 국호신라에 대해서는 '유' 권제1의
신라시조 · 혁거세왕 조(주해 123 이하)를 참조. '或系智證法典之世'는 국
호(新羅)의 제정은, 혹은 지증왕 또는 법흥왕 대로 해야 하는가라는 뜻으
로 해석된다. '나기'의 지증마립간우사년동십월조(智證麻立干于四年冬十
月條)에는 '群臣上言始祖創業己以來國名未定. 或稱斯羅或稱斯盧或言新
羅. 臣等以爲新者德業日新, 羅者網羅四方之義. 則其爲國號宜矣'라고 보
이나, 그것을 기림이질금이나 법흥왕 대에 넣어 말하는 설은, 이 '유' 왕력
에만 보이는 것으로 주목된다.

풀이　제16걸해이질금은 석씨(昔氏)이며, 아버지는 우노음각간 즉 나해왕의 제2자이다. 경오(년)에 올라, 다스리기를 16년[51]이었으나, 이 왕대에 처음으로 백제의 병사가 들어와 침범했다.

주해　○【乞解】'유'에서는 걸해(乞解), '사'에서는 흘해(訖解)를 쓰고 있다.

○【父于老音角干】'나기'에서는 '訖解尼師今立. 奈解王孫也. 父于老角干'이라고 되어 있으며, 그것에 이어서 '母命元夫人助賁王女也'라고 왕모명(王母名)을 명기하고 있다.

○【庚午立. 治十六年】16년은 분명히 잘못 새긴 것으로 46년으로 정정해야 한다. 그렇지만 전왕(前王)인 기림이질금의 경우와 같이 왕의 붕년을 산입하고 있지 않다. '나기'는 '四十七年夏四月王薨'이라고 하고 있다.

○【百濟兵始來侵】'나기'에서는 탈해왕 8년 조에 이미 '秋八月. 百濟遣兵攻蛙山城. 冬十月又攻狗壤城. 王遣騎二千擊走之'라고 보이며, 이하, 10년, 14년, 20년의 각조에도 백제와의 전투를 전하고 있다.

---

51) DB. 동경제국대학영인본·속장경본·조선사학회본·최남선교주본·이병도역주본·이재호역주본·권상로역해본·三品彰英遺撰本에서는 '四十六年'으로 추정한다. 고증에도 46년.

고려

제14봉상왕(第十四烽上王)

풀이 제14봉상왕은 혹은 치창왕52)이라고도 하며, 이름은 상부이다. 임자
에 올라, 다스리기를 8년이었다.

주해 ○【第十四烽上王】 이 문자는 다른 판자(版字)와 달라, 후세의 기입으로 보
인다. '이마니시본'에는 '제'(濟) 난(欄)의 제9책계왕과 제10분서왕과의
사이에 '第十四峰上一云治十二年'이라고 되어 있어, 자형으로 보아 원각
(原刻)으로 보이는 것 같으나, 오각(誤刻)이라고 보아도 좋을 것이다. 그
렇기 때문에 후인이 지운 묵선이 보이고 있다.

○【雉菖(葛). 名相夫】 '여기' 봉상왕전기(烽上王前紀)에는 '烽上王. (云雉
葛) 諱相夫. (或云歃矢婁) 西川王之太子也. 幼驕逸多疑忌. 西川王二十三
年薨. 太子卽位.'라고 되어 있어, 다른 왕명을 치갈(雉葛)이라고 하고 있
다. 창(菖)과 갈(葛)은 음 상통이 아니고 자형의 유사로부터의 혼란으로
도 보이지 않으므로, 일단 별개의 계통의 사료(史料)로 해 둔다.

○【壬子立. 治八年】 이 임자는 서진혜제의 원강 2년(292) 임자에 해당한다.
치8년(治八年)의 '치'(治)는 개판(改版)된 곳이 많으며 '이'(理)와 같은 말
이다. 정덕판 '이마니시본'의 권1, 5장째의 뒷면에는, 신라 및 백제 각 3왕
과 고구려 및 가락국의 각 1왕, 계 8왕의 치세연수를 보이는 데에, '치'

---

52) DB. 동경제국대학영인본 · 속장경본 · 조선사학회본 · 최남선교주본 · 이병도역주본 · 이재
호역주본 · 권상로역해본에는 '雉葛王'으로 되어 있다.

삼국유사 권제1

(治)를 다루고, 고구려 2왕과 가락국의 1왕에는 '이'(理)를 쓰고 있다. 이러한 면에서 '治'와 '理'가 혼재하여, 개판분(改版分)에 들어간 것일까. 후세의 기입에 '창'(菖) 쪽에 '갈'(葛)이, 말미 여백에 '一云治十二年'이 있다. 전자(前者)는 '사'에 의한 것이나, 후자는 전거(典據)는 불명하다. '여기'에 의하면 혜제영강 원년(300) 9월에 폐위되어 있기 때문에, 폐위년을 제거하면, 봉상왕의 치세연차는 8년이 된다.

제15미천왕(第十五美川王)

풀이 제15미천왕은, 혹은 호양(好壤)이라고도 한다. 이름은 을불, 또 우불53)이라고도 한다. 경신(년)에 올라, 다스리기를 31년이었다.

주해 ○【一云好壤. 名乙弗. 又憂弗】'여기' 미천왕전기(前紀)에는, 왕의 즉위에 관한 전승기사가 상세하게 전해지고 있다. 그 가운데, 왕명과 계보를 다음과 같이 전하고 있다. '美川王.(一云好壤王) 諱乙弗. (或云憂弗) 西川王之子古鄒加咄固之子'. 또 "양서"(梁書) 제번전고구려(諸蕃傳高句麗) 조(이하, "양서" 고구려전이라고 약칭한다.)에는 미천왕에 대한 다음의 기사가 보인다. '晉永嘉亂. 鮮卑慕容廆據昌黎棘大棘城. 元帝授平州刺史. 句驪王乙弗利. 頻寇遼東. 廆不能制'. 이곳에 보이는 고구려왕 을불리(乙弗利)라고 보이는 '리'(利)는 말음(末音)을 나타내는 것으로, '사', '유'에서는 이것을 생략했던 것이다. 진(晉)의 영가의 난이라는 것은 서진의 말기에 일어난 이민족의 난으로, 영가 연간(307-312)의 동란(動亂)을 가리킨다. 특히 영가 5년 한왕 유총이 왕도 낙양을 점령하고, 서진의 회제를 살

---

53) DB.에도 우불(憂弗). 그 주(注)에 최남선교주본·이병도역주본·이재호역주본·권상로역해본에서는 '憂弗'로 되어 있다.

해했다. 이 혼란에 의해, 312년에는 낙랑·대방군이 서북조선의 식민지를 포기하고, 명목적으로만 요동군내에 이전했다. 또 316년에는 서진이 멸망하고, 남쪽으로 도망가 동진이 되어, 중국은 소위 5호16국(五胡十六國)의 시대가 되었다. 미천왕의 계보나 즉위의 사정을 전하는 '여기'의 기사를 보이겠다. '美川王(一云好壤王). 諱乙弗(或云憂弗). 西川王之子古鄒加咄固之子. 初烽上王疑弟咄画固有異心殺之. 子乙弗畏害出遁. 始就水室村人陰牟家傭作. 陰牟不知其何許人. 使之甚苦. 其家側草澤蛙鳴. 使乙弗夜投瓦石禁其聲. 晝日督之樵採. 下許暫息. 不勝艱苦. 周年乃去. 與東村人再牟販鹽. 乘舟抵鴨淥. 將鹽下寄江東思牧村人家. 其家老嫗請鹽. 許之斗許. 再請不與. 某嫗恨恚. 潛以屨置之鹽中. 乙弗下知而上道. 嫗追索之. 誣以庚屨. 告鴨淥宰. 宰以屨直取鹽與嫗. 決笞放之. 於是形容枯槁衣裳藍縷. 人見不知其爲王孫也. 是時國相倉助利將廢王. 先遣北部祖弗. 東部蕭友等. 物色訪乙弗於山野. 至沸流河邊. 見一丈夫在舡上. 難形貌憔悴. 而動止非常. 蕭友等疑是乙弗. 就而拜之曰. 今國王無道. 國相與羣臣陰謀廢之. 以王係操行儉約. 仁慈愛人. 可以嗣祖業. 故遺臣等奉迎. 乙弗疑曰. 予野人非王孫也. 請更審之. 蕭友等曰. 今上失人心久矣. 固不足爲國主. 故羣臣望王孫甚勳. 請無疑. 遂奉引以歸. 助利喜致於烏陌南家. 不令人知. 秋九月. 王獵於侯山陰. 國相助利從之. 謂衆人曰. 與我同心者效我. 乃以蘆葉揷冠. 衆人皆揷之. 助利知衆心皆同. 遂共廢王. 幽之別室. 以共周衛. 遂迎王孫. 上璽綏. 即王位.'

○ 【庚申立. 理三十一年】'사'에서도 서진 영강 원년 경신년(300)에 미천왕이 즉위하고, 동진의 함화 6년(331)까지 재위했다고 전하고 있다. '사'에서는 재위 32년으로 하고 있으나, '유' 왕력에서는 다른 왕과 같이, 홍거년을 세지 않기 때문에, 미천왕의 치세연수를 31년으로 하고 있다.

백제

제9책계왕(第九責稽王)

풀이 제9책계왕은 고이(古爾)의 아들이다. 혹은 책체[54]라고 하는 것은 잘 못된 것이다.[55] 병오(년)에 일어나, 다스리기를 12년이었다.

주해 ○【責稽王】Caek-kye-waṅ '제기'에는 대방의 지역을 둘러싸고 고구려와 싸우며, 그 치세 13년(298)에 한(漢)·맥(貊)의 연합군과의 전쟁에 의해 전사했다고 되어 있다.
○【古爾子. 一作責替誤】'제기'에는 '責稽王或云青稽古爾王子'라고 되어 있다.
○【丙午立. 治十二年】병오는 서기 286년. '사'에서는 치세연수를 13년으로 하고 있다.

제10분서왕(第十汾西王)

풀이 제10분서왕은 책계의 자이다. 무오(년)에 올라, 다스리기를 6년이었다.

주해 ○【汾西王】Pun-sŏ-waṅ '사'에서는 치세 7년(304)에 낙랑태수가 보낸 자객에 의해 살해되었다고 되어 있다.

---

54) DB. 이재호역주본에는 '青替'로 되어 있다.
55) DB. '誤'는 동경제국대학영인본·속장경본에는 '該'로 되어 있다.

○ 【責稽子】'제기'에는 책계왕의 장자(長子)라고 되어 있다.

○ 【戊午立. 治六年】무오는 서기 298년. '사'에서는 치세연수 7년이라고 하고 있다.

제11비류왕(第十一比流王)

 제11비류왕은 구수56)의 제2자57)이며, 사반의 동생이다. 갑자(년)에 올라, 다스리기를 40년58)이었다.

○ 【比流王】pi-ryu-waṅ. '사'에서는 치세연수의 길이에도 상관없이, 천문(天文)・재이기사(災異記事) 외, 특히 눈에 뜨이는 기사 없음.

○ 【沙泮之弟也】'제기'에는 구수왕의 제2자라고 되어 있으며, 분서왕의 왕자가 모두 유소(幼少)했기 때문에, 신민(臣民)의 추대에 의해 즉위했다고 되어 있다.

○ 【甲子立. 治四十年】갑자는 서기 304년. '사'에서는 치세연수를 41년으로 하고 있다.

---

56) 고증. '구수(仇首)'. DB. '구자(仇者)', '者'는 서울대학교소장정덕임신간본・순암수택본에는 '首'로 고쳐 칠해져 있고, 조선사학회본・최남선교주본・이병도역주본・이재호역주본・권상로역해본・三品彰英遺撰本에는 '首'로 되어 있다.
57) DB. '구자(仇者)의 둘째 아들'로 표현. 고증에는 이러한 언급이 없다.
58) 고증. 40년간. DB. '10년간'. 그 주(注)에는, 서울대학교소장정덕임신간본・순암수택본・석남필사본・동경제국대학영인본・속장경본・조선사학회본・최남선교주본・이병도역주본・이재호역주본・권상로역해본에는 '四十年'으로 되어 있다.

가락국

제4거질며(미)왕(第四居叱弥(彌)王)

제4거질며(미)왕은 혹은 금물이라고도 한다. 아버지는 마품, 어머니
는 호구이다. 신해에 올라, 다스리기를 55년이었다.

ㅇ【一作今勿】금물(今勿)은 거미(居彌)의 거(居)를 금(今)으로, 미(彌)를
물(勿)로 통음시킨 이자차음(異字借音)이다.

제6장 앞면

일본	간지	서력西曆	중국	유遺 중국력中國曆	라羅	려麗	제濟	락洛
仁德5	정축丁丑	317	建武1	東晋中宗				
6	무인戊寅	318	太興1	建虎丁丑				
7	기묘己卯	319	2	大興戊寅四				
8	경진庚辰	320	3					
9	신사申巳	321	4					
10	임오壬午	322	永昌1	明帝				
11	계미癸未	323	太寧1	永昌壬午				
12	갑신甲申	324	2	大寧癸未三				
13	을유乙酉	325	3					
14	병술丙戌	326	咸和1					
15	정해丁亥	327	2					
16	무자戊子	328	3					
17	기축己丑	329	4		己丑始築碧			
18	경인庚寅	330	5		骨堤周□萬			
19	신묘申卯	331	6		七千二十六	第十六國		
20	임진壬辰	332	7		步□□□百	原王		
21	계사癸巳	333	8		六十六步水	名釗又斯由		
22	갑오甲午	334	9		日一萬四千	或云岡上辛		
23	을미乙未	335	咸康1	咸康乙未八	七十□	卯立四十		
24	병신丙申	336	2			年(甲午)增		
25	정유丁酉	337	3			築平壤城		
26	무술戊戌	338	4					
27	기해己亥	339	5					
28	경자庚子	340	6					
29	신축申丑	341	7					
30	임인壬寅	342	8					
31	계묘癸卯	343	建元1			壬寅八月移		
32	갑진甲辰	344	2	康帝 建元癸卯二		都安市城即 (丸)都城	第十二契王 汾西元子甲 辰立理二年	

신 라

풀이 기축(년)에 처음으로 벽골제를 쌓았다. 그 둘레는 □7026보(步), □□ □166보이며, 논59)은 1407□이었다.

주해 ○【己丑始築碧骨堤周□萬七千二十六步□□□百六十六步. 水日一萬四千 七十□】 '나기' 흘해이사금(訖解尼師今) 조에 '二十一年始開碧骨池岸長 一千八百步'의 기재가 있다. 이것으로 미루어 보면 □□□에는 '안장'(岸 長)이라는 문자가 들어갈지도 모른다. 그러나 이곳에서 주목해 두고 싶 은 것은, 이 축제(築提) 연차를 둘러싸고 '유' 왕력과 '나기'와의 사이에 분 명한 1년의 차이가 보이는 것이다. 흘해이사금 21년은 경인에 해당되며, 이곳에서 말하는 기축(己丑)년은 그 전년에 해당하는 것은 두말할 것도 없다. 왕의 치세연차 이외의 사항으로 1년 어긋나 있다는 것은 역시 1년 다른 역표(曆表)의 존재를 확인할 수 있을 것 같다(치세연차만에 의하면 칭원법(稱元法)이 도중에 바뀌기도 하기 때문에, 간지가 명확히 기재되 어 있지 않은 한, 1년의 연차표를 운운할 수 없는 경우도 상당히 있을 수 있다).

---

59) 규장각. 고증. 파른본. '水日'. 파른본 교감. 日은 田의 오자.

고려

제16국원왕(第十六國原王)

풀이 제16국원왕은, 이름을 쇠(釗), 또 사유라고 하고, 혹은 강상이라고도
한다. 신묘(년)에 올라, 다스리기를 40년이다.

주해 ○ 【名釗. 又斯由. 或云岡上】 '사'에는 故國原王(一云國罡上王). 휘(諱) 사유
(斯由)(或云劉)라고 되어 있다. 또 "진서", "위서"에서는 고구려왕쇠(高句
麗王釗)라고 하며, "양서"에서는 유(劉)라고 하고 있다. 필경 본국에서의
왕명은 사유(斯由)이고, 대외적인 왕명이 쇠(釗) 혹은 유(劉)라고 했을 것
이다. 시호(諡)로서의 왕명에서도 '사'와 약간 다르다. 이곳에서 국원왕이
라고 하는 것에 대하여, '사'에서는 고국원왕이라고 고(故) 자가 붙어 있
다. '여기'에서는 고국원왕 41년 조에 '薨于故國之原'이라고 되어 있으며,
장수왕 15년(427) 평양천도 이후에 보내어진 시호로 보인다. 이 왕력에
고(故) 자가 없는 것은, 집안왕도 시대의 시호 형식을 취하고 있다. '或云
岡上'에 대응하는 '여기'의 기사는, 시호의 별명, 국강상왕이라고 되어 있
다. 이 국강상왕은 '광개토왕릉비문'(廣開土王陵碑文)에서는 광개토왕의
시호가 되어 있다. 혹은 시호에 혼란이 있었는지도 모르지만, 이 왕력에
도 왕명의 하나로서 강상(岡上)을 들고 있기 때문에, 성급하게 결정할 수
는 없다. 왕력의 강상(岡上)은 휘(諱)인지, 시호인지 구별을 명확하게 하
지 않으나, 이것을 시호로 보고, 왕릉의 소재지와 관계 있다고 한다면, 고
국원 · 국원(故國原 · 國原)의 원야(原野)에 대한 강상(岡上)으로서, 왕릉
의 지형에서 모순되지 않을 수 없다.

○ 【辛卯立. 理四十年】 '사' 연표에서도 고국원왕의 즉위는 진(晉)의 함화(咸和) 6년(331)의 신묘(辛卯)년이 되어 있다. 또 '사'의 치세연수는 41년이나, 왕력의 치세연수는 계산법을 달리하여, 붕년(崩年)을 치세연차에 넣지 않기 때문에, 이곳에서는 1년 짧아져 있다. 또한 "여기"에 의하면 고국원왕의 최후는 매우 극적이며, 또한 고구려사 및 동아시아사에도 중대한 영향을 끼치는 사건이기 때문에, 참고로 인용해 두고 싶다. '四十一年冬十月. 百濟王率兵三萬來攻平壤城. 王出師拒之. 爲流矢所中. 是月二十三日薨. 葬于故國之原 (百濟蓋鹵王表魏曰. 梟斬釗首. 過辭也)'. 또 '제기' 근초고왕(近肖古王) 조에는 '二十六年高. 句麗擧兵來. 王聞之. 伏兵於浿河上. 侯其至急擊之. 高句麗兵敗北. 冬王與太子帥精兵三萬. 侵高句麗. 攻平壤城. 麗王斯由力戰拒之. 中流矢死. 王引軍退. 移都漢山.'이라고 되어 있다. 나아가 이 왕대는 중국과의 관계가 현란하게 바뀌었다. 요동(遼東)·요서(遼西) 지방에 기반을 가진 선비부의 모용씨가 중원에 세력을 확대했다. 연(燕)에 망한 망명자 동수(佟壽) 등, 다수의 중국인이 고구려로 도망쳤다. 그 때문에 연(燕)은 339년, 342년 고구려에 재차 침략을 하여, 아버지인 미천왕의 시(屍)를 비롯해 왕모나 왕비 등까지 연(燕)에게 빼앗겼다. 그 때문에 거듭 고구려는 연(燕)에 사절을 파견하여, 부왕의 시(屍)와 왕모의 귀환을 요청했다. 355년에 왕모의 반환과 함께 왕에게 '營州諸軍事征東大將軍營州刺史樂浪公高句麗王'의 장군호·관호를 받았다. 이것이 중국왕조의 주변 이종족(異種族)의 왕을 책봉하기 시작한 처음이다.

갑오.증축평양성…(甲午. 增築平壤城…)

풀이 갑오(년)에 평양성을 증축하고, 임인(년) 8월에, 도읍을 안시성 즉 환도성[60]으로 옮겼다.

○ 【甲午. 增築平壤城】 '여기'에서도 이 갑오년에 해당하는 고국원왕 4년 (334) 조에 '秋八月. 增築平壤城'이라고 되어 있어, 완전히 같은 글인 것으로 보아 어느 쪽인가가 다른 쪽을 차용한 것이라고 말할 수 있다. 평양은 미천왕 14년에 낙랑군을 멸망시켰을 때, 고구려에 의해서 점령되었던 것은 분명하다. 그 후 21년째에 해당하는 이 갑오년에, 평양성을 증축하였을 가능성은 매우 높다. 다만 '여기'의 평양에 관한 그 이전의 기사에는 혼란이 보인다. 즉 '東川王二十一年(247) 春二月. 王以丸都城經亂不可復都. 築平壤城. 移民及廟祉. 平壤者本仙人王儉之宅也. 或云王之都王險.' 또 '美川王三年(302) 秋九月. 王率兵三萬. 侵玄菟郡. 虜獲八千人. 移之平壤.'이라고 되어 있듯이, "여기"의 관한 기사가 부정확한 것으로부터 말하면, 고국원왕 4년의 기사는 왕력의 기사를 평양에 차용한 것으로 봐도 좋지 않을까.

○ 【壬寅八月. 移都安市城. 即(丸)都城】 '여기'의 고국원왕 12년(342) 임인년 조. '秋八月. 移居丸都城'이라고 되어 있는 것과 부합된다. '여기'에서는 이 해 춘2월 조에, '修葺丸都城. 又築國內城'이라고 되어 있어, 환도성으로 도읍을 옮기는 준비를 했던 것같이 기록되어 있다. 그러나 동년 10월, 11월 조에는 "자치통감"의 기사를 인용하여, 연군(燕軍)이 대거 침입하여 왕도인 환도성을 점령하고, 미천왕의 시(屍)를 파헤치고, 왕모나 왕비와 함께 그 시(屍)를, 연(燕)으로 가지고 돌아간 것을 적고 있다. 연군(燕軍)은 철퇴를 하면서 고구려의 궁전을 태우고, 환도성을 부수고 갔다고 한다. 그리하여 그다음 해 13년 추7월(秋七月)에, 왕성을 평양의 동황

---

60) 고중에는 특별한 주해가 없으나. DB에는 다음과 같은 주(注)가 있다. '□都□에서 순암수택본에는 앞의 탈자에 '丸'이 덧칠되어 있고, 조선사학회본에는 '丸'. 동경제국대학영인본·속장경본·최남선교주본·이병도역주본·이재호역주본·권상로역해본에는 '丸'으로 추정. 또 뒤의 탈자는 석남필사본·동경제국대학영인본·속장경본·조선사학회본·최남선교주본·이병도역주본·이재호역주본·권상로역해본·三品彰英遺撰本에 '城'으로 되어 있다'. 파른본에는 丸이 없고 都城만 보인다.

성으로 옮겼다고 하고 있다. 이것에 대해서는 미시나 아키히데의 '高句麗
王都考'("조선학보" 제1집)에 상세하게 적혀 있다. 또한 안시성은 당의 고
구려 침입로에 해당하는 요충으로, 정관 19년(649) 6월에서 9월에 걸쳐,
고구려군이 5만의 당군과 싸워. 이 성을 사수하여, 당군을 격퇴한 곳이
다. 안시성은 현재의 중국 요녕성해성의 동남방의 영성자로 되어 있다.
환도성은 현재의 중국 길림성 집안으로, 안시성과 환도성은 모두 저명한
지명이다. 다만 이곳에서 저명한 이지명(異地名)을 바꾸지 않고 왕도로
한 이유는 불명하다.

제12계 왕(第十二契王)

풀이 제12계왕은 분서의 맏아들이다. 갑진(년)에 올라, 다스리기를 2년이
었다.

주해 ○ 【契王】 kre-waṅ.[61] '제기'에도 이 왕대에 관한 특별한 기사는 없다.
○ 【汾西元子】 '제기'와 같다.
○ 【甲辰立. 理二年】 갑진은 서기 344년에 해당한다. '제기'는 치세연수를 3
년으로 하고 있다. 이 갑진 이하의 기사를 '왕력'에는 다음 장에 기록하고
있다.

---

61) 고증. 원문대로.

제6장 뒷면

일본	간지	서력西曆	중국	유遺 중국력中國曆	라羅	려麗	제濟	락洛
仁德33	을사乙巳	345	永和1	孝宗				
4	병오丙午	346	2	永和己巳十二			第十三近肖	第五伊品王
5	정미丁未	347	3				古王	父居叱
6	무신戊申	348	4				比流第二子	於母阿志
7	기유己酉	349	5				丙午立理二	丙午立理
8	경술庚戌	350	6				十九年	六十年
9	신해辛亥	351	7					
0	임자壬子	352	8					
1	계축癸丑	353	9					
2	갑인甲寅	354	10					
3	을묘乙卯	355	11					
4	병진丙辰	356	12		第十七㿂(奈)			
5	정사丁巳	357	升平1	昇平丁巳五	勿朏立干			
6	무오戊午	358	2		一作□□王			
7	기미己未	359	3		金氏父仇道			
8	경신庚申	360	4		葛文王一作			
9	신유辛酉	361	5		未召王之弟			
0	임술壬戌	362	隆和1	哀帝	(未仇)角干母			
1	계해癸亥	363	興寧1	隆和壬戌	(休禮)夫人金			
2	갑자甲子	364	2	興寧癸亥三	氏丙辰立理			
3	을축乙丑	365	3		四十六年陵			
4	병인丙寅	366	太和1	廢帝	在占星墓西 南			
5	정묘丁卯	367	2	大和丙寅五				
6	무진戊辰	368	3					
7	기사己巳	369	4					
8	경오庚午	370	5					
9	신미辛未	371	咸安1	簡文帝	第十七小獸	辛未移都北浦		
0	임신壬申	372	2	咸安申未二	林王	(漢)山		
1	계유癸酉	373	寧康1	烈宗	(國原王之子)			
2	갑술甲戌	374	2	寧康癸酉三	名丘夫辛未			
					立理十三年			
3	을해乙亥	375	3				第十四近仇首	
							近肖古之○	
							乙亥立理○○	

신라

제17내물마립간(第十七㮫(奈)勿麻立干)

제17내물마립간은 혹은 □□왕이라고도 하며, 김씨이다. 아버지는
구도갈문왕인데, 혹은 미소왕의 동생인 □□각간(角干)62)이라고도
한다. 어머니63)는 □□□□로 김씨이다. 병진(년)에 올라, 다스리기
를 46년이었다. 능(陵)은 첨성대 서남쪽에 있다.

주해 ○【㮫(奈)勿麻立干. 一作□□王】 '일작'(一作)에는 방선이 그어져 있고 그
위에는 '고'(考)라는 기입이 있다. '나기'에 '㮫(奈)勿一作郡密', '奈勿' 등의
용자가 보이는 것 외에 '유' 권제1에서도 '군밀'(郡密)로 하고 있기 때문
에, □□왕에는, 그것을 붙일 수 있을지도 모른다. 또한 내물왕에 대해서
는 '유' 권제1(내물왕)을 참조. 마립간에 대해서는 '유' 권제1·권제2 남해
왕 조의 주해 138을 참조.

○【父仇道葛文王. 一作未召王之弟□□角干】 □□에는 미구(未仇)라고 묵
서한 기입이 있다. 부왕의 계보에 관해서 '나기'와 '유'의 이설(異說)을 표
로 하면 다음과 같다.

---

62) DB. 순암수택본에는 '末仇'라고 손으로 썼고, 조선사학회본에는 '末仇'. 동경제국대학영인
본·속장경본·최남선교주본·이병도역주본·이재호역주본·권상로역해본·三品彰英遺
撰本에는 '末仇'가 빠진 것으로 추정. 파른본에도 2자 공백.
63) DB. 순암수택본에는 '休禮夫人'라고 손으로 썼고, 조선사학회본에는 '休禮夫人'라고 되어
있고, 동경제국대학영인본·속장경본·최남선교주본·이병도역주본·이재호역주본·권
상로역해본·三品彰英遺撰本에는 '休禮夫人'이 빠진 것으로 추정한다.

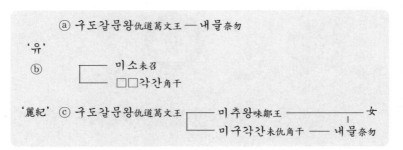

또 '나기'는 내물이사금 조의 글머리에, 동아시아 왕실의 혼인·습속(習俗)에 관하여, '取妻不取同姓. 以厚別也. 是故魯公之取於吳. 晉侯之有四姬. 陳司敗鄭子産深譏之. 若新羅則不止取同性而已. 兄弟子姑姨從姉妹. 皆聘爲妻. 雖外國各異俗. 責之以中國之禮. 則大悖矣. 若匈奴之烝母報子. 則又甚於此矣.'라고 적고 있다. 내물(奈勿)이 미추왕(味鄒王)의 딸을 왕비로서 조작했던 것을, 오히려 암시하는 것같이 보인다.

○【母□□□□金氏】□□□□에 '휴례부인'이라고 묵서한 기입이 보인다. '여기'에는 '모금씨휴례부인'(母金氏休禮夫人)이라고 되어 있다.

○【丙辰立. 理四十六年】46년이라는 치세연차에는, 왕의 붕어년이 계산되지 않았다. 또 병진을 즉위 원년으로서 계산하면, 즉위 36년은 신묘년이 되며, 이 간지연차는 '사' 연표와도 일치하지만, '유' 권제1 내물왕조에는 '第十七那密王即位三十六年庚寅云云'이라고 보이며, 이곳부터 연차를 이어 가면, '을묘년'이 즉위원년이 된다. 다만 그 직후 '訥祗王三年己未'가 있어, 이것을 기준으로 해서 이어 가면, 내밀왕 즉위 36년은 신묘년이 되어, '유' 왕력의 '丙辰立理四十六年'을 기준으로 한 경우와 일치하게 된다. 그러나 '(訥祗王)十年乙丑云云'이라는 기재가 마찬가지로 유' 권제1 내물왕조에 보여, 이것이 옳다고 한다면, 그 즉위 3년은 무오가 되어, '訥祗王三年己未'를 잘못이라고 하지 않으면 안 된다. 어느 쪽의 연차사료(年次史料)를 잘못이라고 해 둬야 할지, 아니면 이전사료(異傳史料)에 의한 혼

란으로서 생각을 해야 할지, 또한 연구를 요하는 문제로서 남을 것이다.

○【陵在占星臺西南】'유' 권제1(선덕왕지기삼사)에 '別記云. 是王代. 鍊石. 築瞻星臺'라고 되어 있다. 내물왕릉은 첨성대의 서남쪽에 위치하고 있다.

제17소수림왕(第十七小獸林王)

 제17소수림왕은, 이름을 구부라고 한다. 신미(년)에 올라, 다스리기를 13년이었다.

○【丘夫】소수림왕의 계보, 휘(諱) 즉위의 사정에 대하여 '여기'에는 다음과 같이 적고 있다. '小獸林王一云小解朱留王. 諱丘夫. 故國原王之子也. 身長大有雄略. 故國原王二十五年. 立爲太子. 四十一年, 王薨. 太子即位.'

○【辛未立. 理十三年】소수림왕의 즉위 연차는 '사'에서도 동진 간문황제의 함안 원년(371) 신미년이라고 하고 있다. 소수림왕의 훙거에 대하여, '여기'에서는 '十四年(384) 同十一月. 王薨. 葬於小獸林. 號爲小獸林王.'이라고 되어 있다. 소수림왕의 치세연수는 '사'에서는 훙년을 포함하기 때문에, 이 왕력보다 1년 길게 되어 있다. 또한 소수림왕의 시호는 그 왕릉의 지명을 따고 있으나, 이것은 고국천왕 이후, 고국양왕까지의 시호와 같은 성격이다.

백제

제13근초고왕(第十三近肖古王)

풀이　제13근초고왕은 비류의 제2자이다. 병오(년)에 올라, 다스리기를 29년이었다.

주해　o 【近肖古王】 '유' 권제2(남부여·전백제) 참조.
　　　o 【比流第二子】 '제기'와 일치.
　　　o 【丙午立. 理二十九年】 병오는 서기 346년. '사'에서는 치세 30년. 따라서 그 훙년은 375년(을해)가 되며, 이 점, '유', '사', '서기' 3자료 모두 일치하고 있다.

신미. 이도북포(한)산(辛未. 移都北浦(漢)山)

풀이　신미(년)에 도읍을 북한산으로 옮겼다.

주해　o 【辛未. 移都北浦(漢)山】 신미는 서기 371년. '제기'의 근초고왕 26년 조에, 동왕(同王)이 태자(貴須)와 함께 평양으로 침입하여, 고구려왕(고국원왕)을 전사하게 하고, 도읍을 새롭게 위례성에서 한산으로 옮겼다고 되어 있다. 한산은 오늘날의 광주(廣州)이나, 북한산은 지금의 서울 지역이다. 이마니시 류는 한산설(漢山說)을 취하고 있다(참조 '百濟國都漢山考', "百濟史의 硏究" 수록). 상세한 것은 '유' 권제2(남부여·전백

제)의 주해를 참조. 또한 북포산(北浦山)의 포(浦)는 한(漢)으로 정정해
야 한다.

제14근구수왕(第十四近仇首王)

풀이　제14근구수왕은 근초고(近肖古)의 아들이다. 을해(년)에 올라, 다스리
기를 9년이었다.

주해　○ 【近仇首王】 Kŭn-ku-su-waṅ. '서기'에서는 귀수(貴須) Kŭi-su 근초고왕의
태자로서, 371년 부왕과 함께 고구려 지배하에 있던 평양성 공격에 활약.
또 아버지를 따라 태원연간(太元年間)(376-396)에는 진(晉)에 조공을 바
쳤다("梁書" '百濟傳').
○ 【近肖古之子】 '제기'와 일치.
○ 【乙亥立. 理九年】 을해는 375년, 따라서 그 훙년은 384년이 되어, '제기',
'서기'와도 일치한다.

제5이품왕(第五伊品王)

풀이　제5이품왕은, 아버지가 거질미(居叱彌)(彌)이고, 어머니는 아지이다.
병오(년)에 올라, 다스리기를 60년이었다.

○ 【伊品王】 "가락국기"에는, 이시품왕이라고 되어 있다. 시(尸)는 계사(繼辭)이기 때문에, 이시품(伊尸品)도 이품(伊品)도 같다.

○ 【河志】 아지(阿之)·아지(阿只) 모두 차자(借字)로, 왕이나 왕세자의 자녀의 경칭으로서 쓰였다. 단순히 아지(阿只)라고 하면 유아를 부르는 말이다. 또 신라의 시조 김알지의 알지(閼智)도 동의동어(同義同語)이다.

○ 【理六十年】 "가락국기"에는 '治六十二年'이라고 되어 있다. 상세한 것은 동서(同書)를 참조.

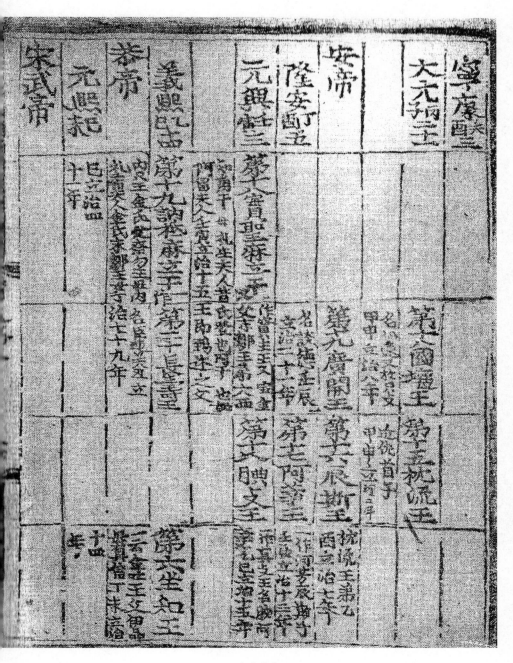

일본	간지	서력 西曆	중국	유遺 중국력中國曆	라羅	려麗	제濟	락洛
仁德64	병자丙子	376	太元1	大元丙子21				
65	정축丁丑	377	2					
66	무인戊寅	378	3					
67	기묘己卯	379	4					
68	경진庚辰	380	5					
69	신사申巳	381	6					
70	임오壬午	382	7					
71	계미癸未	383	8					
72	갑신甲申	384	9			第十八國壤王 多伊連又於 只支甲申立 治八年	第十五枕流王 近仇首子甲 申立(理二年)	
73	을유乙酉	385	10					
74	병술丙戌	386	11					
75	정해丁亥	387	12				第十六辰斯王 枕流王弟乙 酉立治七年	
76	무자戊子	388	13					
77	기축己丑	389	14					
78	경인庚寅	390	15					
79	신묘申卯	391	16					
80	임진壬辰	392	17				第十七阿莘王 一作河芳辰 斯子壬辰立 治十三年	
81	계사癸巳	393	18			第十九廣開王 名談德壬辰 立治二十一年		
82	갑오甲午	394	19					
83	을미乙未	395	20					
84	병신丙申	396	21					
85	정유丁酉	397	隆安1	安帝 隆安丁酉5				
86	무술戊戌	398	2					
87	기해己亥	399	3					
履中1	경자庚子	400	4					
2	신축申丑	401	5					
3	임인壬寅	402	元興1	元興壬寅3	第十八實聖麻立 干			
4	계묘癸卯	403	2		(又)作實主王又			
5	갑진甲辰	404	3		實金父未鄒王弟			
6	을사乙巳	405	義熙1	義熙乙巳4	大西知角干(母) 禮生夫人昔氏登		第十八腆支 (支)王	

反正1	병오丙午	406	2				
2	정미丁未	407	3		也阿干□也妃阿留夫人壬寅立治十五王即鵶逃之父	一作眞(直)支王名胦阿莘子乙巳立治十五年	第六坐知王一云金叱王父伊品母貞信丁未立治十四年
3	무신戊申	408	4				
4	기유己酉	409	5				
5	경술庚戌	410	6				
6	신해辛亥	411	7				
允恭1	임자壬子	412	8				
2	계축癸丑	413	9			第二十長壽王名臣(連)癸丑立治七十九年	
3	갑인甲寅	414	0				
4	을묘乙卯	415	1				
5	병진丙辰	416	2				
6	정사丁巳	417	3		第十九訥祇(祇)麻立干 一作內只王金氏父奈勿王母內禮希夫人金氏未鄒王女丁巳立治四十一年		
7	무오戊午	418	4				
8	기미己未	419	元熙1	恭帝		第十九久爾辛王胦支子庚申立治七年	
9	경신庚申	420	永初1	元熙己未			
10	신유辛酉	421	2	宋武帝			第七吹希王

제18실성마립간(第十八實聖麻立干)

풀이 제18실성마립간은 혹은 실주왕이라고도 하며, 또 보김이라고도 한
다. 아버지[64]는 미추왕[65]의 동생인 대서지각간. □예생부인(□禮生夫

人)66)은 석씨(昔氏)로 등야아간의 □, 왕비는 아류부인이다. 임인(년)에 올라, 다스리기를 15(년)이었다. 왕은 즉 치술의 아버지이다.

○ 【又作實主王又寶金】 보김(寶金)67)에는 먹으로 표시한 방선이 보인다. 실성 이외의 용자에 의한 표기는, 이곳에 보이는 실주, 보김의 2예뿐이다. 보김(寶金)은 필경 실김(實金)68)을 잘못 적은 것이 아닐까. '실'(實), '보'(寶)의 양자는 음·훈에 의해서도 서로 통하는 것이 없다.

○ 【父未郭王弟大西知角干】 '나기'는 '알지예계대서지이손지자'(關智裔係大西知伊湌之子)라고 전하고 있다. '유', '사' 모두 미추(未鄒)가 알지의 예손(裔孫)이라고 하는 사료(史料)('나기' 미추이사금·'유' 김알지)가 있다. 따라서 미추(味鄒)와 실성과의 계보상(系譜上)의 관계는, 미추와 내물의 경우와 비슷하다. 각간은 신라 17등의 관의 제1위에 있으며, 이찬(伊湌)은 제2등의 관이다.

○ 【□禮生夫人昔氏登也阿干□也】 처음의 □의 위치에는 '모'(母) 자가 적혀 있다. 뒤의 □에는 '여'(女) 자가 적힌 것은 아닐까 생각된다. '나기'는 '母伊利夫伊一作企昔登保阿干之女'라고 전하고 있다.

○ 【妃阿留夫人】 '나기'에는 '妃味鄒王女也'라고 되어 있다. '나기'에서는 내물(奈勿) 왕비도 미추왕의 여(女)라고 하고 있다.

---

64) 고증에는 특별한 언급이 없다. DB. 원문에는 '文'으로 되어 있으나, 동경제국대학영인본·속장경본·조선사학회본·최남선교주본·이병도역주본·이재호역주본·권상로역해본에는 '父'로 되어 있어 이에 따른다.
65) DB. 말추왕(末鄒王). 그 주(注)에 '동경제국대학영인본·속장경본·조선사학회본·최남선교주본·이병도역주본·이재호역주본·권상로역해본에는 '末鄒王'으로 되어 있다.'
66) 교다이(京大)본의 □ 부분은 탈자라고 하기보다는 떼어 적은 것으로 보인다. DB.에도 특별한 언급이 없다. 고증의 □에 대한 언급은 다른 원본을 바탕으로 서술하고 있는 것 같다.
67) 원문에는 寶金.
68) DB. 보김(寶金). 그 주(注)에는 '조선사학회본에는 '實金'으로 되어 있다.' 규장각. 고증. 파른본에도 '實金'.

○ 【壬寅立. 治十五】 치세연차 및 그 간지는 '사'와 일치'하지만, 붕년은 산입
되지 않았다.

○ 【即璉迖之父】 치술령 및 치술신모에 관한 전승이, '유' 권제1의 내물왕 조
의 말문에 보인다. 그것에 의하면 치술신모는, 김제상부인을 추송한 이
름이라고 한다. 치세연차 뒤의 이와 같은 기재는 이례(異例)이다.

제19눌지(기)마립간(第十九訥祇(祇)麻立干)

풀이 제19눌지(기)마립간은, 혹은 내지왕이라고도 하며 김씨이다. 아버지
는 내물왕. 어머니인 내례희부인은 김씨이며, 미추왕의 여(女)[69]이다.
정사(丁巳)(년)에 올라, 다스리기를 41년이었다.

주해 ○ 【一作內只王】 내지(內只)의 용자는, 이 왕력에만 보인다.

○ 【母內禮希夫人】 내례희(內禮希)를 미추왕의 딸이라고 하는 것은 '나기'와
같다. 다만 '사'에는 '保反夫人一云內禮吉怖'라고 되어 있어 다른 용자를
보이고 있다. 이 항목에서는 왕비에 대해서는 다루고 있지 않으나, 다음
의 제20 자비마립간 조에 의해 그것이 '阿老夫人實聖王之女'이었다고 생
각할 수 있으며, '나기'도 '실성왕지녀'(實聖王之女)라고 하고 있다.

○ 【丁巳立. 治四十一年】 치세연차 및 그 간지는 '사'와 일치하지만, 붕년은
치세년에서 제외되어 있다.

---

69) 고증에는 원본대로, DB. '딸'.

고려

제18국양왕(第十八國壤王)

○【名伊連. 又於只支】국양왕의 계보·즉위의 사정 등을, '여기'는 다음과
같이 전하고 있다. '故國壤王. 諱伊連. (或云於只支) 小獸林王之弟也. 小
獸林王在位十四年薨. 無嗣. 弟伊連即位.' 왕의 시호로 왕력이 국양왕으
로 하고 있는 것에 대해서, '사'에서는 '고국양'이라고 하고 있다. 이것
은 앞서 국원왕의 경우와 같으며, '여기'가 평양왕도시대(平壤王都時代)
에 받은 시호로, 왕력은 그 이전의 사료에 의한 것일까 한다.

○【甲申立. 治八年】'사' 연표에서도 고국양왕의 즉위를 동진 효무제의 태
원 9년 갑신(384)의 일이라고 하고 있다. 고국양왕의 훙거를 '여기'에서
는 9년(392) 하5월(夏五月)의 일이라고 하고 있으나, 이 왕력에서는 훙거
년을 제외하기 때문에, 그 치세연수는 8년이 된다. 그러나 '광개토왕릉비'
에 의하면, 다음 광개토왕(次王廣開土王)의 즉위가 1년 이른 신묘년
(391)이 되어 있어, 국양왕의 훙년도 1년 당겨야 한다.

제19광개왕(第十九廣開王)

제19광개왕[70]은 이름을 담덕이라고 한다. 임진(년)에 올라 다스리기
를 21년이었다.

---

70) DB. 동경제국대학영인본·속장경본·조선사학회본·최남선교주본·이병도역주본·이재
호역주본·권상로역해본은 '廣開土王'으로 추정.

○【廣開王. 名談德】'여기'에는 왕명, 계보, 즉위까지의 사정을 '廣開土王. 諱談德. 故國壤王之子. 生而雄偉. 有倜儻之志. 故國壤王三年. 立爲太子. 九年王薨. 太子即位.'라고 전하고 있다. 이 광개토왕명이라고 하는 것은 다음의 광개토왕릉비문에도 보이기 때문에, 정식 왕명으로 해도 좋을 것이다. 최근 이 비문이 일본인에 의해서 개찬(改竄)되었다고 하는 설이 성행하여 재조사의 필요가 있으나, 이곳에서는 종래년독에 의해 관계부분을 발췌한다. '大朱留王. 紹承基業. □至十七世孫國罡上廣開土境平安好太王. 二九登祚. 號爲永樂太王. 恩澤□亐皇天. 威武**挻**被四海. 掃除□□. 庶寧其業. 國富民殷. 五穀豊熟'. 이 앞에 시조 추모왕(鄒牟王)(동명왕)과 제2대 유류왕(유리왕)과의 기사가 있으며, 아울러 19대째가 이 광개토왕이 된다. 이 비문에서는 제2대 대주류왕(大武神王)의 17세손이 되어 있으나, 17대의 의미일 것이다. 계보로 말하면, 광개토왕은 대무신왕의 직계가 아니고, 동생인 재사(再思)로부터 말하면 10세손이 된다. 혹은 왕위를 계승하는 것이, 부자(父子)의 계보전승의 의미 내지 기능을 가지고 있었던 것인지도 모른다. 다음으로 시호가 '國罡上廣開土境平安好太

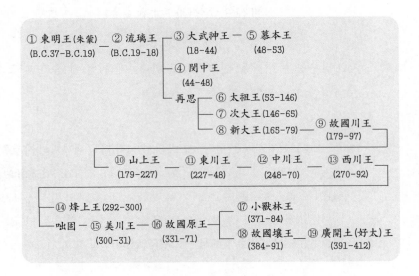

王'이라고 되어 있어, 능묘의 지명과 왕의 업적찬미의 칭호를 겹쳐 시호로 하고 있다. 이 시호는 전대까지의 왕릉지명과, 그 후의 왕의 성격을 시호로 한 현상으로 봐야 할지, 겹치는 두 시호가 옳다고 봐야 할지는 결정하기 어렵다. 광개토왕은 중국에 대한 왕명을 안(安)이라고 했다. 왕은 중국 남양에 조공하고 책봉을 받았다. 이것에 대하여, "양서"에서는 다음과 같이 말하고 있다. '(慕容) 垂死. 寶立(395). 以句麗王安爲平州牧. 卦遼東帶方二國王. 安始置長史·司馬·参軍官. 後略有遼東郡.'

○ 【壬辰立. 治二十一年】 '사' 연표에 의하면, 광개토왕의 즉위는 동진 태원(太元) 17년(392) 임진(壬辰)(년)에 해당하며, 이 왕의 흥거는 의희 9년(413) 10월이다. '왕력'은 흥년을 계산하지 않기 때문에 치세연수는 '사'와 일치된다. 그러나 이 왕의 능비에 의하면, 왕이 등조(登祚)했다고 보이는 영락 원년이 신묘년(391)에 해당되어, '사' 연표나 '유' 왕력과의 사이에 1년의 오차가 생기지만, 한편으로 치세연수로 보면 18세에 즉위하고 39세에 흥거했기 때문에 같은 수가 된다.

제20장수왕(第二十長壽王)

풀이 제20장수왕은 이름을 신련이라고 한다. 계축(년)에 올라 다스리기를 79년이었다.

주해 ○ 【名臣連】 '여기'에서는 왕명, 계보, 왕의 성격 및 즉위까지의 사정을, 다음과 같이 전하고 있다. '長壽王. 諱臣連(一作璉). 廣開土王之元子也. 體貌魁傑. 志氣豪邁. [廣]開土王十八年. 立爲太子. 二十二年王薨. 即位.' 또 "송서"(宋書), "양서"(梁書), "위서"(魏書) 등에서는 왕명을 연(璉)이라고 하고 있다. 또 "남제서"에서는 고연(高璉)이라고 하고 있으며, 고(高)는 고구려 왕가의 성으로 보이기 때문에, 연(璉)이 중국외교상의 왕명이라고 할 수 있다.

○ 【癸丑立. 治七十九年】'사' 연표에서도, 장수왕 거련(巨連)의 즉위를 동진(東晋) 의희(義熙) 9년 계축년(413)으로 하고 있으며, 그 훙년은 남제의 영명(永明) 9년(491)으로 하고 있어, 그 치세연수는 79년으로 '왕력'과 같은 수가 되어 있다. 다음의 문자명왕의 즉위가 익년 정월이 되었다. 그래서 '사'와 왕력의 치세연차가 일치하게 되었다. 또한 "위서"에 의하면 고구려 왕연(王璉)이 죽은 달은 불명하며, 동년 12월에, 위(魏)의 고조(高祖)가 연(璉)의 사거(死去)를 듣고. 애도의 뜻을 나타낸 조서(詔書)를 보냈다고 한다. 그때 장수왕은 100여 세였다고도 적고 있으며, '여기'에 '冬十二月. 正薨. 年九十八歲'라고 되어 있는 것과 약간의 상위가 보인다.

제15침류왕(第十五枕流王)

> 풀이

제15침류왕은 근구수의 아들로서, 갑신(년)에 올랐다.

> 주해

○ 【枕流王】 Chim-ryu-wan. '서기'에는 토무루라고 후리가나를 붙이고 있다. '제기'에 의할 때, 그 원년(384)에 진조(晉朝)에 입공하고, 같은 해, 진(晉)에서 호승마라난타(胡僧摩羅難陁)가 내조(來朝)하여, 백제에 있어서의 불법(佛法)의 시작이 되었다. 그리고 익년에는 한산에 불사(佛寺)가 창립되었는데, 원년의 '견사입진조공'(遣使入晉朝貢)의 기사는, 모두 "진

서"(晉書) 효무제기태원(孝武帝紀太元) 9년(384)의 '百濟遣使來. 貢方物' 을 삽입했던 것이다.

○ 【近仇首子】'제기'에는 구수왕의 맏아들이라고 되어 있다.
○ 【甲申立】갑신은 서기 384년. 치세연수의 기사가 결락되어 있으나, '사', '서기' 모두 2년이 되어 있다.

제16진사왕(第十六辰斯王)

풀이　제16진사왕은 침류왕의 동생이다. 을유(년)에 올라, 다스리기를 7년 이었다.

주해
○ 【辰斯王】 Čin-sa-waṅ. '제기'에서는 그 8년(392) 고구려 광개토왕의 침략 을 받고, 한강 이북의 다수의 부락을 잃었다고 되어 있다. 진사왕부터 다 음 아신왕에 걸쳐 수행된 고구려와의 사투(死鬪)는, 호태왕비문에서도 엿볼 수 있다. 또한 386년, 진(晉)에서 '使持節都督鎭東將軍百濟王'의 군 호(軍號)를 얻었다("진서").
○ 【枕流王弟】'제기'에는 침류왕의 동생이라고 적는 것 외에, 근구수왕의 중자(仲子)라고 되어 있으며, 침류왕의 태자(阿莘)가 어리기 때문에 즉위 했다고 되어 있다. '서기'에는 '阿花年少 叔父辰斯奪立爲王'이라고 기록되 어 있다.
○ 【乙酉立. 治七年】'사' 연표와도 일치. 을유는 서기 385년. '서기'에는 이 왕의 훙거에 대하여 '百辰辰斯王立之. 失禮於貴國天皇. 故遣紀角宿禰. 羽田矢代宿禰. 石川宿禰. 木菟宿禰. 嘖讓其無禮狀. 由是百濟國殺辰斯王 以謝之. 紀角宿禰等便立阿花爲王而歸'(応神二年)라고 되어 있다.

제17아신왕(第十七阿莘王)

풀이 제17아신왕은 혹은 아방이라고 하며, 진사(辰斯)의 아들이다. 임진
(년)에 올라, 다스리기를 13년이었다.

주해
o 【阿莘王】 a-sin-wań. 치세의 대부분을 대고구려전에 집중한 왕. 또 그 6
년(397)에는 태자 전지(太子腆支)를 인질로서 왜국에 보냈다('제기', '서
기' 참조).

o 【一作河(阿)芳】 '제기'에는 '阿莘王或云阿芳'이라고 되어 있으며, '서기'에
는 '아화'(阿花)라고 되어 있다. 芳(音pan 訓k'oč-tahur)과 花(音hoa 訓
k'och)와는 훈통(訓通)하나, 신(莘)과는 통하지 않는다.

o 【辰斯子】 '제기'에는 침류왕의 맏아들이라고 되어 있다. 그런 까닭에 아
화의 숙부가 된다. 앞서 '서기'에도 숙부라고 되어 있었기 때문에, 이것은
이전(異傳)일 것이다.

o 【壬辰立. 治十三年】 임진(壬辰)은 서기 392년. 따라서 그 훙년은 405년
이 되어 '사' 연표, '서기'와도 일치한다.

제18전지왕(第十八腆支王)

풀이 제18전지왕은 혹은 진지왕이라고도 한다. 이름은 영(映)이라고 하며,
아신(阿莘)의 아들이다. 을사(년)에 올라, 다스리기를 15년이었다.

주해
o 【腆支(支)王】 čŏn-či-wań. 아신왕이 죽은 후, 왜국에서 귀국해서 즉위. 4
년(408)에 처음으로 상좌평의 직(職)을 둔다. '제기'. 416년에 진(晉)으로

부터 사지절도독백제제군사진동장군(使持節都督百濟諸軍事鎭東將軍)을, 420년에는 송으로부터 진동대장군을 받았다. "송서"(宋書)는 또한 424년에도, 전지왕이라고 생각되는 영(映)의 조공을 전하고 있으나, 이것은 '유', '사'의 연대로 보면 다음 구이신왕대의 일이 된다.

○ 【一作眞支(支)王. 名映】眞(čin)과 腆(čŏn)과는 음 상통인가. '서기'에는 직지왕이라고 되어 있으며, 도기(시)의 읽기 토를 붙이고 있다. 통행본(通行本) "송서"에는 영(映)이라고 되어 있으나, "통전"에는 영=이라고 되어 있고, 나가통세(那珂通世)는 '영=은 전(腆)의 오사(誤寫)'라고 보고 있다(外交繹史).[71] 양대(梁代)의 자료에 보이는 '직공도'에도 전(腆)이라고 되어 있어, 나가(那珂)의 소설(所說)은 정곡을 찌른 것이라고 생각된다.

○ 【阿莘子】'사'에는 아신의 맏아들이라고 되어 있다.

○ 【乙己立. 治十五年】을사는 405년. 따라서 전지왕의 훙년은 429년이 되어, '사'와도 일치한다. 그러나 '서기'는 414년 훙거설을 기록한 후, 428년에도 또 같은 왕의 재위를 전하고 있다. 또 '송서'에는 전지왕에 비정(比定)되는 영왕의 조공이 452년에도 보인다. 이와 같이 전지왕의 훙거에 대해서는 414년, 420년, 428년 이후의 3설이 존재한다. 이것은 다음 구이신왕 및 비유왕을 국왕으로서 승인하는 것을 거부한 전승이 존재하는 것을 의미하는 것이며, '유', '사'에 보이는 전지(腆支) ― 구이신(久爾辛) ― 비유(毘有) ― 개로(蓋鹵)의 왕위 계승은, 역사의 현실에서 멀리 떨어진 후세에 전해지는 왕명을 모두 망라하여 편찬한 것에 지나지 않는다(미시나 아키히데(三品彰英), '日本書紀所載의 百濟王曆', "日本書紀研究" 第一冊所收).

---

71) DB. '앙(映)'. 그 주(注), 동경제국대학영인본 · 속장경본 · 조선사학회본 · 최남선교주본 · 이병도역주본 · 이재호역주본 · 권상로역해본에는 '映'으로 되어 있다.

제19구이신왕(第十九久爾辛王)

 제19구이신왕은 전지의 아들이다. 경신(년)에 올라, 다스리기를 7년이었다.

○ 【久爾辛王】ku-i-sin-waṅ. '제기'에는, 왕의 즉위와 훙거를 기록하는 것 외에 치적에 관한 기술은 전무이다. '서기'에는 '久爾辛立爲王. 王年幼. 大倭木滿致執國政. 與王母相婬. 多行無禮'라고 되어 있다.
○ 【腆支(支)子】'제기'에는 장자라고 되어 있다.
○ 【庚申立. 治七年】경신은 서기 420년. 따라서 그 훙년은 427년이 되어 '사'와 일치한다. 그러나 '서기'에서는 428년에 또 전지왕재위(腆支王在位)의 기사가 있으며, 조공의 기사가 보이기 때문에, 427년 훙거의 전승에는 의문이 있다.

제6좌지왕(第六坐知王)

제6좌지왕72)은 혹은 김질왕이라고도 한다. 아버지는 이품, 어머니는 정신(貞信)73)이다. 정미(년)에 올라, 다스리기를 14년이었다.

---

72) DB. 권상로역해본에는 '全知王'.

o 【坐知王. 一云金叱王】 좌(坐)와 김(金)은 유음이자(類音異字)일까. 지(知)는 존칭으로 거지(臣智)·질지(叱知)와 같다. 이 왕대에 대한 것은 "가락국기"의 주해를 참조.

o 【母貞信】 원판에서 진신(眞信)으로 보이지만, 정신(貞信)일 것이다. "가락국기"에는 좌지왕의 어머니는 이시품왕의 왕비로 '司農卿克忠女貞信'이라고 되어 있다.

---

73) 고증. '정신(貞信)'. DB. '진신(眞信)' 그 주(注), 동경제국대학영인본·속장경본·조선사학회본·최남선교주본·이병도역주본·이재호역주본·서울대학교소장정덕임신간본·三品彰英遺撰本에는 '貞信'. 파른본. '眞信'.

제7장 뒷면

일본	간지	서력西曆	중국	유遺 중국력中國曆	라羅	려麗	제濟	락洛
允恭11	임술壬戌	422	永初3	永初庚申3				一云金喜
12	계해癸亥	423	景平1	景平				父坐知王
13	갑자甲子	424	元嘉1	文帝				母福辛酉
14	을축乙丑	425	2	元嘉甲子29				立治三十年
15	병인丙寅	426	3					
16	정묘丁卯	427	4			丁卯移都平	第二十毗有	
17	무진戊辰	428	5			壤城	王久爾幸子	
18	기사己巳	429	6				丁卯立治二	
19	경오庚午	430	7				十八年	
20	신미申未	431	8					
21	임신壬申	432	9					
22	계유癸酉	433	10					
23	갑술甲戌	434	11					
24	을해乙亥	435	12					
25	병자丙子	436	13					
26	정축丁丑	437	14					
27	무인戊寅	438	15					
28	기묘己卯	439	16					
29	경진庚辰	440	17					
30	신사申巳	441	18					
31	임오壬午	442	19					
32	계미癸未	443	20					
33	갑신甲申	444	21					
34	을유乙酉	445	22					
35	병술丙戌	446	23					
36	정해丁亥	447	24					
37	무자戊子	448	25					
38	기축己丑	449	26					
39	경인庚寅	450	27					
40	신묘申卯	451	28					第八銍知王
41	임진壬辰	452	29					一云金銍
42	계사癸巳	453	30	世祖				□□希母 仁德辛卯

	干支	西紀			新羅		百濟
安康1	갑오甲午	454	孝建1	大初癸巳			立治三十六年
2	을미乙未	455	2	孝建甲午3		第二十一蓋鹵王 一云近盖鹵王名慶司乙 未立治二十年	
3	병신丙申	456	3				
雄略1	정유丁酉	457	大明1	大明丁酉8	第二十慈悲麻立干 金氏父訥祇 母阿老夫人 一作次老夫人實聖王之女 戊戌立治二十一年妃巴胡葛文王女 一作巴叱希角干一作□ □角干女 始與其國通 己米年倭國兵來侵始築明活城入避來圍梁州城不克而還		
2	무술戊戌	458	2				
3	기해己亥	459	3				
4	경자庚子	460	4				
5	신축申丑	461	5				
6	임인壬寅	462	6				
7	계묘癸卯	463	7				
8	갑진甲辰	464	8				
9	을사乙巳	465	泰治1	太宗 泰治乙巳8			
10	병오丙午	466	2				
11	정미丁未	467	3				
12	무신戊申	468	4				
13	기유己酉	469	5				
14	경술庚戌	470	6				
15	신해申亥	471	7				
16	임자壬子	472	泰預1				
17	계축癸丑	473	元徽1	後廢帝			

신라

제20자비마립간(第二十慈悲麻立干)

풀이 제20자비마립간은 김씨로서 아버지는 눌지이다. 어머니는 아로부인이나, 혹은 차로부인이라고도 하며 실성왕의 딸이다. 무술(년)에 올

라, 다스리기를 21년이었다. 왕비는 파호갈문왕의 딸이나, 혹은 田질희각간(田叱希角干)(혹은 □□角干)74)의 딸이라고도 한다.

주해

○ 【母阿老夫人. 一作次老夫人. 實聖王之女】 아로는 왕의 계보에 자주 나타나는 여성의 이름이다. '유' 권제1(신라시조혁거세왕)의 주 母金氏, 實聖之女也'라고 보인다.

○ 【戊戌立. 治二十一年】 붕년과 치세연차에 관해 주해 120, 130을 참조. '아'(阿)와 '차'(次)의 음은 약간 근사한 것으로 보인다. '나기'는 계산에 넣지 않았다. '나기'는 왕이 치세 22년 춘2월 3일에 훙(薨)했다고 전하며, '사'의 연표도 그것에 준하고 있다.

○ 【妃巴胡葛文王女一作田叱希角干一作□□角干女】 파호갈문왕이라는 이름은 이곳에만 보인다. 아마 田叱希角干은 '미질희각간'일 것이다. '나기'의 자비마립간 4년 춘2월의 조에는 '王納舒弗耶未斯欣女爲妃'라고 되어 있고, 또 '유' 왕력의 비처마립간 조에도, 그 어머니를 '未欣角干之女'라고 하고 있기 때문이다. □□角干이 어떠한 용자이었는지는 불명. 또 '유' 권제1 · 내물왕 조에 '於是王第三子美海一作未叱喜以聘於倭'라고 되어 있다.

풀이

처음으로 오국(吳國)75)과 통했다. 기미년에 왜국이 침입했기 때문에 처음으로 명활성을 쌓고, (그 성에) 들어가 왜병의 침입을 피했다. (그래서 왜병은) 양주성76)을 포위했으나, 이기지 못하고 돌아갔다.

---

74) DB. 동경제국대학영인본 · 속장경본 · 최남선교주본 · 이병도역주본 · 이재호역주본 · 권상로역해본에는 '未欣'가 빠진 것으로 추정하고 있으며, 조선사학회본에는 '未欣'.
75) DB. '與'가석남필사본 · 조선사학회본 · 권상로역해본에는 '興'.
76) DB. 석남필사본 · 최남선교주본 · 이재호역주본에는 '州'의 아래에 '二'가 있어, 이에 따르면 '양주 2성'으로 해석할 수 있다.

○ 【始與吳國通】 자비마립간의 치세는 479년까지인데, 어째서 이 기술에 해당 장소에 보이는지 불명(吳國은 서기 222년에 손권에 의해 세워져, 280년에 망했다). '사'의 오국과의 통교기사는 고구려 동천 50년(236) 춘2월 조에, "삼국지"의 기재에 의했다고 보이는 '吳王孫權遣使者胡衛通和. 王留其使. 至秋七月. 斬之. 博首於魏'라고 되어 있을 뿐이고, 신라와 오의 통교를 기록한 곳은 보이지 않는다.

○ 【己米年倭國兵來侵. 始築明活城. 入避來】 '왕력'의 이 조에만 어째서 왜국병래침기사(倭國兵來侵記事)를 삽입했던 것인지 잘 모르겠다. '나기'에서는 왜인이나 왜병의 침입기사는, 이미 시조혁거세 조부터 끊이지 않게 보이고 있다. 이곳에서 말하는 기미년은, 자비왕의 말년, 479년을 가리키는 것 외에는 없으나, 명활성에 관해서 말하면 '사' 지리지(1)에 '婆娑王二十二年(101년) 於金城東南築城. 號月城或號在城. 周一千二十三步. 新月城北有滿月城. 周一千八百三十八步. 又新月城東明活城周一千九百六步. 又新月城南有南山城. 周二千八百四步. 始祖已來處金城. 至後世多處兩月城云云.'이라고 되어 있는 것이 연차적으로 가장 오래되었고, 이어서 '나기'의 실성왕 4년(405년) 하4월 조에 '倭兵來攻明活城不克而歸. 工率騎兵要之獨山之南. 再戰破之. 殺獲三百餘級', 또 마찬가지로 눌지왕 15년(431년) 하4월 조에는 '使兵來侵東邊. 圍明活城無功而退', 慈悲王一六年秋七月(473년) 조 및 마찬가지로 18년 춘정월 조에는, 각각 '秋七月葺明活城', '春正月王移居明活城' 등으로 보인다. 따라서 '己未年倭國兵來侵始築明活城'이라고 병기되어 있는 이 '왕력'의 기사는, 매우 해명하기 어려운 요소를 포함하고 있는 것으로 생각된다.

○ 【圍梁州城不克而還】 "나기"의 자비마립간 6년 춘2월 조의 '倭人侵歃良城, 木克而歸'라고 하는 것에 대응하는 기재이나, 삽량성 즉 양주성의 축성은, 신문왕대의 일을 전하고 있다. 즉 '사'의 지리지(1)에 '文武王五年麟德二年. 割上州下州地. 置律良州. 神文王七年築城. 周一千二百六十步. 景德王改名良州. 今梁州.'라고 되어 있다.

고려

풀이 정묘(년)에 도읍을 평양성으로 옮겼다.

주해 ○ 【丁卯】 장수왕대에는 정묘년이 두 번 있다. 그것은 이 왕의 15년(427)과 75년(487)이다. '여기'에는 장수왕 15년 조에, '移都平壤'이라고 되어 있고, 왕력도 또 송의 문제원가연간(文帝元嘉年間)의 일이라고 하고 있기 때문에, 이 정묘는 장수왕 15년의 일이라고 말할 수 있다. '여기'에는 평양천도에 관련되는 것으로 다음의 4예가 있다. 즉 ① 동천왕(東川王) 21년(247) 춘2월 조의 '王以丸都城經亂不可復都. 築平壤城. 移民及廟社. 平壤者本仙人王儉之宅也. 或云王之都王儉.' ② 故國原王十三年(343) 7월 조의 '移居平壤東黃城. 城在今西京東大夏山中'. ③ 장수왕 15년 조의 '移都平壤'. ④ 평원왕 28년(586) 조의 '移都長安城'인데, 앞서 보인 미시나 아키히데의 '高句麗王都考'에서는 ①의 기사는 고려시대에 추가한 것이고, ②는 고구려 말기에 평양동황성이 왕도였다는 사실뿐이고, 연차는 문제가 되지 않는다고 하고 있다. ④는 "수서"에 평양의 별명을 장안성이라고 했던 것으로부터, 평양에서 장안성으로 천도했던 것이 아니고, 왕성의 이름을 장안성이라고 이름을 붙인 것에 지나지 않는다고 하고 있다. ③은 사실(史實)을 말하는 것으로, '광개토왕릉비'에는 장수왕 2년(414)에 왕도가 아직 환도성에 있는 것을 보이고 있고, "위서" 고구려전에는 후위 세조 태연 원년(435)에는 평양성이 왕도라는 것을 보이고 있다. 평양천도는 장수왕 2년부터 23년까지의 사이에 일어났다는 것을 알 수 있으며, ③을 사실(史實)로 봐도 좋은 것을 실증하고 있다.

백제

제20비유왕(第二十毘有王)

풀이　제20비유왕은 구이신의 아들이다. 정묘(년)에 올라, 다스리기를 28년
이었다.

주해　○【毘有王】 pi-yu-wan. "송서"에는 430년에 내공(來貢), 선왕영의 작호(爵
號)를 받은 연유의 기사가 있다. '제기'에는, 대송통공에 관한 "송서"의 기
사를 삽입하는 것 외, 특히 눈에 띄는 기술은 없다.
○【久爾辛子】 '제기'에는 장자라고 되어 있으나, '或云腆支王庶子. 未知孰
是'의 이전(異傳)을 기록하고 있다.
○【丁卯立. 治二十八年】 정묘는 서기 427년. 따라서 그 홍년은 455년이 되
어 '사'와 일치한다.

제21개로왕(第二十一盖鹵王)

풀이　제21개로왕은 혹은 근개로왕이라고도 한다. 이름은 경사이다. 을미
(년)에 올라, 다스리기를 20년이었다.

주해　○【盖鹵王】 kae-ro-wan. 457년 송으로부터 진동대장군을 하사받고, 이후
종종 송으로 입조(入朝)를 행했으나, 472년 고구려 토벌의 사(師)를 구하
는 상표문을 북위에 보냈으나, 받아들여지지 않고("위서") 475년, 고구려

왕력

군에 의해서 왕도 한성을 침략당해, 이 왕도 전사했다.

- 【一云近盖鹵王. 名慶司】제4대에 같은 왕명의 개루왕이 있으며, "송서"에는 왕명경(王名慶)이라고 되어 있다. 또한 '제기'에는 근개로왕의 계보를, 비유왕의 장자라고 하고 있다.

- 【乙未立. 治二十年】을미는 서기 455년. 따라서 그 훙년은 475년이 되어 '사'와도 일치한다. 그러나 '서기'에서는, 개로왕의 전사가 476년으로 되어 있다.

제7취희왕(第七吹希王)

풀이 제7취희왕은 혹은 금희라고도 한다. 아버지는 좌지왕. 어머니는 복(福)[77]이다. 신유(년)에 올라, 다스리기를 30년이었다.

주해
- 【吹希王】 "가락국기"에는 혹은 질가라고 했다고 기록하고 있다.
- 【母福】 "가락국기"에는 취희왕의 어머니를 '福壽'라고 하고 있다. 필경 수(壽)가 탈락한 것으로 보인다.
- 【辛酉立. 治三十年】 즉위년인 신묘는 "가락국기"와도 일치한다. 다만, 치세년에 대해서는 "가락국기"는 31년으로 하고 있다. 이 1년의 차이는, 이

---

77) DB. 동경제국대학영인본·속장경본·조선사학회본·최남선교주본·이병도역주본·이재호역주본·권상로역해본은 '福壽'로 추정.

삼국유사 권제1

'왕력'이 라(羅)·려(麗)·제(濟)의 경우와 같이 흉년을 제외했기 때문으로 보인다.

제8질지왕(第八銍知王)

풀이 제8질지왕은 혹은 금질이라고도 한다. □는 □希이며 어머니는 인덕이다. 신묘(년)에 올라, 다스리기를 36년이었다.

주해 ㅇ 【□□希】 이 3자는 부취희(父吹希)[78]라고 생각된다.
ㅇ 【辛卯立. 治三十六年】 질지왕의 신묘즉위는 "가락국기"와도 일치하지만, "유" 왕력은 '治三十五'라고 한다면, 비로소 "가락국기"의 36년과 일치하게 된다.

---

78) DB. 본문에는 '□□希'로 되어 있다. 조선사학회본에서는 '父吹希'로 되어 있고, 동경제국 대학영인본·속장경본·최남선교주본·이병도역주본·이재호역주본·권상로역해본에서는 '父吹'가 빠진 것으로 추정하고 있어, 이에 따른다. 고증에도 '父吹希'로 보고 있다.

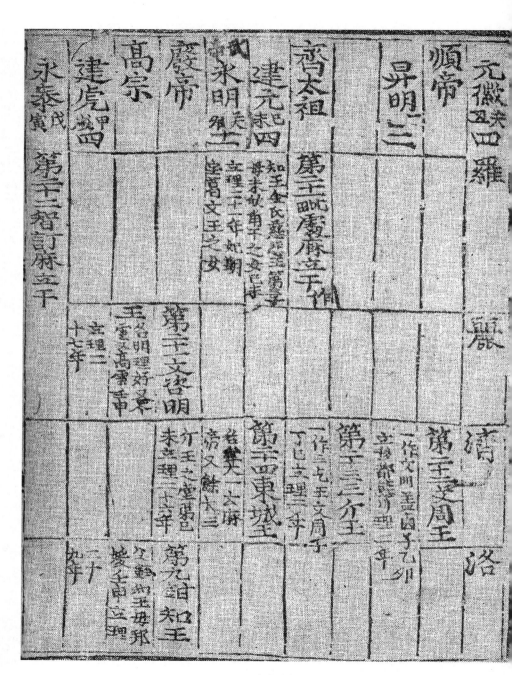

제8장 앞면

일본	간지	서력西曆	중국	유遺 중국력中國曆	라羅	려麗	제濟	락洛
雄略18	갑인甲寅	474	元徽2	元徽癸丑4				
19	을묘乙卯	475	3				第二十二文周王	
20	병진丙辰	476	4					
21	정사丁巳	477	昇明1	順帝 昇明□□2			一作文明(州)盖	
22	무오戊午	478	2				鹵子	
23	기미己未	479	建元1	齊太祖 建元己未4	第二十一毗處麻立干		乙卯立移都	
淸寧1	경신庚申	480	2		作□知王金		熊川理二年 第二十三三斤王	
2	신유申酉	481	3		氏慈悲王第			
3	임술壬戌	482	4		三子母未欣		一作三乇王	
4	계해癸亥	483	永明1	武帝 永明癸亥11	角干之女己		文周子丁巳	
5	갑자甲子	484	2		未立理二十		立理二年	
顯宗1	을축乙丑	485	3		一年妃期寶		第二十四東城王	
2	병인丙寅	486	4		葛文王之女		名牟大一云	
3	정묘丁卯	487	5				麻帝又餘大 三斤王之堂 第己未立理 二十六年	
4	무진戊辰	488	6					
仁賢1	기사己巳	489	7					
2	경오庚午	490	8					
3	신미申未	491	9					
4	임신壬申	492	10			第二十一 文咨明王		第九鉗知王
5	계유癸酉	493	11					
6	갑술甲戌	494	建武1			名明理好又 罗雲又高雲 壬申立理二 十七年		父鉦知王 母邦媛壬 申立理二 十九年
7	을해乙亥	495	2	廢帝 高宗 建虎甲戌4				
8	병자丙子	496	3					
9	정축丁丑	497	4					
10	무인戊寅	498	5					

신라

제21비처마립간(第二十一毘處麻立干)

풀이　제21비처마립간은 □知王[79]이라고도 하며 김씨이다. 자비왕의 제3
아들이며, 어머니는 미흔각간의 딸이다. 기미(년)에 올라, 다스리기를
21년이었다. 왕비는 기보갈문왕의 딸이다.

주해　○【□知王】□에는 '사'에 의해 '炤', '昭', '照' 등의 자가 들어간다. 또 "유"
　　　　권제1 · 사금갑(射琴匣) 조에 '一作炤智王'이라고 보인다. 상세한 것은 이
　　　　곳(주해 190)을 참조.
　　　○【慈悲王第三子】'나기'는 '자비왕장자'(慈悲王長子)라고 되어 있다.
　　　○【母未欣角干之女】'나기'는 '母金氏舒弗邯未斯欣之女'라고 적고 있다. 미
　　　　흔(未欣)에 대해서는 전술(前述)한 자비마립간 조를 참조.
　　　○【己未立. 理二十一年】기미는 서기 479년 '유' 권제1(사금갑 조)에도 '(毘
　　　　處王) 卽位十年戊辰(488)'이라고 되어 있어, 즉위년의 간지는 일치하고
　　　　있다('사' 연표 · '나기' 모두 일치). 그러나 '나기'에 '二十二年冬十一月王
　　　　薨'이라고 되어 있는 것 같이 치세년에 1년의 차이가 있는 것은, '유' 왕력
　　　　이 붕년을 치세년에서 제외하기 때문이다.
　　　○【妃期寶葛文王之女】'나기'에는 '妃善兮夫人. 乃宿伊伐湌女也'이라는 이
　　　　설(異說)을 기재하고 있다. '기'(期)의 자는 사(斯)의 오각(誤刻)일지도 모

---

79) DB. 동경제국대학영인본 · 속장경본 · 최남선교주본 · 이병도역주본 · 이재호역주본 · 권상
　　로역해본에는 '炤知王'으로 추정하고 있고, 조선사학회본에는 '炤知王'.

른다. 후고(後考)를 기다린다. '유' 왕력 다음의 지정마립간(智訂麻立干) 조에는 기보갈문왕(期寶葛文王)은, 형 눌지마립간의 딸, 오생부인을 맞이하여, 그 사이에 지정마립간을 두었다고 적고 있다. 또 '나기'에는 지정마립간(내물왕의 계보)의 아버지를 습보갈문왕이라고 하고 있기 때문에, 기보(期寶)와 습보(習寶)는 동일인이라는 것이 된다.

제21문자명왕(第二十一文咨明王)

풀이 제21문자명왕은 이름은 명리호라고 하고, 또 개운(個雲),[80] 또 고운(高雲)이라고도 한다. 임신에 올라 다스리기를 27년이었다.

주해 ○ 【名明理好 又罘雲. 又高雲】 '나기'에서는 왕의 이름·계보 및 즉위까지의 사정을 다음과 같이 전하고 있다. '文咨明王一云明治好王. 諱羅雲. 長壽王之孫. 父王子古鄒大加助多. 助多早死. 長壽王養於宮中. 以爲大孫. 長壽在位七十九年薨. 繼立.' "위서", "남제서" "양서" 등에서는, 왕의 이름을 운(雲) 또는 고운(高雲)이라고 하고 있다. 고운(高雲)의 고(高)는 성으로 보이기 때문에, 운(雲)이 문자명왕의 중국에서의 이름으로, 罘雲이나 羅雲의 하자(下字)를 따온 것이다.
○ 【壬申立. 理二十七年】 '사' 연표에서는 남제 세조의 영명 10년 임신년

---

80) 고증. '罘雲', DB. 파른본. '個雲'.

(492)에 문자명왕이 즉위하고, 양의 고조 천감 18년(519)에 서거했다고 되어 있다. '여기'에서는 문자명왕의 훙거를 단지 28년이라고만 되어 있어, 월까지 전하고 있지 않다. 중국사료에도 그 월을 전하고 있지 않으나, 고구려의 왕위계승은 전왕 서거의 익월(翊月)법을 따르고 있기 때문에, 문자명왕의 훙거는 11월 이전이었다고 생각된다.

제22문주왕(第二十二文周王)

풀이 　제22문주왕은 혹은 문주(文州)라고도 하며, 개로의 아들이다. 을묘 (년)에 올라, 도읍을 웅천으로 옮겼다. 다스리기를 2년이었다.

주해 　○【文周王】'유' 권제2(남부여·후백제)를 참조.
○【一作文明(州)】문명(文明)은 문주(文州)[81]의 잘못으로 보인다. 周(ču), 州(ču)(음상통) '제기', '서기'에는 문주(汶州)라고 되어 있다.
○【盖鹵子】'서기'에는 '蓋鹵王母弗也'라고 되어 있다. "양서"에는 '慶死子牟都立'이라고 되어 있으며, 모도는 480년에 남제에 조공했고, 그 연대는 동성왕대에 포함된다. 문주(汶州)(mun-ču)는 모도(牟都)의 일본오음 무쓰ムツ와 통한다.

81) DB. '문명(文明)'. 그 주(注)에는 최남선교주본·이병도역주본·이재호역주본·권상로역해본에는 '文州'. 파른본에도 '文州'.

　　　　　　　　　　　　　　　　　　　　　　　　　　　　삼국유사 권제1

○ 【乙卯立. 移都熊川. 理二年】을묘는 서기 475년. '서기'에서는 웅략 21년 (477)에 '以久麻那利賜汶州王. 救興其國'이라고 되어 있으며, 문주왕(文周王)의 즉위는, 이 해나 그전(前年)의 개로왕 전사 직후라고 생각되는 기술을 하고 있다. 치세연수 2년이라고 한다면, 그 홍년은 477년이 되며, 이것은 '사' 연표와는 일치되지만, '제기'에서는 치세 4년으로 되어 있어, 480년 홍거라는 것이 된다.

제23삼근왕(第二十三三斤王)

제23삼근왕은 혹은 삼걸왕이라고도 하며, 문주(文周)의 아들이다. 정사(년)에 올라 다스리기를 2년이었다.

○ 【三斤王】 sam-kŭn-waṅ 그 2년(478)에는 전횡(專橫)의 행위가 있었던 해구·연신 들을 없애고 있다

○ 【一作三乬(乞)王】 '제기'에는 '或云壬乞'. '서기'에는 문근왕이라고 되어 있다. 文(mun)·壬(im)·三(sam)을 통음시키는 것은 곤란하나, 이마니시 류는 '三 자의 고훈은 임(壬) 자의 고한음과 같이, '미'ᄒmi이어서 문(文) 자의 고음과 통이(通移)'한다고 하며, 근(斤)(kŭn)과 걸(乞)(kŏr)도 자음이 상통한다고 했다("百濟史硏究").

○ 【文周子】 '제기'에서는 문주왕의 장자이다.

○ 【丁巳立. 理二年】 정사는 477년. 따라서 홍년은 479년이 되어, '서기'와 일치한다.

제24동성왕(第二十四東城王)

풀이 제24동성왕은 이름은 (牟)大82)라고 하며, 혹은 마제라고도, 또는 여대83)라고도 한다. 삼근왕의 당제(堂弟)이며, 기미에 올라, 다스리기를 26년84)이었다.

주해 ○ 【東城王】toň-sǒn-waň. '웅략기' 23년(479)에 '賜兵器. 幷遣築紫國軍土五百入. 衛送於國. 是爲東城王'이라고 되어 있으며, 즉위 전, 아버지 곤지(昆支)와 함께 일본에 갔던 형세나, '제기'에는 그러한 기술은 없다. 493년 신라와 혼약을 맺고, 양국 동맹해서 고구려의 남하를 막게 되었다. 남제·양과도 통공(通貢)했으며, 490년에는 제(齊)로부터 사지절도독백제제군사진동대장군(使持節都督百濟諸軍事鎭東大將軍)을, 502년에는 양(梁)으로부터 정동대장군(征東大將軍)의 칭호를 얻고 있다. 위토좌평일가(衛土佐平苩加)에 인해 암살되었다.

○ 【名(牟)大. 一云麻帝. 又餘大】'제기'에는 '或作摩牟', '서기'에는 말다왕이라고 되어 있다. 모牟(mo)·마麻(ma)·마摩(ma)·말末(mar)은 통음차자(通音借字). 마모(摩牟)에 대해서 이마니시 류는 '摩牟多의 多를 생략한 것'이라고 해석하고 있다. 중국의 사적(史籍)에는 모대(牟大)라고 되어 있다.

○ 【三斤王堂第(弟)】'제기'에 동성왕(牟大)은 '文周王弟昆支之子'라고 되어

---

82) DB. '연대(年大). 그 주(注)에, '年大'는 순암수택본에는 '牟大'로 덧칠되어 있고, 동경제국대학영인본·속장경본·조선사학회본·최남선교주본·이병도역주본·이재호역주본·권상로역해본에는 '모대'로 추정하고 있다.

83) DB.순암수택본에서는 '大'에 '太'라고 덧칠.

84) DB. 동경제국대학영인본·속장경본·최남선교주본·이재호역주본에는 '二十二年'으로 되어 있다. 고증에는 언급이 없다.

있다. "남제서"에는 모대(牟大)의 조부를 모도(牟都)라고 하고, "양서"에서는 '慶死. 子牟都立. 都死. 立子牟太'라고 되어 있어 일치하지 않는다. 다음으로 당제(堂弟)가 이마니시본에서는 당제(堂第)로 보이나, 당제(堂弟)(아버지 쪽의 從弟)라고 해야 할 것이다.

○【己未立理二十六年】기미는 479년. 따라서 홍년은 504년이 된다. 그러나 '제기'에서는 그것이 501년이 되어 있고, '기'(紀)에서는 502년에 다음 무녕왕의 즉위 기사가 보인다. '서기'의 기재법(記載法)이 익년칭원법에 의하는 것이라고 한다면, '사'와 '서기'는 일치하는 것이 된다.

제9겸지왕(第九鉗知王)

풀이 제9겸지왕은 아버지가 질지왕이고 어머니는 방원이다. 임신(년)에 올라, 다스리기를 29년이었다.

주해 ○【壬申立. 理二十九年】"가락국기"에는 겸지왕의 즉위년을 임신년이라고 하고, 또 '治三十年'이라고 기록하고 있다.

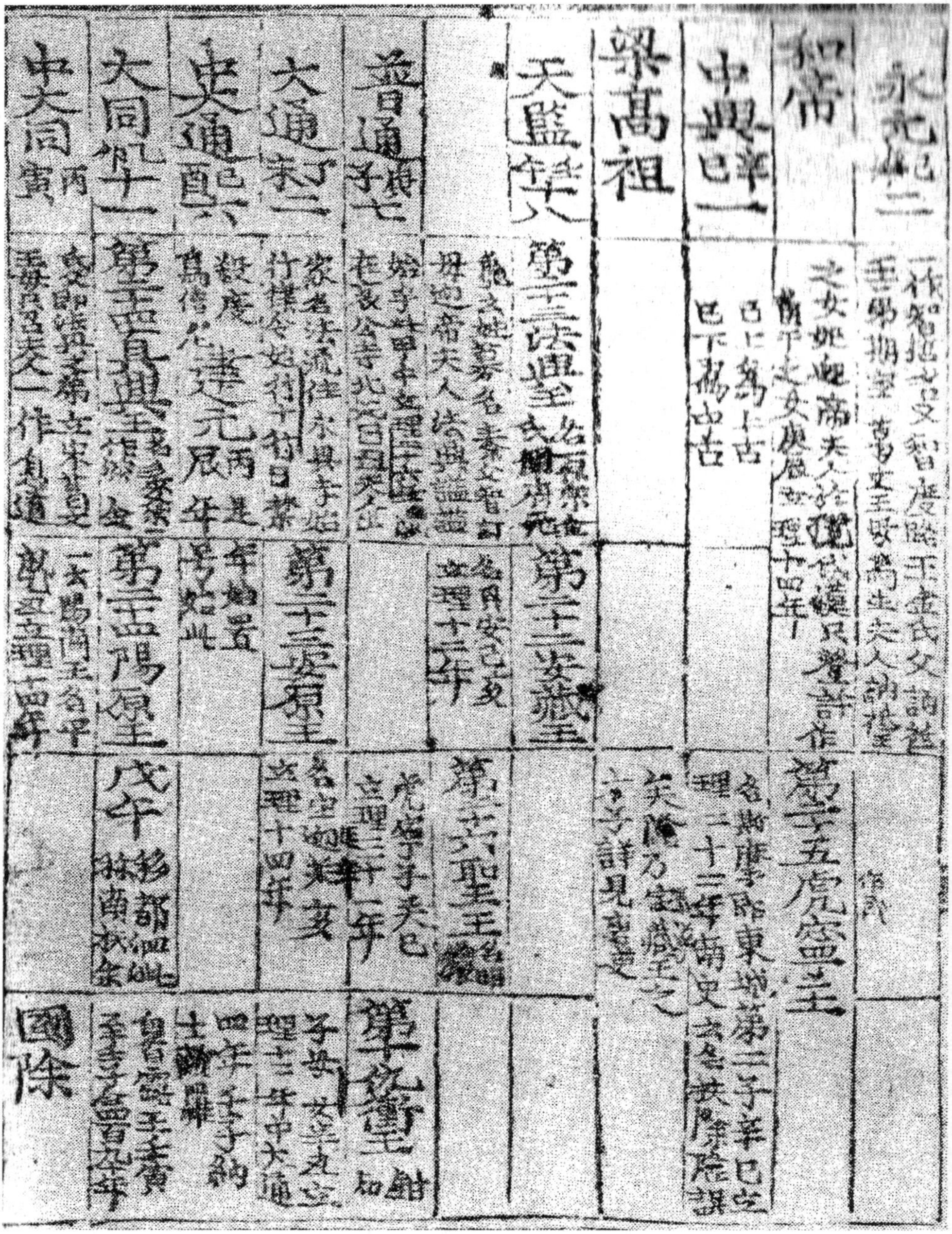

제8장 뒷면

일본	간지	서력西曆	중국	유遺 중국력中國曆	라羅	려麗	제濟	락洛
武烈1	기묘己卯	499	永元1	永元2				
2	경진庚辰	500	2				第二十五虎寧	
3	신사申巳	501	中興1	和帝	第二十二智訂麻立		(作武)王	
4	임오壬午	502	天監1	中興申巳1	干		名斯摩即東	
5	계미癸未	503	2	梁高祖	一作智哲名[老]又		城第二子辛	
6	갑신甲申	504	3	天監壬午8	智度路王金氏父訥		巳理二十	
7	을유乙酉	505	4		祗王弟期寶葛文王		二年南史云	
8	병술丙戌	506	5		母烏生失人訥祗王 之女迎帝夫人於 攬代漢只登許作□ 角干之女庚辰立理		名扶餘隆誤	
繼體1	정해丁亥	507	6		十四年		矣隆乃寶藏	
2	무자戊子	508	7		已上爲上古		王之太子詳	
3	기축己丑	509	8		已下爲中古		見唐史	
4	경인庚寅	510	9					
5	신묘申卯	511	10					
6	임진壬辰	512	11					
7	계사癸巳	513	12				第二十六聖王	
8	갑오甲午	514	13		第二十三法典王		名明穠虎寧	
9	을미乙未	515	14		名原宗金氏冊		子癸巳立理	
10	병신丙申	516	15		府元龜云姓募		三十一年	
11	정유丁酉	517	16		名秦父智訂母			
12	무술戊戌	518	17		迎帝夫人法興			
13	기해己亥	519	18		諡諡始乎[于]	第二十二安 藏王		
14	경자庚子	520	普通1	普通庚子7	此甲午立二	名興安己亥 立理十二年		
15	신축申丑	521	2		十六年陵在哀			第十仇衝 王
16	임인壬寅	522	3		公寺北妃曰丑			鉗知子母
17	계묘癸卯	523	4		夫人出家名法			□女辛丑
18	갑진甲辰	524	5		流住永興寺始			立理十二
19	을사乙巳	525	6		行律令始行十			年中大通
20	병오丙午	526	7		行日禁殺度爲 僧尼			四年壬子 納土新羅 自首露王 壬寅至壬

21	정미丁未	527	大通1	大通丁未2			子合四百
22	무신戊申	528	2				九十年 國除
23	기유己酉	529	中大通 1	中大通己酉6			
24	경술庚戌	530	2				
25	신해申亥	531	3			第二十三安 原王	
	임자壬子	532	4			名寶迎[延]	
	계축癸丑	533	5			癸[辛]亥立	
安閑1	갑인甲寅	534	6			理十四年	
2	을묘乙卯	535	大同1	大同乙卯11			
宣化1	병진丙辰	536	2		建元丙辰 是年始置年號 始此		
2	정사丁巳	537	3				
3	무오戊午	538	4				戊午 移都泗沘稱南 扶餘
4	기미己未	539	5				
欽明1	경신庚申	540	6		第二十四眞興 王 名彡麥宗一作 深□□金氏父 即法興王之弟 立宗葛文王母		
2	신유申酉	541	7				
3	임술壬戌	542	8				
4	계해癸亥	543	9				
5	갑자甲子	544	10				
6	을축乙丑	545	11		只召夫人一作 息道夫人朴氏	第二十四陽 原王	
7	병인丙寅	546	中大同 1	中大同丙寅	牟梁里□史□ □□□亦剌髮 □□□□立里 三十六年	一云陽崗王 名平成乙丑 立里十四年	

제22지정마립간(第二十二智訂麻立干)

풀이 제22지정마립간[85]은 혹은 지철명(로), 또 지도로라고도 하며, 김씨이
다. 아버지는 눌지왕의 동생인 기보갈문왕이고, 어머니인 오생부인
은 눌지왕의 딸이다. 왕비인 영제부인은 어람대한지등허작□각간의
딸이다. 경진(년)에 올라, 다스리기를 14년이었다.

주해 ○【智訂麻立干】 '一作哲名又智度路'라고 되어 있으나, '지철명'은 '지철로'일
지도 모른다.[86] 목판의 경우, '명'(名)과 '노'(老)의 자형은 유사해지기 때
문이다. 예를 들면 이 왕력의 걸해이사금 조의 '于老音角干'도 그러하다.
'유' 권제1(지철로왕)에 '第二十二智哲老王姓金氏. 名智大路又智度路. 諡
日智澄, 諡號始干此'라고 되어 있다(諡號의 시작에 대해서는 법흥왕 조도
참조). '사'의 목차 및 연표에는, 각각 '智證麻立干', '智祖摩王'(그러나 스
에마쓰 야스카즈는 마왕이 마립간의 간오조[87]라고 지적하고 있다.("新羅
史의 諸問題")) 등의 용자가 보인다.

○【麻立干】 '유'(권제1 · 지철로왕)에는 '又郷稱王爲麻立干者自此王始'라고
하고 있으나, 왕력에는 이미 제17 내물왕 이하 실성 · 눌지 · 자비 · 비처

---

85) DB. 이재호역주본에는 '智證'.
86) DB. '智哲名'은 동경제국대학영인본 · 속장경본 · 최남선교주본 · 이병도역주본 · 이재호역
주본 · 권상로역해본에서 '智哲老'로 추정하고 있고, 석남필사본 · 조선사학회본에는 '智哲
老'로 되어 있다. 고증은 '智哲老'로 보고 있다. 파른본. 智哲老'.
87) 잘못 새겨진 왕의 조칙, 칙령.

의 5왕에게 마립간의 칭호를 붙이고 있고, 마찬가지로 '유'가 권제1·제2 남해왕 조에 '마립간자사'라는 것과 당착하고 있다. 이 문제에 대해서는 '유' 권제1(2남해왕) 조 참고.

○ 【父訥祇(祇)王弟期寶葛文】제21 비처마립간 조 참조.

○ 【母烏生失人訥祇(祇)王之女】 '나기'에는 '母金氏烏生夫入訥祇王之女'라고 되어 있어, 오(烏)와 조(鳥)의 다름이 있다. 스에마쓰 야스카즈는 필경 '오'(烏)가 올바를 것이라고 하고 있다("新羅史의 諸問題"). 고지명, 고인명 등에는 '오'(烏)를 차음한 것이 많이 보인다.

○ 【妃迎帝夫人於攬代漢只登許作□角干之女】 '나기'는 '朴氏延帝夫人登欣伊湌女'라고 한다. 영제부인과 연제부인은 음 상통, '어람대'는 미상. 한지는 신라 6부의 하나인 한기부. 등허는 등혼의 대역(對譯)이라고 한다 (스에마쓰 야스카즈("新羅史의 諸問題")). 따라서 □에는 '흔'(欣) 자가 들어갈지도 모른다.

○ 【庚辰立. 理十四年】'유' 권제1(지철로왕)에 '王以永元二年庚辰即位或云辛巳則三年也'라고 보여, 즉위년은 일치한다(주해 195 참조). 또 이 재위 연수에서는 역시 붕년이 제외되어 있다.

이상위상고. 이하위중고(已上爲上古. 已下爲中古)

풀이 이상(已上)을 상고라 하고, 이하(已下)를 중고라 한다.

주해 ○ 【已上爲上古. 已下爲中古】第二十八眞德女王 조 참조.

풀이   제23법흥왕은 이름은 원종이라 하고, 김씨이다. 책부원구[88]는, 성이 모(募)이고, 이름은 진(秦)이라고 하고 있다. 아버지는 지정, 어머니는 영제부인이다. 법흥은 시호이나, 시호는 이곳에서 시작된 것이다. 갑오(년)에 올라, 다스리기를 26년이었다. 능(陵)은 애공사의 북쪽에 있다. 왕비는 왈축부인[89]으로 출가하고부터는 이름을 법류라고 하며 영흥사에 살았다. 처음으로 율령을 (시)행했다. (또) 처음으로 십행일을 행하고, 살(생)을 금하고, 출가하여 승니가 되는 것을 허락했다.

주해   ○【名原宗】'나기'는 원종을 휘(諱)로 하고 있다. '서기'의 계체기 23년 조에 보이는 신라왕 좌리지는, 이 원종이라고 하는 설이 유력하다.

○【姓募名秦】'나기'에는 '冊府元龜姓募名秦'이라고 보인다. 이 신라왕 원종은, 보통 2년(521년)에 양(梁)에 사신을 보냈던 일이 제사서(諸史書)로서 알 수 있으며, 그곳에는 募·慕, 秦·泰 등, 용자가 다른 것이 보인다. 성을 '募', 이름을 '秦'이라고 했던 것은, 중국인의 자의였으며, '모진'과 '원종'은 음이 통했던 것은 아닐까 하는 설이 있다. [참고] 스에마쓰 야스카즈 "新羅史의 諸問題".

---

88) 고증에는 '책부원구(冊府元龜)'. DB. '明府山龜'. 그 주(注)에는 '明府山龜'에서 순암수택본은 '山'에 '元'이라고 고쳐 칠하였고, 석남필사본·동경제국대학영인본·속장경본·조선사학회본·최남선교주본·이병도역주본·이재호역주본·권상로역해본·三品彰英遺撰本은 '明府元龜'라고 되어 있다.

89) 고증에는 '왈축부인(日丑夫人)'. DB.는 '사축부인(巳丑夫人)'. 그 주(注)에는, 석남필사본·동경제국대학영인본·속장경본·최남선교주본·이병도역주본·이재호역주본·권상로역해본에는 '巴刀夫人'으로 되어 있고, 조선사학회본에는 '日丑夫人'으로, 三品彰英遺撰本에는 '日丑夫人'. 일(日), 왈(曰), 사(巳), 파(巴)로 의견이 분분하다.

○ 【父智訂母迎帝夫人】 '나기'는 '智證王元子. 母延帝夫人'이라고 하고 있다.

○ 【法興諡始乎(于)此】 신라의 시호의 처음에 관한 사료는, 전술의 '유'의 '諡曰智澄. 諡號始于此'(지철로왕智哲老王 조), '나기'의 '王薨諡曰智證. 新羅諡法始於此' 및 이 조의 기재를 포함하여 세 개 있다. 이 왕력에만 법흥을 시호하는 것으로서 처음이라는 것이 주목된다.

○ 【甲午立. 理二十六年】 또한 이차돈의 전설을 새기고 있는 것으로 유명한 경주의 백률사석당기에 '法興王即位大同十五年乙未年'이라고 되어 있다. 대동 15년이라는 해는 실재하지 않기 때문에(대동연간은 12년째에 개원되어, 대동 15년을 임시로 간지의 위에서 세면 그것은 기사년이다), 종래 이것은 오기일 것이라고 되어 왔다. 그러나 문제는 을미년이다. 그것은 법흥왕의 즉위연차가 당년칭원법인 경우는 갑오년으로 좋으나, 월년칭원법인 경우는 당연히 을미년이 되기 때문이다. 즉 대동 15년은 잘못이라 하더라도, 또한 칭원법을 달리하는 연차산표가 있었던 것은 아닐까라는 것을 생각하게 한다. 다음으로 치세수의 26은 예에 따라 붕년을 제외하고 있다.

○ 【陵在哀公寺北】 '나기'는 '葬於哀公寺北峯'이라고 한다.

○ 【妃曰丑夫人】 '동대본', '조선사학회본', '국서간행회복간본'(第二版) 등에는 파도부인이라고 한다. 또 '나기'에는 '妃朴氏保刀夫人'이라고 되어 있다. 그러나 부인의 법명에 관한 것은 보이지 않는다.

○ 【永興寺】 '유' 권제3(아도기라 및 원종흥법)에도 영흥사에 관한 것이 보인다.

○ 【始行律令】 '나기'의 법흥왕 7년 춘정월 조에 '頒示律令始制百官公服未紫之秩'이라고 되어 있다.

○ 【始行十行日】 미상.

○ 【殺禁度爲僧尼】 '나기'의 법흥왕 16년에 '下令禁殺生'이라고 되어 있으나, 도위승니에 관한 것은 보이지 않는다. 다음의 진흥왕 5년 조에는 '許人出家爲僧尼佛'이라고 되어 있다.

건원병진(建元丙辰)

건원(建元)은 병진[90]부터이다. 이 해에 처음으로 연호가 설치되었다.
연호(제도)는 이곳부터 시작되었던 것이다.

○ 【建元】 '나기'에는 '法興王二十三年. 始稱年號. 云建元元年'이라고 적고
있다. 이 법흥왕 23년은 서기 536년으로 병진년에 해당한다. 신라 연호
의 시칭(始稱)에 대해서는 다소 문제가 있다. 경주의 서보총출토의 은제
개부완의 조각 가운데에, '연수'라고 하는 연호가 보인다. 그리고 이 연수
원년이 신묘년에 해당했던 것 같기 때문에, 이 신묘년을 단서로 한다면,
이 연수 원년은 눌지왕 35년(451)이나, 지증왕 12년(511)에 비정(比定)된
다. 문제가 다기에 걸치기 때문에, 이곳에서는 이 이상 다루는 것은 피하
지만, 상세한 것은 후지다 료사쿠 '朝鮮의 年號와 紀年'("朝鮮學論考"所
收)을 참조.

제24진흥왕(第二十四眞興王)

제24진흥왕은 이름을 삼맥종이라고 하며, 혹은 심圓종명(부)[91]이라
고도 한다. 김씨이다. 아버지는 즉 법흥왕의 동생인 입종갈문왕. 어
머니는 지소부인이며 혹은 식도부인이라고도 한다. 박씨이며, 모량

---

90) DB. 동경제국대학영인본 · 속장경본은 '丙辰' 아래 '十五'가 빠진 것으로 보고 있다.
91) DB. '深□□'은 동경제국대학영인본 · 속장경본은 '深麥宗'으로 추정하고 있고, 이병도역주
    본 · 권상로역해본은 '深麥夫'로 추정하고 있으며, 최남선교주본 · 이재호역주본은 '深□'으
    로 되어 있다. 파른본. '深□□'.

리의 英史角囲之囚이다. 또 삭발하고 후에 죽었다. 囧囲囲囲에
올라, 다스리기를 36년이었다.[92]

○ 【眞興】 '나기'에는, 왕이 죽으면 시호로써 칭했다고 되어 있으나, 진흥이
라는 호칭은 시호가 아니다. 이것은 현존하는 '진흥왕순수비'에 의해서도
분명하듯이, 왕의 생전부터 불렸던 것이다. 다음으로 진흥왕 즉위시의
연령이 '유'와 '사'가 다르다. '유'는 15세로 하고 있고, '사'는 7세로 하고
있다.

○ 【名彡麥宗. 一作深□□】 '나기'에 '諱彡麥宗或作深麥夫'라고 되어 있기
때문에, □□에는 '맥부' 자가 들어갈 것이다. '맥부'는 '맥종'이어도 부
(夫)와 종(宗)은 동훈(同訓)이기 때문에 문제는 없다. 彡의 음은 '삼'サン
혹은 '섬'セン으로, 심(深)의 그것과 통하는 것은 두말할 것도 없다.

○ 【金氏】 "북제서"(北齊書)(세조본기)에 '河淸四年二月甲寅(565년). 詔新羅
王金眞興. 爲使持節東夷校尉藥浪郡公新羅王'이라고 되어 있으며, 이것이
신라왕으로 김씨가 쓰인 가장 오래된 것이며, 또한 확실한 사료(史科)로
되어 있다. 필경 진흥왕 때부터 김씨를 호칭하게 된 것 같다. 이노우에
히데오 '新羅의 骨品制'("歷史學硏究" 304) 등 참조.

○ 【父即法興王之弟立宗葛文王】 '사'의 기재와도 일치한다.

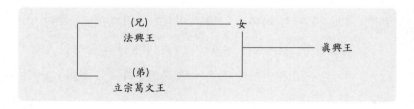

---

[92] 고증.과 DB.는 그 풀이가 상당히 다르다. DB. 이름은 삼맥종(彡麥宗)이며, 심□□(深□
□)이라고도 하며, 김(金)씨이다. 아버지는 법흥(法興)의 동생 입종(立宗) 갈문왕(葛文王)이
고, 어머니는 지소부인(只召夫人)으로 식도부인(息道夫人)이라고도 하며, 박(朴)씨이며, 모
량리(牟梁里) 필사백□(必史伯)의 딸이다. 임종 때 또한 승려가 되어 죽었다. 경신년에 즉위
하여 37년간 다스렸다.

○ 【母只召夫人. 一作息道夫人朴氏】 '나기'에는 '母夫人金氏. 法興王之女'라고 되어 있듯이 왕모(王母)의 성이 본서와 다르다. 그러나 진흥왕의 어머니가 법흥왕의 딸이라는 것은 '사', '유' 모두 일치하고 있다.

○ 【牟梁里囡史角王之囡 亦刺髮□□】 '유' 권제1의 진흥왕 조에 '第二十四眞興王卽位時年十五歲. 大后攝政. 太后乃法興王之女子. 立宗葛文王之妃. 終時削髮被法而逝'라고 되어 있다. '刺髮□□'는 원판에 관한 한, 원래의 자는 읽을 수 없으나, □□는 而卒이 아닐까 생각한다. 조선사(朝鮮史) 제1편 1권(朝鮮史料)에서는, '麥宗以下原闕凡十三字, 據下文補'라고 두주(頭注)하고 [牟梁里英]史[角干之女.] 亦刺髮圇厄.라고 메우고 있다. 이곳에서 하문(下文)이라는 것은 유' 권제3(원종흥법)에 '按眞興乃法興之姪子. 妃思刀夫人朴氏. 牟梁里英失角干之女. 亦出家爲尼'라고 되어 있는 것을 가리킨다. 영사각간, 영실각간93)의 어느 것이 옳은지는 미고(未考). 원판에 '자발'(刺髮)이라고 되어 있는 것은, '삭발 또는 체발'(剃髮)로 고친 것은 무얼까.94)

○ 【□□立. 理三十六年】 □□은 '경신'이라고 봐도 좋을 것이다. 유' 권제3·원종흥법 조에 '眞興大王卽位五年甲子'라고 되어 있다.

---

93) DB.' 必史伯□'에서 석남필사본에서는 '□史伯干'으로 되어 있으며, 탈자는 '英'으로 추정하고 있다. 동경제국대학영인본·속장경본에서는 '□史伯□'으로 되어 있으며, 각각의 탈자를 '英'과 '干'으로 추정하고 있다. 조선사학회본·최남선교주본·이재호역주본에서는 '英失角干'으로 되어 있고, 이병도역주본·권상로역해본에서는 '英史角干'으로 되어 있다. 고증에는 결론을 미루었다.

94) 고증 원문대로. '原版に「刺髮」とあるのは,「削髮」または「剃髮」に正すのが何か. …'으로 고치는 것이 맞지 않을까라는 의도로 보인다.

고려

제22안장왕(第二十二安藏王)

풀이 제22안장왕은 이름을 흥안이라고 한다. 기해(년)에 올라, 다스리기를 12년이었다.

주해
○ 【名興安】 '여기'에서는 안장왕의 이름, 계보, 즉위까지의 경과를 다음과 같이 말하고 있다. '安藏王. 緯興安. 文咨明王之長子. 文咨在位七年. 立爲太子. 二十八年王薨. 太子即位'라고. 중국의 "양서", "위서" 등에서는, 안장왕의 이름을 안(安)이라고 하고 있다. 이것 역시 흥안의 아래 글자인 안(安)을 취한 것이다.

○ 【己亥立 理十二年】 '사' 연표에 의하면, 안장왕의 즉위는 양의 고조천감 18년 기해년(519)에 즉위하고, 동중대통 3년(531)에 홍거하고 있다. 안장왕은 13년 5월에 죽었기 때문에, 왕력에서는 이 해를 빼고 치세연수를 12년으로 했다. 그러나 안장왕의 죽음에 대해서는, "양서" 고구려전에서는 보통 7년(526)의 일이라고 하고 있다. 이 "양서"의 기사는 '여기' 안장왕 13년 조의 분주(分注)로 부정하고 있으나, 중국 측 사료에서는 "양서" 이외에 안장왕의 홍거를 전하는 것이 없다.

제23안원왕(第二十三安原王)

풀이 제23안원왕은 이름을 보영이라고 한다. 계해에 올라, 다스리기를 14

년이었다.

○ 【名寶迎】 목판에서 보영(寶迎)이라고 되어 있는 것을, 영(迎)의 옆에 '연'(延)이라고 묵서하고 있다. '사'나 "위서" 등에 의해 정정한 것으로 보인다. 안원왕의 이름이나, 계보 및 즉위의 사정을 '여기'에서는 다음과 같이 말하고 있다. '安原王. 諱寶延. 安藏王之弟也. 身長七尺五寸. 有大量. 安藏愛友之. 安藏在位十三年薨. 無嗣. 子故即位' 또 "위서" 고구려전에서는 '安死. 子延立'라고 되어 있는 것으로부터, 보연(寶延)이 휘(諱)이고, 연(延)이 중국에 대한 왕명이었던 것을 알 수 있다.

○ 【癸亥立. 理十四年】 판본의 '계'(癸)를 지우고, 옆에 '신'(辛)[95]이라고 묵서하고 있다. '사' 연표에 의하면 안원왕의 즉위는 양(梁)의 중대통 3년 신해년(531)으로 되어 있다. 계해년은 안원왕 13년(543)이기 때문에, '사'에 의해서 판본의 계해(癸亥)를 신해(辛亥)로 고치고 있다. 그러나 안원왕 보연(寶延)의 즉위를 책부원구 등, 중국측 사료에서는 중대통 4년의 일로 보고 있는 것 같다. 안원왕의 훙년은 '사' 연표에서는 양의 대동 11년(545)으로 하고 있으나, "양서"나 "남사"에서는 태청 2년(548)의 일로 하고 있다. '여기' 안원왕 15년 춘3월 조의 분주(分注)에서, "양서"가 안원왕의 훙년을 태청 2년으로 하는 설을 부정하고 있으나, 특별히 그 이유를 말하고 있지 않다. 안원왕의 치세연수는 '여기'에 15년 춘3월에 왕이 죽었다고 전하고 있기 때문에, 왕의 훙거년을 계산하지 않는 왕력의 치세연수와 일치한다.

95) DB. 원문에는 '癸亥'로 되어 있으나, 순암수택본에는 '癸'에 '辛'으로 고쳐 써져 있고, 석남필사본·동경제국대학영인본·속장경본·최남선교주본·이병도역주본·이재호역주본에는 '辛亥'로 되어 있어 이에 따른다. DB. '계해(癸亥)'로 되어 있다. 파른본. '辛亥'.

제24양원왕(第二十四陽原王)

풀이 제24양원왕은 혹은 양강이라고도 하며, 이름은 평성이라고 한다. 을축(년)에 올라, 다스리기를 14년이었다.

주해 ○【一云陽崗王名平成】 '여기'에서는 양원왕의 시호, 휘(諱), 계보, 성격 및 즉위에 이르는 사정을 다음과 같이 말하고 있다. '陽原王或云陽崗上好王 諱平成. 安原王長子. 生而聰慧. 及壯雄豪過人. 以安原在位三年. 立爲太子. 至十五王薨. 太子卽位'라고. 시호인 양원·양강·양강상호 등은 제9대 고국천왕부터 제18대 고국양왕에 이르는 10대의 시호와 유사하여, 왕릉의 지명을 취한 것으로 생각된다. 휘는 평성(平成)이고 그 하자(下字)의 성(成)이 중국에서의 왕명으로서 "남사", "북제서" 등에 보인다.

○【乙丑立. 理十四年】 '사' 연표에 의하면, 양원왕의 즉위는 양 고조의 대동 11년 을축년(545), 그 훙년은 진 고조의 영정 3년(559)이고, '여기'에서는 양원왕 15년 춘3월에 왕이 훙거했다고 전하고 있다. 왕력에서는 훙거년을 치세연수에 계산하지 않으므로, 14년이 되어 있다. 그러나 "양서"나 "남사" 등 중국사료에서는 고구려왕성(陽原王)의 즉위를 양 고조 태청 2년(548)이라고 하고, 차왕탕(平原王)의 즉위를 진세조(陳世祖)의 천가 원년(560)의 일이라고 보고 있다. 조선의 사료와 중국의 사료의 사이에는 양원왕의 즉위 연차로서 3년, 훙거연차로 1년, 치세연수로 2년의 오차가 생기고 있다. 이 시기의 중국사료는 약간 불명확한 점이 있기 때문에, 조선측의 사료에 의하는 것이 좋을 것이다.

제25호(무)령왕(第二十五虎(武)寧王)

풀이 제25호(무)령왕은 이름을 사마라고 한다. 즉 동성왕의 둘째 아들이다. 신사(년)에 올라, 다스리기를 22년이었다. "남사"에 이름을 부여융이 라고 하는 것은 잘못이다. 융(隆)은 즉 보장왕[96]의 태자이다. 상세한 것은 당사[97]를 보면 된다.

주해 ○ 【虎寧王】 무령왕 mu-nyŏn-waṅ에 대한 것. 고려 혜종왕의 휘(諱)인 무 (武)를 피하여 호(虎)로 만들었다. 고구려의 남하에 의하여 잃었던 북방 영토를 남방에 두고자, 적극적으로 남진정책을 계획, 수행한 왕으로, 전 라남도의 광대한 지역을 수중에 넣고, 가라제국이나 일본과의 이해(利 害)와 충돌하기에 이르렀다. 일본을 향해서는 그 대가로서 오경박사를 비롯하여 백제문화의 수출에 힘을 쏟았다. 보통 2년(521) '累破句驪. 今 始與通好. 而百濟更爲彊國云云'의 내용을 포함하는 상표문을 양의 무제에 게 올리고, 영동대장군에 제정(制定)[98]되었다("양서").1971년 공주에서 무령왕과 왕비를 합장한 고분이 발견되어, 그곳에 놓여있던 지석(誌石)

---

96) DB. 이병도역주본·권상로역해본·三品彰英遺撰本에는 '義慈王'으로 추정.
97) 고증에는 '당사(唐史)'. DB. '당리(唐吏)'. 그 주(注)에는 석남필사본·동경제국대학영인 본·속장경본·조선사학회본·최남선교주본·이병도역주본·이재호역주본·권상로역해 본·三品彰英遺撰本에는 '唐史'. 교다이(京大)본, 규장각본(1512년)에는 '사(史)'가 아닌 '리 (吏)'이다. 1획이 더 있다.
98) 고증에는 '제정(除正)'.

에는 '寧東大將百濟斯麻王'의 문자가 보인다.

○ 【名斯麻】'서기' 및 전기의 묘지(墓誌)에는 사마(斯麻)의 문자가 보인다.

○ 【即東城第二子】'제기'와 일치. 그러나 '웅략기' 5년 및 '무열기' 4년 인용의 "백제신찬"에서는 개로왕의 동생 혼지의 아들로 되어 있다.

○ 【辛巳立. 理二十二年】신사(辛巳)는 501년. 따라서 그 훙년은 523년이 되어 '제기', '서기', 묘지(墓誌) 모두 일치한다.

○ 【扶餘隆誤矣. 隆乃寶藏王之太子】"양서", "남사"가 왕명을 여융(餘隆), 혹은 융(隆)이라고 적거 있는 것을, 지은이가 다음의 부여융(扶餘隆)과 혼동했던 것이다. 부여융은 백제 의자왕의 태자이고, 보장왕은 고구려 마지막의 왕이다. 그래서 융(隆)을 '寶藏王之太子'라고 하는 것은 잘못이기 때문에, 문(文)을 '義慈王之太子'로 고쳐야 할 것이다. 그러나 이 조가 왜 이곳에 새겨졌는지는 불명이다.

제26성 왕(第二十六聖王)

풀이 제26성왕은 이름은 명농이며, 호(무)령의 아들이다. 계사(년)에 올라, 다스리기를 31년이었다.[99]

주해 ○ 【聖王】'유' 권제2(남부여 · 후백제)를 참조.

○ 【癸巳立. 理三十一年】계사는 서기 513년. 성왕의 즉위를 '사' 연표에서는 523년(癸卯), 서기에서는 524년(甲辰)이라고 전하고 있어, 10년 정도의 차이가 있다. 또 '제기'에서는 성왕 16년의 일이라고 되어 있는 사비천

---

99) DB. '무령(虎寧)'으로 표현, 호(虎)를 무(武)로 읽었다. 휘(諱)를 반영했을 것이다. 그리고 그 주(注)에는 최남선교주본 · 이병도역주본 · 이재호역주본 · 권상로역해본에는 '武寧' 아래 '王'이 적혀 있다.

도가, '유' 남부여, 후백제에서는 성왕 26년 무오의 일이라고 되어 있어, '유'의 성왕 계사 즉위설도 버리기 어려운 것이 있다. 치세연수는 '사'에 서는 홍년을 더해 32년이 되어 있다.

무오(戊午)

풀이 무오(년)에 도읍을 사비로 옮기고, (국호를) 남부여[100]라고 칭했다.

주해 ○【戊午】서기 538년(백제 성왕의 16년).
○【移都泗沘 稱南扶餘】'유' 권제2(남부여 · 후백제)를 참조.

제10구충왕(第十仇衝王)

풀이 제10구충왕[101]은 겸지의 아들이며, 어머니는 □女이다. 신축(년)에 올라, 다스리기를 중대통 4년 임자(년)에 올라, (국)토를 신라에 헌납했다. 수로(首露)의 임인(년)에서 (이) 임자(년)에 이르기까지, 합쳐서

---

100) DB. 석남필사본 · 동경제국대학영인본 · 속장경본 · 조선사학회본 · 三品彰英遺撰本에는 '南扶餘'로 되어 있다. DB. 주(注)에는 '남부여(南扶餘)'.
101) DB. 이재호역주본에는 '仇衝王'. 충(衝)과 형(衝)의 차이다.

490년이다.

 ○ 【仇衝王】금관국 마지막의 왕. 서기 532년에 신라의 법흥왕에게 항복했
다. 구충은 구형(仇衡)·구충(休衡)·구해(仇亥)·구차휴(仇次休) 등으
로 적혀 있다. 상세한 것은 '유' 권제2(가락국기)의 주해로 미룬다.

○ 【母□女】가락국기에는 어머니의 이름을 숙(淑)이라고 기록하고 있다.

○ 【辛丑立 理十二年】이 신축은 서기 521년에 해당한다. 가락국기에는 구
충왕은 북위 효명제의 정광 2년(521)에 올라, 다스리기를 42년이라고 하
고 있으나, 이 왕력의 '理十二年'이 옳다.[102]

○ 【中大通四年壬子】서기 532년에 해당된다. 중대통은 중국 남조의 양 무
제 조의 원호.

○ 【納土新羅】신라에 항복한 것을 가리킨다. 상세한 것은 가락국기를 참
조.

○ 【四百九十年】가락국기에도, 금관국의 연대를 수로왕 임인(서기42)에서
구충왕의 임자(532)까지의 490년으로 하고 있다.

국제(國除)

 나라(國)가 없어졌다.

 ○ 【國除】전술과 같이 금관국의 멸망은 서기 532년의 일이나, 그것에 대해
서는 '나기'의 법흥왕 조, '사' 지리지, 가락국기 등에 보인다. 그러나 가락
국기가 구충왕의 치세를 42년으로 한 것은, 신라 진흥왕 23년(서기 562)

---

102) DB. 최남선교주본·이병도역주본·이재호역주본·권상로역해본에는 '十三年'.

에 멸망한 고령의 대가야와 혼동해서 잘못한 까닭이다. 상세한 것은 '유' 권제2(가락국기) 조에 대하여 참조.

제9장 앞면

일본	간지干支	서력西曆	중국	유遺 중국력中國曆	라羅	려麗	제濟	락洛
欽明8	정묘丁卯	547	大淸1	大淸3				
9	무진戊辰	548	2					
10	기사己巳	549	3					
11	경오庚午	550	大寶1	簡文帝 大寶庚午				
12	신미辛未	551	太始1		開國辛未17			
13	임신壬申	552	承聖1	侯景 太始辛未 承聖壬申4				
14	계유癸酉	553	2					
15	갑술甲戌	554	3				第二十七威德王	
16	을해乙亥	555	紹泰1	敬帝 紹泰乙亥			名□[昌]又	
17	병자丙子	556	太平1	太平丙子1			明甲戌立理	
18	정축丁丑	557	永定1	陳高祖 永定丁丑3			四十四年	
19	무인戊寅	558	2					
20	기묘己卯	559	3					

신라

개국신미17(開國辛未十七)

풀이 개국은 신미(년)부터 17(년)이었다.

주해 ○ 【開國】개국은 신라의 연호로서 알려진 제2의 것이다. '나기' 진흥왕 조에
는 '十二年春正月改元開國', '二十九年改元大昌' 나아가 '三十三年春正月
改元一鴻齊'라고 보이고, 또한 '사' 연표에도 같다. 즉 진흥왕은 개국·대

창·홍제라는 세 가지 연호를 세웠던 것이며, 이를 표시하면 다음과 같다.

開國 辛未(551)—丁亥(567) — 17년

大昌 戊子(568)—辛卯(571) —4년

鴻濟 壬辰(572)—癸卯(583) — 12년

개국연호가 실시된 증거로서는 '유'에 '按國史. 眞興王即位十四年開國三年癸酉二月. 築新宮月城東'이라고 되어 있는 것이 유일한 예이다.

제27위덕왕(第二十七威德王)

풀이 제27위덕왕은 이름을 창(昌)[103]이라고 하고, 또 명(明)이라고도 한다. 갑술(년)에 자리에 올라, 다스리기를 44년이었다.

주해 ○ 【威德王】wi-tok-waṅ 아버지 성왕이 554년 관산성 전투에서, 신라에 패해 죽은 이후, 임나 지역 퇴세의 회복에 힘썼으나, 이루지 못하고, 562년에는 그 지역을 완전히 신라에게 주게 되어 되었다. 이 왕대에 대하여, '제기'에서는 주로 진(陳)·북제(北齊)·주(周)·수(隋) 등을 향한 입조 기사를 한적에서 발췌하여 삽입하고, 민족전승에 관해서 다루는 곳은 없다.

○ 【名□[昌]. 又明】'사'에 명(明)의 이름은 보이지 않는다. 이것은 '유'가 혜

---

103) DB. '고(高)', 그 주(注)에는 석남필사본·조선사학회본·최남선교주본·이병도역주본·이재호역주본·권상로역해본에는 '昌'. 파른본. '昌'.

왕을 위덕왕의 왕자로 생각했기 때문에, '제기'의 '惠王諱李. 明王第二子'라고 되어 있는 명왕을 위덕왕의 이름이라고 생각했던 것이라고 생각된다. 명왕은 실제는 성왕에 대한 것이다.

○ 【甲戌立. 理四十四年】 '사'와 일치한다. 갑술은 서기 554년. 그러나 '서기'에서는 557년 즉위로 되어 있다. '유', '사'는 왕대력의 형식을 정리하기 위하여 성왕 전사와 동시에 위덕왕이 즉위한 것처럼 기록한 것이어서, '서기'가 실상을 전하고 있는 것으로 생각된다. 공위(空位)의 사정에 대하여, '서기'에는 위덕왕이 부왕을 애도하기 위하여 출가의 뜻이 남아 있으며, 제신백성(諸臣百姓)의 간청에 의해 겨우 즉위했다고 적고 있다. 홍년은 598년으로 '사'와 일치.

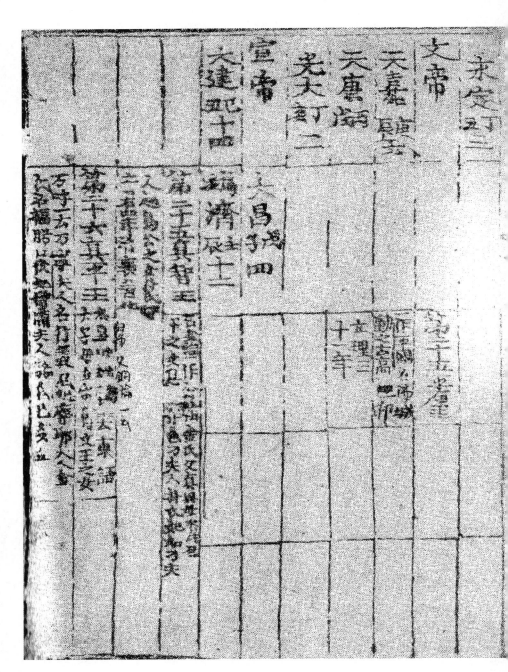

제9장 뒷면

일본	간지干支	서력西曆	중국	유遺 중국력中國曆	라羅	려麗	제濟	락洛
欽明21	경진庚辰	560	天嘉1	文帝 天嘉庚辰6		第二十五平 原王		
22	신사辛巳	561	2			一作平國名 陽城動之云		
23	임오壬午	562	3					
24	계미癸未	563	4			高□己卯立		
25	갑신甲申	564	5			理三十一年		
26	을유乙酉	565	6					
27	병술丙戌	566	天康1	天康丙戌				
28	정해丁亥	567	光大1	光大丁亥2				
29	무자戊子	568	2		大昌戊子4			
30	기축己丑	569	太建1	宣帝 太建己丑4				
31	경인庚寅	570	2					
32	신묘辛卯	571	3					
敏達1	임진壬辰	572	4		鴻濟壬辰12			
2	계사癸巳	573	5					
3	갑오甲午	574	6					
4	을미乙未	575	7					
5	병신丙申	576	8	第二十五眞智王				
6	정유丁酉	577	9	名金輪一作舍輪金氏父眞興母未氏尼□□□干之女息□一作 色刁夫				
7	무술戊戌	578	10	人朴氏妃如刁夫人起烏公之女朴氏□□四年治衰善□□				
8	기해己亥	579	11	第二十六眞平王				
9	경자庚子	580	12					
10	신축辛丑	581	13	名白浄□□輪□一云東語大子母立宗葛文王之女萬呼一云萬 寧夫人				
				名行義尼妃摩耶去人金氏名福肹□後妃僧滿夫人孫氏己亥立				
11	임인壬寅	582	14					

신라

대창무자4(大昌戊子四)

풀이 　대창은 무자(戊子)부터 4(년)이었다.

주해 　○【大昌戊子四】대창의 연호가 쓰인 것은 이미 말했듯이, 무자(568)부터 신묘(571)까지의 4년간이었으나, 쇼와(昭和) 4년, 당시 함경남도 이원군 동면 운시산(咸鏡南道利原郡東面雲施山)에서 발견된 진흥왕순수비의 하나, '마운령비'의 비문에 '太昌元年歲次戊子☒月廿一日☒☒☒興王太王巡狩☒☒刊石銘記也'라고 되어 있어, 신라의 자연호(自年號)에 관한 절호의 사료가 되어 있다. 또한 이 마운령비문에 의해, 그보다 앞서 발견되었던 '황초령비'의 비문의 궐(闕)을 보충하는 것이 가능해졌고, 후자(後者)에도 전자(前者)와 같은 연호, 간지, 월일이 새겨진 것이 판명되었다.

홍제임진12(鴻濟壬辰十二)

풀이 　홍제104)는 임진부터 12(년)이었다.

주해 　○【鴻濟壬辰十二】전술(前述)한 '開國辛未十七' 조의 주해 참조.

---

104) DB. '입제', 그 주(注)에는 조선사학회본·최남선교주본·이병도역주본·이재호역주본·권상로역해본·三品彰英遺撰本에는 '鴻濟'.

제25진지왕(第二十五眞智王)

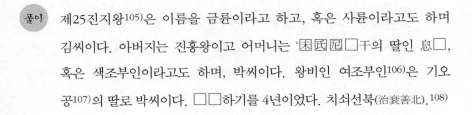

풀이 제25진지왕105)은 이름을 금륜이라고 하고, 혹은 사륜이라고도 하며 김씨이다. 아버지는 진흥왕이고 어머니는 '困民厄□干의 딸인 息□, 혹은 색조부인이라고도 하며, 박씨이다. 왕비인 여조부인106)은 기오공107)의 딸로 박씨이다. □□하기를 4년이었다. 치쇠선북(治衰善北). 108)

주해 ○【眞智】'유', '사' 모두 진지(眞智)를 시호로 하고 있으나, 이것도 진흥왕의 진흥(眞興)과 마찬가지로 보인다.

○【名金輪. 一作舍輪. 金氏父眞興】'나기'에는, '諱舍輪或云金輪, 眞興王次子'라고 되어 있다.

○【母困民厄□□干之女】"조선사"(제1편 제1권)에서는 未・氏・尼를 넣고, 또한 '未, 或朴之訛, 或云末氏尼, 疑未丘尼之誤'라고 주를 달고 있다. 진흥왕의 어머니 즉 진흥왕비(眞興王妃)에 대해서 '나기'에는 '妃朴氏思道夫人', '유'에는 '妃思刀夫人朴氏. 牟梁里英失角干之女'(권제3・원종흥법)라고 전하고 있으나, 이것만으로는 '未丘尼'에 가까운 명사(名辭)는 구

---

105) DB. '구지왕(具智王)'. 그 주(注)에는 순암수택본에는 '其'가 '眞'으로, 석남필사본・동경제국대학영인본・속장경본 조선사학회본・최남선교주본・이병도역주본・이재호역주본・권상로역해본・三品彰英遺撰本에는 '眞智王'.

106) DB. '여도부인(如刀夫人)', 그 주(注)에는 석남필사본・최남선교주본・이병도역주본・이재호역주본・권상로역해본에는 '知刀夫人', 조선사학회본에는 '色刀夫人'.

107) DB. '기조공(起鳥公)'. 그 주(注)에는 석남필사본・동경제국대학영인본・속장경본・조선사학회본・최남선교주본・이병도역주본・이재호역주본・권상로역해본・三品彰英遺撰本에는 '起鳥公'.

108) DB. '쇠선(衰善)의 북쪽을 다스렸다'. 그 주(注)에는 원문의 '治衰善北'은 석남필사본에는 '陵在哀公寺北'으로 되어 있어, '능은 애공사의 북쪽에 있다.'로 해석할 수 있다. 최남선교주본・이병도역주본・이재호역주본・권상로역해본에는 '墓在哀公寺北'. 조선사학회본에는 '治衰善□□□', 三品彰英遺撰本에는 '治衰善□□'.

할 수 없다. 그러나 '나기' 진흥왕 조에 왕비도 왕을 따라 승니가 되어, 영
흥사에 살았던 것을 전하고 있기 때문에, 모미구니(母未丘尼)는 이치에
들어맞는 기재일까('유' 권제3·원종흥법에도 '眞興王妃比丘尼'라고 되어
있으나, 다음 글에 '眞字當作法'이라고 되어 있고, 앞서 왕력에도 법흥왕
비인 파도부인이 출가해서 법류라는 이름으로, 영흥사에 거주한 것을 기
록하고 있는 것과 같이, 법흥·진흥의 두 부인의 사적(事蹟)이 비슷해,
혼동이 있는 것으로 보이기 때문에 신중함을 요한다).

○ 【息□一作色ㅋ夫人朴氏】 □에는 앞서 '사', '유'의 기사를 참고로 하면,
道·刀 등의 글자가 들어갈 듯하다.[109]

○ 【妃如ㅋ夫人起烏公之女朴氏】 '나기'는 지도부인(知道夫人), '유'는 '妃起
烏公之女知刀夫人'(권제1, 도화녀·비형랑[110])이라고 하고 있다.

○ 【□□四年治圍圈□□】 결자는 미상. 전왕까지의 예에 따르면 '丙辰立理
四年'이 되어 있어야 할 것이나, 그 모양을 깨고 있다. "조선사"(제1편 제
1권)에는 '□治四年治衰善□'라고 하고 있다. 아마 '유' 권제1의 '大建八
年丙辰卽位古本云十一年己亥誤矣御國四年政亂荒婬'(도화녀·비형랑)와
서로 통하는 내용일 것이라고 생각할 수 있으나, 자나 판독 곤란한 문자
를 구하는 것은 어렵다. 또 '四年治'라고 되어 있는 것은 어째서일까. 전
왕까지의 왕력의 형식에 따르면, '理三年'이라고 해야 한다. '유'의 '御國
四年'도 주목해야 한다. 또한 현존의 왕력에서는, 治·理가 혼용되어 있
으나, 후지타 료사쿠는 '부분적으로 治何年이라고 되어 있는 것은, 후세
의 개판개각(改版改刻)할 때에 수정에 의한 것이라고 생각된다.'("조선학
논고" 296면)고 말하고 있다.

○ 【治衰善北】 '동대본'(東大本)에는 '善北의 2자는 읽고 어렵고, 어쩌면 일

---

109) 교다이(京大)본, 규장각본에는 도(刀)에 가까워 보이는 모양이나, 모두 붓의 움직임은 조
(ㅋ)이다. 고증에서는 조(ㅋ), 도(刀)에 대해 구분의식을 가지고 있다. 이러한 고서(古書)를
비롯한 혼란은 왜일까.
110) 고증에 비형랑(鼻荊郎)의 '형'은 이체자 '荆'.

선(一善)의 북(北)에 백제병이 무너지다라는 걸까 …'라는 두주(頭注)가
있다. '국서간행회복간본'(제2판)에는, 이 부분을 '陵在哀公寺北'이라고
기록하고 있다.

제26진평왕(第二十六眞平王)

제26진평왕은 이름을 백정111)이라고 한다. 어머니는 입종갈문왕의
딸인 만호이며, 혹은 만녕부인이라고도 하고, 행의니112)라고 이름을
지었다. 왕비인 마야부인은 김씨로, 福肹□113)라고 이름을 지었으며,
후비인 승만부인은 손씨이다. 기해(년)에 올랐다.

○ 【眞平王】 상세한 것은 '유' 권제1(천사옥대)을 참조.
○ 【名白淨. □□輪□一云東語大子】 '나기'의 '諱白淨. 眞興王太子銅輪之子
也'와 서로 대응하는 것이다. 또한 옆에 '白淨父銅輪一云'이라는 7자의 기
입이 보이듯이, □□輪은 父銅輪일 것이다. 다음의 결자는 '국서간행회
복간본'(제2판)에는 왕이라고 되어 있다. 一云東語大子는 미상. 그러나
'국서간행회복간본'(제2판)에는 동륜대자114)라고 하고 있다.
○ 【立宗葛文王】 법흥왕의 동생. 또 진흥왕의 아버지이다.

---

111) DB. '황지(皇地)'. 그 주(注)에는, 석남필사본·조선사학회본·최남선교주본·이병도역주
    본·이재호역주본·권상로역해본·三品彰英遺撰本에는 '白淨'으로 되어 있고, 동경제국대
    학영인본·속장경본은 '白淨'으로 추정.
112) DB. 석남필사본·최남선교주본·이병도역주본·이재호역주본·권상로역해본에는 '行義
    先'. 동경제국대학영인본·속장경본에는 '行□尼', 주를 달아 '盡'이 빠진 것으로 추정.
113) DB. '복힐구(福肹口)' 최남선교주본·이병도역주본·이재호역주본에는 '福肹口', 동경제국
    대학영인본·속장경본은 '口'를 '女'로 추정, 이재호역주본에는 '福肹□'.
114) DB. '東語大子'는 석남필사본에서 '東輪大子'로 되어 있고, 최남선교주본·이병도역주본·
    이재호역주본·권상로역해본에는 '東輪太子'.

○【萬呼. 一云萬寧夫人】'나기' 진평왕 조에 '母金氏萬呼一云萬內夫人. 葛文王立宗之女'라고 되어 있다.

○【名行義尼】진평왕의 백정에 대응하는 이름일까. '나기'에는 보이지 않는다.

○【妃摩耶夫人. 金氏. 名福肹□】'나기'에 '妃金氏摩耶夫人, 葛文王福勝之女'라고 되어 있다.

○【後妃僧滿夫人係氏】'나기'에는 후비에 관한 것은 기재하고 있지 않다.

○【己亥立】'나기'에 의하면, 진지왕(眞智王)이 즉위 4년 추7월 17일에 죽었기 때문에, 진평왕이 올랐다고 하고 있다. 진평의 즉위를, '유'는 '大建十一年己亥八月即位'(권제1·천사옥대)라고 전하고 있다. 그런데 이곳에, '己亥立'이라고 되어 있을 뿐이고, 치세연수를 빠트리고 있으나, 왕의 홍년은 임진(632)이 타당하다. '나기'의 진평왕 514년 조의 주에 '古記云貞觀六年壬辰正月卒. 而新唐書資理通鑑皆云. 貞觀五年辛卯. 羅王眞平卒. 豈其誤耶'라고 되어 있어, 辛卯薨年説이 있는 듯하나, 차왕선덕(次王善德)의 즉위가 임진이었다고 보아도 틀림없다는 것으로도, 진평왕은 치세 54년째에 운명을 했다고 생각할 수 있다. 따라서 이 왕력의 형식으로 말한다면, 이 항목은 '己亥立理五十三'이라고 되어야 할 곳이다.

고려

제25평원왕(第二十五平原王)

풀이 제25평원왕은 혹은 평국[115]이라고도 한다. 이름은 양성[116]이나, 이

것이 와전[117]되어 高□라고 한다. 기묘(년)에 자리에 올라, 다스리기
를 31(년)이었다.

○【一作平國. 名陽城. 動之云高□】 '여기'에서는 평원왕의 시호(諡) · 성격
및 즉위에 이르는 사정을, 다음과 같이 기록하고 있다. '平原王或云平崗
上好王諱陽成隋唐書作湯. 陽原王長子. 有膽力善射. 陽原王在位十三年.
立爲太子. 十五年王薨. 太子即位.'라고. 또 중국에서의 왕명은 "북제
서" · "북사" · "진서"(陳書) · "수서" 등에 탕(湯)이라고 보인다. 우선 시호
에서는 '사'와 왕력이 다르다. 왕력의 평국(平國)은 평강(平崗)의 오기(誤
記)라고 하는 설이 있다. 이 설의 근원은 필경 전대(前代)의 평원왕의 별
명이, '사'에서는 양강상호왕이라고 되어 있는 것에 대하여, 왕력에서는
위의 두 글자를 뺀 陽崗王이었다. 평원왕의 시호의 별명도 '사'에서는 평
강왕이기 때문에, 왕력도 전왕의 경우에 따라, 평강이라고 하는 것이 좋
을 것이라는 설[118]일 것이다. 다음으로 휘(諱)에서 "북제서" 이하의 중국
사료가, 고구려 국내에서의 휘양성의 아래 글자 成을 빼지 않고, 湯이라
고 하고 있다. 이것은 전왕의 휘평성(諱平成)의 아래 글자를 빼고, 양원
왕(陽原王)은 成이라고 "북제서" 등에서 부르고 있기 때문에, 2대에 걸쳐
서 고구려왕성(成)이 생기기 때문에 成이라는 글자를 피했다. 평원왕의

---

115) 고증, DB. 모두 '평국(平國)'. DB. 주(注)에는, 석남필사본 · 동경제국대학영인본 · 속장경
본 · 조선사학회본 · 최남선교주본 · 이병도역주본 · 이재호역주본 · 권상로역해본에는 '平
岡'.
116) DB. 서울대규장각본 · 서울대학교소장정덕임신간본 · 순암수택본 · 석남필사본 · 동경제
국대학영인본 · 속장경본 · 조선사학회본 · 최남선교주본 · 이병도역주본 · 이재호역주본 ·
권상로역해본 · 三品彰英遺撰本에는 '陽城'.
117) DB. '동지(動之)'. 그 주(注)에는 석남필사본 · 최남선교주본 · 이병도역주본 · 이재호역주
본 · 권상로역해본에는 '南史'. 고증에는 언급이 없다.
118) DB. 석남필사본 · 동경제국대학영인본 · 속장경본 · 조선사학회본 · 최남선교주본 · 이병
도역주본 · 이재호역주본 · 권상로역해본에는 '平岡'.

휘(諱)는 양성(陽成)이기 때문에, 위 글자 陽을 빼야 할 것이지만, 이것 또한 전왕의 시호 양원(陽原)과 저촉하게 된다. 그래서 중국에 대한 왕명을 湯이라고 했던 것이 아닐까. 만약 이와 같은 추측이 허용된다면, '名陽城'은 '名陽成'의 오기(誤記)[119]로 볼 수 있다. 또 '動之云高□'의 □에 湯을 넣을 수 있다. 아마 이것은, 종래의 원칙인 휘(諱)의 다음 글자를 빼지 않고, 또한 그 위 글자(上字)를 피했던 것을 의미할 것이다.

○ 【乙卯立. 理三十一年】 '사' 연표에 의하면 평원왕의 즉위는 진고조(陳高祖)의 영정 원년 기묘년(559)이고, 그 훙거년은 수고조(隋高祖)의 개황 10년(590)이며, 그 훙년을 제외하면 치세연수는 31년이 된다. 평원왕의 훙년은 "수서", "자치통감", "책부원구" 등 중국사료와 일치하지만, 그 즉위는 제숙종(齊肅宗)의 황건 원년(560)으로, 1년의 차이가 있다. 또한 '여기' 32년 조의 말미(末尾)의 분주(分注)에 '隋書及通鑑書高祖賜璽書於開皇十七年. 誤也.'라고 되어 있다. 이 "수서"는 동이전고구려 조이며, 고구려 침략의 전조(前兆)를 이루는 수(隋)의 국서로서 저명한 것이다. 그 글은, '及平陳之後. 湯大懼. 治兵積穀. 爲守拒之策. 十七年上賜湯號曰. 朕受天命. 受育率土. 委王海隅. 實揚朝化. 欲使圓首方足. 各逐其心. 王每遣使人. 歲常朝貢. 雖稱藩附. 誠節未盡. 王旣人臣. 須同朕德, … 高麗之人多少陳國. 朕若不存含育. 責王前愆. 命一將軍. 何待多力. 慇懃曉示. 許王自新耳. 宜得哭懷. 自求多福. 湯得書惶恐. 將奉表陳謝. 會病卒.'이라고 되어 있다. 이 문은 당시의 국서를 거의 그대로 옮긴 것으로 생각되기 때문에, 고구려왕의 이름이나 그 연차를 잘못한다는 것은 생각할 수 없다. 평원왕의 훙년에 대해서는 다시 고찰의 여지가 있을 것이다.

---

119) 의도적인 '오기(誤記)'라는 의미일 것이다.

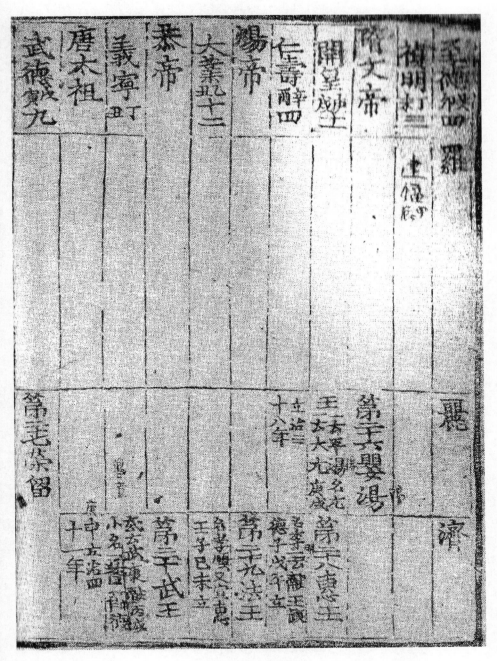

제10장 앞면

일본	간지干支	서력西曆	중국	유遺 중국력中國曆	라羅	려麗	제濟
敏達12	계묘癸卯	583	至德1	至德癸卯4			
13	갑진甲辰	584	2		(建福甲辰)		
14	을사乙巳	585	3				
用明1	병오丙午	586	4				
2	정미丁未	587	禎明1	禎明丁未3			
崇峻1	무신戊申	588	2				
2	기유己酉	589	3				
3	경술庚戌	590	開皇1	隋文帝		第二十六嬰湯(陽)王	
4	신해申亥	591	2	開皇庚戌11		一云平湯(陽)名	
5	임자壬子	592	3			元一云大元庚戌	
推古1	계축癸丑	593	4			立治三十八年	
2	갑인甲寅	594	5				
3	을묘乙卯	595	6				
4	병진丙辰	596	7				
5	정사丁巳	597	8				
6	무오戊午	598	9				第二十八惠王
7	기미己未	599	10				名季一云獻王威
8	경신庚申	600	11				德戊午立
9	신유申酉	601	仁壽1	仁壽申酉4			第二十九法王
10	임술壬戌	602	2				名孝順又宣惠王
11	계해癸亥	603	3				子己[己]未立
12	갑자甲子	604	4				第三十武王
13	을축乙丑	605	大業1	煬帝			或云武康獻丙或
14	병인丙寅	606	2	大業乙丑12			小名一耆篩德(康)申
15	정묘丁卯	607	3			(薯童)	立治四十一年
16	무진戊辰	608	4				
17	기사己巳	609	5				
18	경오庚午	610	6				
19	신미申未	611	7				
20	임신壬申	612	8				
21	계유癸酉	613	9				
22	갑술甲戌	614	10				

23	을해乙亥	615	11			
24	병자丙子	616	12			
25	정축丁丑	617	義寧1	恭帝 義寧丁丑 唐太祖 武德戊寅9		第二十七榮留王 名成□□又建武 戊寅立治二十四 年
26	무인戊寅	618	武德1			
27	기묘己卯	619	2			
28	경진庚辰	620	3			
29	신사申巳	621	4			
30	임오壬午	622	5			
31	계미癸未	623	6			
32	갑신甲申	624	7			
33	을유乙酉	625	8			

신라

건복갑진(建福甲辰)[120]

풀이 건복은 갑진에서….

주해 ○ 【建福甲辰】 이것은 후인의 기입이다. 갑진은 서기 584년, 진평왕의 즉위
6년에 해당한다. 신라의 연호로서 알려져 있는 것의 5번째에 해당하는
것. '나기'에 '六年春二月改元建福'이라고 되어 있다. 그러나 건복이 갑진
년부터 언제까지였는가에는 문제가 있다. 우선 건복의 용례를 정리해 보

---

120) DB. 순암수택본에는 建福甲辰이 가필되어 있고, 최남선교주본 · 이병도역주본은 建福甲辰
五十, 서울대규장각본에는 내용이 없다.

면 다음과 같다.

① '二十月而生庾信. 是眞平王建福十二年. 隋文帝開皇十五年乙卯也'('사'列傳第一·金庾信上). ② '眞平王建福十九年壬戌秋八月. 百濟大發兵. 來圍阿莫一作莫城'('사'列傳第五·貴山之條). ③ '眞平王建福二十八年辛未. 公年十七歲'(同上). ④ '建福二十九年鄰賊轉迫'(同上). ⑤ '建福三十年癸酉卽眞平王卽位三十五年也秋. 隋使王世儀至於皇龍寺'('유'·卷第四·圓光西學). ⑥ '建福三十二年. 永興寺朔像自壞'('유'卷第三·原宗興法). ⑦ '崔致遠所撰義相傳云相. 眞平建福四十二年受生是年 …'("海東高僧傳" 卷二·流通安含之條). ⑧ '建福四十六年己丑秋八月 … 攻高句麗娘娘臂城'('사'列傳第一·金庾信上). ⑨ '以彼建福五十八年. 小賞不念經于七日. 遺誡淸切. 端坐終于所住皇龍寺中. 春秋九十有九卽唐貞觀四年也宣言十四年'('유'卷第四·圓光西學). (단 이 ⑨는 "海東高僧傳" 卷二·流通安含之條와 거의 같은 문이기 때문에 이것을 베낀 것이라고 생각된다.) 이상 보인 것의 간지연차(干支年次)는 모두 들어맞으나, 주목되는 것은 ⑨의 建福五八年이다. 왜냐하면 建福五八年이라고 하면 서기 641년에 해당하나, 이것보다 앞서 634년에 신라에서는 개원하고 있기 때문이다. 즉 '나기'는 선덕여왕 3년 춘정월 조에 '改元仁平'이라고 적고, 건복은 50년으로 끝나고, 그다음 해는 인평으로 바뀌었던 것이다. 그래서 '唐貞觀四年也宣言十四年也'가 맞는다고 한다면, 그것은 건복에 해당하며, 그렇다면 모순 없이 '改元仁平'의 기재에 연속된다. 또 부언(付言)한다면 '宣言十四年'이라는 주(注)가 오산(誤算)이라는 것은 분명하다. 어쨌든 기입을 하는 경우에는 '建福甲辰五十'이라고 해야 할 것이다.

제26영탕(양)왕(第二十六嬰湯(陽)王)

풀이 제26영탕(양)왕[121]은 혹은 평탕[122]이라고도 한다. 이름을 원(元)이라고 하며, 혹은 대원이라고도 한다. 경술년에 자리에 올라 다스리기를 38년이었다.

주해 ○【一云平湯, 名元. 一云大元】'여기'에 영양왕의 계보·성격 및 즉위까지의 경과를 다음과 같이 전하고 있다. '嬰陽王一云平陽. 平原王長也. 風神舛俊爽以濟世安民自任. 平原王在位七年. 立爲太子. 三十二年王薨. 太子即位.' 또 "수서", "자치통감", "책부원구" 등의 중국사료에는, 모두 고구려왕 원의 이름으로 보인다. 우선 시호에 대해 보면, 왕력의 판본은 영양(嬰陽), 평탕(平湯)으로 되어 있으나, 각각 '탕(湯)'의 옆에 '양(陽)'이라고 묵서되어 있다. 이것은 '사'의 시호에 따라서 고쳤던 것으로 보인다. 필경 제24대 양원왕의 시호에 준해서 '양(陽)'이 옳다고 생각했을 것이다.

○【庚戌立. 治三十八年】'사' 연표에 의하면, 영양왕의 즉위를 수 고조의 개황 10년 경술년(590)라고 하고 있고, 그 훙거를 당 고조의 무덕 원년(618)이라고 하고 있다. 그 재위연수를 29년이라고 하고, 추9월에 훙했기 때문에, 훙년을 계산하지 않는 왕력의 치세연수로는 28년이 될 것이다.

---

121) DB. 동경제국대학영인본·속장경본·조선사학회본·최남선교주본·이병도역주본·이재호역주본·권상로역해본에는 '嬰陽王'.

122) DB. 동경제국대학영인본·속장경본·최남선교주본·이병도역주본·이재호역주본·권상로역해본에는 '平陽'.

이곳에서는 38년이라고 하고 있으나, 다음의 영류왕의 즉위를 무인년이라고 하고 있기 때문에 28년이 맞으므로, '治三十八年'은 '治二十八年'으로 고쳐야 한다.

제27영류왕(第二十七榮留王)

풀이 제27영류왕은 이름을 成□□123)라고 하며, 또 건무124)라고도 한다. 무인년에 자리에 올라 다스리기를 24년이었다.

주해 ○ 【名成□□. 又建武】 '여기'에는 영류왕의 휘·계보·즉위까지의 사정을 다음과 같이 기록하고 있다. 즉 '榮留王. 諱建武一云成. 嬰陽王異母弟也. 嬰陽在位二十九年薨. 即位.'라고. 또 신구"당서"에서는 영류왕을, 고려왕 고건무라고 하고 있다. 이 외에 영류왕의 휘나 시호를 찾을 수 없으므로, '名成'의 아래 2자는 단순한 공백이었을지도 모른다.

○ 【戊寅立. 治二十四年】 '사' 연표에 의하면, 영류왕의 즉위를 당 고조의 무덕원년 무인년(618)이라고 하고, 훙년을 당 태조의 정관 16년(642)으로 하고 있다. 고구려본기에서는 영류왕 25년 동 10월에, 연개소문이 왕을 살해했다고 하고 있기 때문에, 왕력의 치세연수에서는 이 해를 포함하지 않은 24년이 된다.

---

123) DB. 동경제국대학영인본·속장경본에서는 '建武'로 추정.
124) DB. 조선사학회본·최남선교주본·이병도역주본·이재호역주본·권상로역해본에는 '建武', 동경제국대학영인본·속장경본에는 '建成'.

제28혜왕(第二十八惠王)

풀이 제28혜왕은 이름을 계(季)¹²⁵⁾라고 하고, 혹은 헌왕이라고도 한다. 위덕의 아들이다. 무오(년)에 올랐다.

주해 ○ 【惠王】 hye-waṅ. '제기'에는 즉위, 훙거에 관한 것만 기록. '흠명기 16년'에는 아버지 성명왕의 부보(訃報)를 일본에 전했다고 되어 있다. "북사" 백제국전에는 '餘昌(成德)死. 子餘璋(武)立', "수서" 백제전에는 '昌死. 子餘宣(法)立'이라고 되어 있어, 모두 혜왕의 즉위를 빼고 있다.

○ 【名利】 '威德子'의 주 참조.

○ 【一云獻王】 獻(hǒ), 惠(hye) 음 상통.

○ 【威德子】 '제기'에는 '惠王算季明王第二子'라고 되어 있다. 혜왕의 혈맥을 나타내는 '제기'의 이 기술은 매우 애매하여 혜왕의 휘를 '계'(季) 1글자라고 한다면, 이 왕은 명(성)왕(明(聖)王)의 제2아들이 되어, 위덕왕의 왕자가 되지 않는다. '제기'의 기술로 보면 이 점에서 '유'는 모순을 가지게 된다. "동국통감"에서는 '百濟王昌薨. 諱曰威德. 第二子季明立'이라고 되어, 혜왕의 휘를 '계명'(季明)이라고 하면서, '유'와 같이 위덕왕의 왕자설을 취하고 있다. 이와 같이 '유'·"동국통감" 모두 위덕왕의 왕자설을 취하고 있으나, '흠명기' 16년에 혜왕이 성명왕을 '고왕'(考王)이라고 불렀다는 기

125) 고증.의 교다이(京大)본에는 '季'의 오른쪽에 '明'이 추가되어 있다. 고증.에는 이러한 언급이 없다. DB. 순암수택본에는 季明, 서울대규장각본·이병도역주본·권상로역해본에는 '明'이 빠진 것으로 추정.

술이 있어 이것에 의하면, 혜왕은 분명히 성명왕의 왕자라는 것이 된다. 필경 이 '서기'의 기사가 옳다고 생각되기 때문에, 이곳에서 위덕자(威德子)라는 것은 잘못일 것이다.

○【戊午立】무오는 서기 598년.

제29법 왕(第二十九法王)

풀이 제29법왕은 이름을 효순, 또 선(宣)이라고도 한다.[126] 혜왕의 아들이다. 기미(년)에 올랐다.

주해 ○【法王】pan-wan. '제기'에는 그 2년(600)에 왕흥사를 창건, 승려 30인을 건넸다는 기사가 있다.

○【名孝順. 又宣】'제기'에는 '諱宣或云孝順'이라고 되어 있다.

○【惠王子】'제기'에는 혜왕의 장자라고 되어 있다. 또한 "북사" 백제전에는 '餘昌死. 子餘璋立'이라고 되어 있어, 법왕의 즉위를 기록하고 있지 않다. 또한 "주서"나 "북사" 등의 북조계사료에서는 성왕의 즉위를 빼고, 그 왕대계보는 隆(武寧)—昌—璋이 되어, '제기'의 계보와 현저히 다르다. 이것은 북조계사료에서는 입공이 있었던 왕만 다루고, 그것을 단순히 부자상속의 모양으로 계보화(系譜化)했기 때문이라고 생각된다.

○【巳(己)未立】기미는 서기 599년.

---

126) 고증.의 교다이(京大)본에는 '第二十九法王名孝順又宣惠王子己(己)未立'에 '선혜왕자(宣惠王子)'가 보인다. 고증 원문에는 언급이 없다.

제30무왕(第三十武王)

풀이 제30무왕은 혹은 무강이라고도 한다. □丙 혹은[127] 小名一□䔺
德.[128] 경신에 자리에 올라, 다스리기를 41년이었다.

주해 o 【武王】'제기'에는 '法王之子'라고 되어 있다."북사" 백제전에는 '餘昌死.
子餘璋立'이라고 되어 있으며, 위덕왕의 아들라고 되어 있다. 무왕에 대
해서는 '유' 권제2 · 무왕 조를 참조.

o 【□丙或云武康】'유'에는 '古本作武康非也. 百濟無武康'(권제2 · 무왕)이
라고 되어 있다. '제기'에는 '諱璋'이라고 되어 있다.

o 【□丙或小名一□篩德】 不詳

o 【庚申立. 治四十一年】 경신[129]은 서기 600년. 치세연수는 '사'와 일치한
다.

---

127) DB의 원문에는 '或武康獻丙戌'에서 , '獻丙戌' 부분년석이 불분명하다. 동경제국대학영인
본 · 속장경본에는 '獻丙庚', 최남선교주본 · 이병도역주본 · 이재호역주본 · 권상로역해본에
는 '獻丙或', 조선사학회본에는 '□丙戌'. 교다이(경대)본에 보이는 '獻丙戌'의 '獻'은 '獻이다',
'戌'은 '成'에 가까워 보인다. 규장각본에는 '或武康獻丙戌'에 가까운데, '獻'은 '獻'이다. '獻丙
戌' 연독이 난해.

128) DB. '일기사덕(一耆篩德)'. '耆'가 난해.

129) 고증. 교다이(경대)본에는 '申' 위의 난(欄)을 벗어나 '庚'이 추가되어 있다. 규장각본에는
'庚'이 없다. DB. 원문은 '□申', 동경제국대학영인본 · 속장경본 · 최남선교주본 · 이병도역
주본 · 이재호역주본 · 권상로역해본은 '庚申'으로 추정, 조선사학회본은 '庚申'.

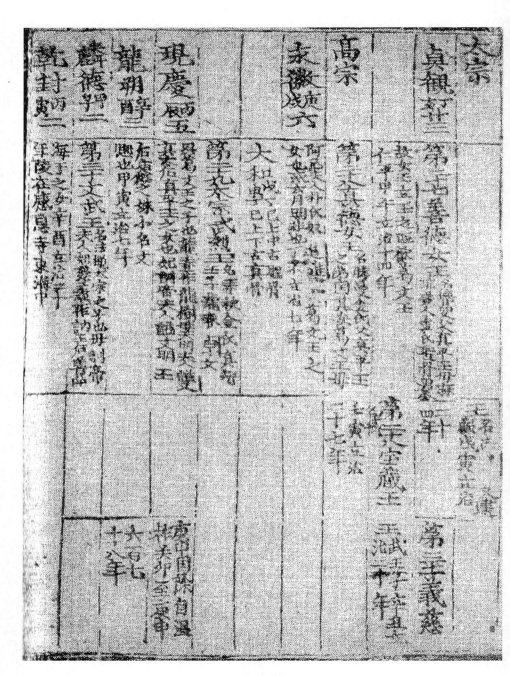

제10장 뒷면

일본	간지干支	서력西曆	중국	유遺 중국력中國曆	라羅	려麗	제濟
推古34	병술丙戌	626	武德9	太宗 貞觀丁亥23			
35	정해丁亥	627	貞觀1				
36	무자戊子	628	2				
舒明1	기축己丑	629	3				
2	경인庚寅	630	4				
3	신묘申卯	631	5				
4	임진壬辰	632	6				
5	계사癸巳	633	7				
6	갑오甲午	634	8		第二十七善德女王 名德曼父眞平王 母麻耶夫人金氏 聖骨男盡故女王 立王之匹飮葛文 王仁平甲午立治 十四年		
7	을미乙未	635	9				
8	병신丙申	636	10				
9	정유丁酉	637	11				
10	무술戊戌	638	12				
11	기해己亥	639	13				
12	경자庚子	640	14				
13	신축申丑	641	15				第三十一義慈王 武王子辛丑立治 二十年
皇極1	임인壬寅	642	16			第二十八寶 藏王	
2	계묘癸卯	643	17			壬寅立治二十 七年	
3	갑진甲辰	644	18				
大化1	을사乙巳	645	19				
2	병오丙午	646	20				
3	정미丁未	647	21		第二十八眞德女王 名勝曼金氏父眞 平王之弟國其安 葛文王母阿尼夫 人朴氏奴□追□ □□葛文王之女 也或云月明非也 丁未立治七年 大和戊申六 巳(己)上中古聖		
4	무신戊申	648	22				
5	기유己酉	649	23				
白雉1	경술庚戌	650	永徽1	高宗 永徽庚戌6			
2	신해申亥	651	2				
3	임자壬子	652	3				
4	계축癸丑	653	4				

5	갑인甲寅	654	5		骨已(己)上(下)古 眞骨		
濟明1	을묘乙卯	655	6		第二十九太宗武烈王		
2	병진丙辰	656	顯慶1	顯慶丙辰5	名春秋金氏眞智		
3	정사丁巳	657	2		王子龍春卓文興		
4	무오戊午	658	3		葛文王之子也龍		
5	기미己未	659	4		春一作龍樹母天		
6	경신庚申	660	5		明夫人謚文眞太	庚申國除自溫祚	
7	신유申酉	661	龍朔1	龍朔申酉3	后眞平王之女妃	癸卯至庚申六百	
天智1	임술壬戌	662	2		訓帝夫人謚文明	七十八年	
2	계해癸亥	663	3		王后庚信之妹小		
3	갑자甲子	664	麟德1	麟德甲子2	名文熙也甲寅立 治七年		
4	을축乙丑	665	2		第三十文武王		
5	병인丙寅	666	乾封1	乾封丙寅2	名法敏太宗之子		
6	정묘丁卯	667	2		也母訓帝夫人妃 慈義一作納王后 善品海干之女辛 酉立治二十年陵 在感恩寺東海中		

신라

제27선덕여왕(第二十七善德女王)

풀이 제27선덕여왕은, 이름을 덕만이라고 한다. 아버지는 진평왕이며 어머니는 마야부인,[130) 김씨이다. 성골 남자가 없었던 까닭에, 여왕이 자리에 올랐다. 왕의 필(匹)은 음갈문왕이다. 인평 갑오[131)(년)에 자리

---

130) DB. '마야미인(麻耶美人)'.

에 올라, 다스리기를 14년이었다.

 ○ 【名德曼. 父眞平王. 母麻耶夫人. 金氏】'나기'에는 '諱德曼. 眞平王之長女
也. 母金氏摩耶夫人', '유'에는 '德曼萬一作萬謚善德女大王. 姓金氏. 父眞
平王'(卷第 一 · 善德王知幾三事)이라고 되어 있다.

○ 【聖骨男盡. 故女王立】성골에 대해서는, 다음의 제28 진덕여왕 조를 참
조.

○ 【王之匹飮葛文王】음갈문왕(飮葛文王)의 이름은 이곳에만 보이며, 또 왕
의 필(匹)이 갈문왕의 칭호를 가진 것도 이 예뿐이다.132)

○ 【仁平甲午立. 治十四年】'나기'에는 '善德王三年春正月改元仁平'이라고
되어 있다. 인평(仁平)의 용례는 '유'에 '藏自嘆邊生西希大化. 仁平三年丙
申歲卽貞觀十年也受勅興門人僧實等十餘西入唐謁淸一涼山'(卷第四 · 慈
藏定律)이라고 보일 뿐이나, 이들 기사에서 연호인 인평이 세워진 것은
갑오년(634)이라고 판단해도 좋으나, 문제는 '仁平甲午立. 治十四年'의
내용이다. 이것은 '선덕왕이 인평연간의 갑오년에 즉위해서, 그 치세가
14년간이었다.'라는 것으로 보인다. 그러나 이 왕력의 기사를 제외하면,
'사', '나기' · 연표 '유'(권제1 · 선덕왕지기삼사)는 예외 없이 왕의 즉위연
차를 임진(632년), 그 훙년을 정미(647년)에 두고 있다. 따라서 이 왕력
의 통례에 따르면, 이 '仁平甲午立. 治十四年'의 항목은 '仁平甲午十四'와
'壬辰立, 治十五'의 두 가지로 나누어야 할 것으로 생각된다. 인평(仁平)
연기(年紀)와 치세년 관계기사와의 사이의 착오에 의한 것으로 보인다.
또한 '유'(권제1 · 선덕왕지기삼사)에는 '貞觀六年壬辰卽位. 御國十六年.'
이라고 보이나, 이 16년은 붕년을 계산에 넣었기에 가능한 것으로 생각
된다. 또 왕의 붕년에 관해서 '通鑑云. (貞觀) 二十五年卒. 以本史考之.

131) DB. 동경제국대학영인본 · 속장경본에서는 '壬辰'으로 추정.
132) DB. '왕의 배필은 음(飮) 갈문왕(葛文王)이다.'

通鑑誤也('나기' 善德王十六年條의 注)'라는 논(論)이 있다.

제28진덕여왕(第二十八眞德女王)

풀이 제28진덕여왕은 이름을 승만이라고 하며, 김씨이다. 아버지는 진평왕의 동생인 국기안갈문왕이고, 어머니인 아니부인 박씨는 奴□追□□□葛文王의 딸이나, 혹은 월명이라고 하는 것은 옳지 않다. 정미(년)에 자리에 올라, 다스리기를 7년이었다.

주해 ○【名勝曼. 金氏. 父眞平王之弟國其葛文王】 '나기'에는 '眞德王立. 名勝曼. 眞平王母弟國飮一云國芬葛文王之女也'라고 되어 있다.

○【母阿尼夫人. 朴氏. 奴□追□□□葛文王之女也. 或云月明非也】 '나기'에는 '母朴氏. 月明夫人'이라고 되어 있을 뿐.

○【丁未立. 治七年】 '사'(열전2·김유신 가운데)에 '善德王十六年丁未. 是善德王末年. 眞德王元年也'라고 하고 있다. 왕의 훙년에 대해서는 '眞德王八年春三月. 王薨. 諡曰眞德'('나기'), '永徽五年. 眞德大王薨' ('사'列傳二·金庾信中), '眞德王薨. 以永徽五年甲寅即位'('유' 권제1·대종춘추공) 등으로 되어 있으나, 선덕왕의 훙년이 갑인(654년)이라고 하는 점에서 일치한다. 따라서 '治七年'은 역시 훙년을 제외하고 있다.

풀이 대화(大和)는 무신에서 6년이었다.

주해 ○【大和】 신라자연호(新羅自年號)의 마지막의 것. '大和戊申六'은 사실 그 간지, 연수 모두 사실(史實)의 가능성이 있다. '나기' 진덕왕 조에서는 '元

年秋八月. 遣使入唐謝恩. 改元太和'라고 되어 있어, 이것이 맞는다면 대화 연호는 정미년에 해당된다. 그러나 같은 '사' 연표에서는 진덕왕 2년인 무신의 일이라고 하고 있다. 또 '나기'의 진덕왕 2년 조에 '二年冬使邯帙許朝唐. 太宗剌御史問. 新羅臣事大朝何以別稱年號. 帙許言. 曾是天朝末頒正朔. 是故先祖法興以來私有紀年. 若大朝有命小國又何敢焉. 太宗然之'라고 되어 있고, 이것과 통하는 것처럼 보이는, 이 왕 4년 조에 '是歲始行中國永徽年號'라고 보인다. 이러한 사료로 생각하면, 대화연호가 진덕왕 원년(정미 · 646년)에 불렸다고 한다면 대화 4년에, 또 그것이 진덕왕 2년 무신의 일이었다고 한다면 대화 3년에, '是歲(庚戌) 始行中國永徽年號'라고 하게 되었을 것이다. 그래서 대화 연호는 정미(647년)부터 기유 (649년)까지의 3년간이나, 혹은 무신(648년)에서 다음 해인 기유까지의 2년간이 될 것이다. 따라서 왕력의 大化戊申六은 '大和丁未三'으로 하든가, 혹은 '大和戊申二'로 해야 한다고 생각된다. 그러나 표면적으로는 당의 영휘를 쓰면서, 역시 대화를 관용으로 계속했던 것으로 보인다. 또한 후쿠이켄 쓰르가시의 죠구진자(常宮神社)의 조선종(朝鮮鐘)의 명(銘)에 '太和七年三月日'라고 되어 있으나, 이것은 당의 문종 태화 7년(833년)이라고 한다(후지다 료사쿠("朝鮮學論考") 참조).

풀이 이상(已上)이 중고(中古), (즉) 성골의 '王의 世'이며, 이하(已下)가 하고 (下古), (즉) 진골의 '王의 世'이다.

주해 ○【已(己)上下古眞骨】 원판의 '已上下古眞骨'은 '已下下古眞骨'로 정정해야 한다.
○【中古】【下古】 신라왕조의 시대구분에 관한 사료를 들면, 우선 '사'에는
① '國人自始祖至此. 分爲三代. 自初至眞德二十八王. 謂之上代. 自武烈至惠恭八王. 謂之中代. 自宣德至敬順二十王. 謂之下代云'('나기' 말미의

경순왕 조), ② '國人謂. 始祖赫居世至眞德二八王. 謂之聖骨. 自武烈至末王. 謂之眞骨'('나기' 진덕왕 8년 조), ③ '從此至眞德爲聖骨'(始祖朴赫居世西干 即位元年의 條), ④ '從此已下眞骨'(年表下ㆍ태종왕 즉위원년 조)라고 되어 있으며, '유'에는 왕력의 신라 제22지정마립간 조에 보이는 '已上爲上古, 已下爲中古'라고 하는, 해당하는 곳에 '已上中古聖骨, 已下下古眞骨'의 2주기(注記)가 있다. 이것에 의하면 '사'와 '유'에 나타난 두 가지의 입장이 있었던 것을 알 수 있다. 이것을 정리하여 나타내면 다음과 같다(숫자는 왕대를 보인다). 이와 같이 '사'ㆍ'유' 모두 신라 왕조를 3시대로 구분하면서 양자 같지 않다. 이것은 각각의 사관(史觀)에 관련되는 문제일 것이나, 이곳에서는 자세한 설명은 피한다. [참고] 스에마쓰 야스카즈('新羅三代考'("新羅史의 諸問題" 수록).

	聖骨		眞骨	
'사'	上代(1~28)		中代(29~36)	下代(37~56)
'유'	上古(1~22)	中古(23~28)	下古(29~56)	
		聖骨	眞骨	

○ 【聖骨ㆍ眞骨】 신라의 신분제도인 골품제도의 최상위의 신분을 성골ㆍ진골이라고 부른다. 성골은 진골의 상위에 있으며, 제28대의 진덕여왕까지의 왕은 성골이고, 그 후 성골은 대가 끊겼다(654). 제29대 태종무열왕 이후의 왕은 진골이었다고 한다. 양골(兩骨)은 혈연관계에 의한다고 하나, 이것을 분명하게 해 주는 사료는 없다. '國師大朗慧和尚白月葆光塔碑'(崔致遠撰)에 '聖而(骨)'이라고 되어 있어, 신라말기까지의 성골의 관념이 잔존되어 있었다. 진골은 왕족뿐만 아니라 유력한 귀족이나, 신라에 항복한 구왕족ㆍ귀족에게도 주어져, 순수한 혈연에 의한 신분제도가 아니고, 정치제도로서 생각해야 하는 점이 많다. 성골ㆍ진골의 발생은, 신라사회의 고유제도의 발전으로 보는 종래의 설에 대하여, 신라왕조가 6세기 중엽 이후 중국의 제왕조(諸王朝)와 국교를 맺고, 혈연관계를 토대로 한 모든 제도를 도입했던 것에 의한다는 의견도 있다. 성골과 진골의

분화를 카스트제(制)로 보는 설에 대하여, 태종무열왕계의 왕통에 반대하는 귀족층의 정치 주장으로 보는 설도 있다. 골품제도는 성(聖)·진(眞)의 양골(兩骨) 외에 중급 귀족 이하의 신분제도로서 두품제도가 있다. 이 제도는 9세기 이후 왕도의 주민의 우우책[133]라고 하는 설과 신라인 전체를 다루는 혈연적인 신분제도라고 하는 설로 나누어진다.

제29태종무열왕(第二十九太宗武烈王)

풀이 　제29태종무열왕[134]은 이름을 춘추라고 하며, 김씨이다. 진지왕의 아들 용춘, 즉 탁문홍갈문왕의 아들이다. 용춘은 혹은 용수(龍樹)라고도 한다. 어머니인 천명부인은, 시호로서 문진태후[135]라고 하며, 진평왕의 딸이다. 왕비인 훈제부인은, 시호로서 문명왕후라고 한다. 유신[136]의 여동생으로, 소명(小名)은 문희라고 했다. 갑인(년)에 자리에 올라, 다스리기를 7년이었다.

주해 　○【太宗武烈王】'나기' 태종무열왕 8년 6월 조에 '王薨. 諡曰武烈. 葬永敬寺北. 上號太宗'이라고 되어 있다. 태종호(太宗號)의 설명에 대하여 '유'에 '王與庾信. 神謀戮力一統三韓. 有大功於社稷. 故廟號太宗.'이라고 되어

---

133) 즉 인센티브.
134) DB. '大宗武烈王', 그 주(注)에는 순암수택본·조선사학회본·최남선교주본·이병도역주본·이재호역주본·권상로역해본·三品彰英遺撰本에는 '太宗武烈王'. 파른본. '大宗武烈王'.
135) DB. '우진문후(又眞文后)', 그 주(注)에는 동경제국대학영인본·속장경본·조선사학회본·최남선교주본·이병도역주본·이재호역주본·권상로역해본에는 '文貞太后'.
136) DB. '유립(庾立)', 그 주(注)에는 최남선교주본·이병도역주본·이재호역주본·권상로역해본·三品彰英遺撰本에는 '庾信'.

있다. 신문왕의 말년에 태종호를 취소하도록 당에서 항의가 있었던 사건이 있었으나, 그 사정은 '나기' 태종무열왕 조 및 '유'(권제1ㆍ대종춘추공)을 참조.

○【名春秋. 金氏】'나기'는 춘추를 휘로 하고 있다.

○【眞智王子龍春. 囷文興葛文王之子也. 龍春一作龍樹】계보는 '사'ㆍ'유' 모두 일치하고 있다. 용춘(龍春)에 대해서 '유'에는 '龍樹一作龍春角干'이라고 되어 있다. 또 용춘을 진덕의 동생이라는 설이 있는 것 같으며, '나기'에는 '唐書以爲眞德之弟誤也.'(太宗武烈王即位元年 條)라고 주기하고 있다.

○【囷】'동대본'(東大本), '조선사학회본'은 모두 탁(卓)이라고 읽고 있다. 원판에서는 '卓' 자처럼 보이나, 필경 卓은 아닐 것이다.[137] 스에마쓰 야스카즈는 '卓은 혹은 휘의 와전된 오류가 아닐까 추정된다.'("新羅史의 諸問題")라고 말하고 있으나, '유' 권제1ㆍ대종춘추공의 모두(冒頭)에 '春秋. 姓金氏. 龍樹一作龍春角干追封文興大王之子'라고 되어 있는 곳으로부터 판단하기를, '卓'이 아니고 龍春角干의 '角干'이라고 보이지는 않을까.

○【文興葛文王】용춘(龍樹)에 대하여 '유'는 '追封文興大王', '나기'는 '(太宗武烈王) 元年夏四月追封王考爲文興大王'이라고 기재하고 있으나, 갈문왕의 칭호를 달고 있는 것은 이 왕력뿐이다.

○【母天明夫人. 謚文眞太后. 眞平王之女】원판에서는 문진태후라고 보이나, '나기'에는 문정태후(文貞太后)라고 되어 있다. '동대본', '조선사학회본'은 문정대후ㆍ문정태후라고 하고 있으나, "조선사"(제1편 제1권)(조선총독부)에서는 문진대후라고 하고 있다.

○【妃訓帝夫人. 謚文明王后】훈제부인이라는 이름은, 이 왕력에만 보인다. 문명왕후 혹은 문명부인의 이름은 '나기'와 '유'에도 보인다.

---

137) 교다이(京大)본, 규장각본 모두 '卓'. 파른본에는 여백 없이 …龍春角干文興…으로 보인다.

○【庾信之妹】문명(文明)에 대한 것을 '유'(권제1 · 김유신)는 '季妹'라고 하고 있으나, '사'에는 '舒玄角干之女' 혹은 '蘇判舒玄之季女'라고 적고 있다.

○【小名文熙】'유'(권제1 · 김유신)에는 '文姬'라고 되어 있다.

○【甲寅立治七年】'유'(권제1 · 태종춘추공)에 '永徽五年甲寅即立. 御國八年. 龍朔危元年辛酉崩. 壽五十九歲.'라고 되어 있다. '御國八年'이라고 하는 것은, 흉년을 계산에 넣은 것이다. 이 왕력은 월년칭원법(越年称元法)에 따라 治七年이라고 하고 있다.

제30문무왕(第三十文武王)

 제30문무왕은 이름을 법민이라고 하며, 태종[138]의 아들이다. 어머니는 훈제부인이며, 왕비인 자의(혹은 訥이라고도 한다) 왕후는 선품해간의 딸이다. 신유(년)에 자리에 올라, 다스리기를 20년이었다. 능은 감은사의 동해 안에 있다.

주해 ○【名法敏太宗之子也】'나기'에는 '文武王立. 諱法敏. 太宗王之元子'라고 되어 있다.

○【母訓帝夫人】'나기'에 '母金氏, 文明王后, 蘇判舒玄之季女, 庾信之妹也'라고 되어 있다.

○【慈義一作訥王后. 善品海干之女】'一作訥'은 분주(分注)로 함이 마땅한 것. 이 다음의 왕력 신문왕(神文王) 조에 '母慈訥王后'라고 되어 있다. '나기'는 ① '妃慈儀王后波珍湌善品之女也'(文武王 '上' 조), ② '母慈儀一作義王后'(神文王 조)라고 기재하고 있다. 해간(海干)은 신라관위 17등 가운

---

138) DB. '大宗'. 순암수택본 · 최남선교주본 · 이병도역주본 · 이재호역주본 · 권상로역해본 · 三品彰英遺撰本에는 '太宗'. 파른본. '大宗'.

데의 제4등에 해당하는 것으로 波珍湌, 破彌干 등으로도 적는다.

○ 【辛酉立. 治二十年】 문무왕이 즉위한 것은 661년(辛酉)이기 때문에 '治二十年'은 당년칭원법(當年稱元法)을 택하고 홍년을 계산에 넣지 않은 연수이다. 문무왕의 홍년에 대하여 '나기'는 '秋七月一日王薨諡曰文武'(文武王 21년 조), '유'는 '大王御國二十一年. 以永隆二年辛巳崩'이라고 적고 있다. 永隆二年辛巳는 즉 개휘 원년이다. 또 문무왕릉비에 '寢時年五十六'이라고 되어 있다.

○ 【陵在感恩寺海中】 '나기'에 '羣臣以遺言. 葬東海口中石上. 俗傳王化爲龍. 仍指其石爲大王石'(문무왕 21년 7월 조). '유'에 '遺詔葬於東海中大嚴上'(卷第二·文虎王法敏)이라고 되어 있으나, 현재 경주의 동해안에 '大王岩'이라고 불리는 암초가 있으며, 최근 그 암초 중앙년저에 석관 같은 것의 존재가 발견되어 화제가 되고 있다. 또 '유' 권제2·만파식적에 인용되는 '寺中記'를 참조. '나기'에 보이는 유조(遺詔)(문무왕 21년 조)에 의하면 서국(西國)의 방식에 의하여 문무왕은 화장된 것 같다.

고려

제28보장왕(第二十八寶藏王)

풀이 제28보장왕은 임인(년)에 자리에 올라, 다스리기를 27년이었다.

주해 ○ 【寶藏王】 판본의 행간에 묵서로 '명장'(名臧)이라고 되어 있다. '여기'에는 보장왕의 휘(諱)·계보·즉위의 사정을 다음과 같이 기록하고 있다.

'王諱臧或云寶臧. 以失國故無謚. 建武王弟大陽王之子也. 建武王在位第
二十五年. 蓋蘇文弒之. 立臧繼位'. 또 "구당서"(舊唐書)(太宗本紀下)에는
'貞觀十六年(642). 是歲. 高麗大臣蓋蘇文. 弒其君高武. 而立武兄子藏爲
王'이라고 되어 있고, 또 "구당서" 고려전에는 다음과 같이 상세한 사정을
전하고 있다. '貞觀十六年. 西部大人蓋蘇文. 攝職有犯. 諸大臣與建武議
欲誅之. 事洩. 蘇文乃悉萬召部兵云. 將校閱. 幷盛陳酒饌於城南. 諸大臣
皆來臨視. 蘇文勒兵盡殺之. 死者百餘人. 焚倉車. 因馳入王宮. 殺建武. 立
建武弟大陽子藏爲王. 自立爲莫離支. 猶中國兵部尙書兼中書令職也. 自是
專國政. 蘇文姓錢氏. 鬚貌甚偉. 形體魁傑. 身佩五刀. 左右莫敢仰視. 恒令
其屬官. 俯伏於地. 踐之上馬. 及下馬亦如之. 出必先布隊仗導者. 長呼以
辟行人. 百姓畏避. 皆自投坑谷. 太宗聞建武死. 爲之擧哀. 使持節弔祭.'

○ 【壬寅立. 治二十七年】 '사' 연표에 의하면 보장왕의 즉위는 당 태종의 정
관 16년 임인년(642)이며, 보장왕이 당군에 잡혀 왕위를 퇴위한 것은, 당
고종 총장 원년(668) 9월의 일이다. 이 해는 보장왕 재위 27년째이며, 왕력
의 다른 예에 의하면, 이 해는 치세연수에 넣지 않고 '治二十六年'이라고
해야 할 것이다. 필경 고구려 마지막 왕으로, 다음 왕의 치세연수에 넣을
수 없었기 때문에, 이 해를 보장왕의 치세연수에 더했기 때문일 것이다.

제31의자왕(第三十一義慈王)

풀이 제31의자왕은 무왕의 아들이다. 신축(년)에 자리에 올라, 다스리기를

20년이었다.

- ○【義慈王】'유' 권제2(남부여 · 전백제) 참조.
- ○【武王子】'제기'에는 무왕의 원자(元子)라고 되어 있다.
- ○【辛丑立. 治二十年】신축은 서기 641년이다. 따라서 훙년은 661년으로 '사'와 일치한다.

경신 국제(庚申國除)

경신(년)에 나라가 멸망했다. 온조의 계묘에서 경신에 이르기까지 (합쳐서) 678년이다.

- ○【庚申國除】경신은 서기 660년에 해당된다. 백제는 의자왕 20년(660)에 당과 신라의 연합군에 의해서 멸망했다. 상세한 것은 '유' 권제2(남부여 · 전백제), '나기' 태종무열왕 조, '제기' 의자왕 조 · "신구당서" 백제전, 이케우치 히로시 "滿鮮史研究"(上世 第二冊) 등을 참조.

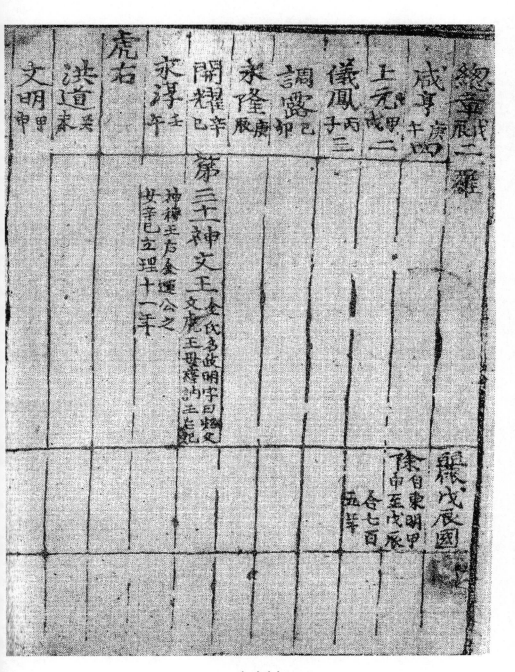

總章戊辰二

咸亨庚午四

上元甲戌二

儀鳳丙子三

調露己卯

永隆庚辰

開耀辛巳

永淳壬午

虎右

洪道癸未

文明甲申

第三十一神文王 金氏名政明字日炤

父文虎王母慈訥王后妃

神睦王后金運公之

女辛巳立理十一年

儀戊辰國

陳申至戊辰

自東明甲

合七百

五年

일본	간지干支	서력西曆	중국	유遺 중국력中國曆	라羅	려麗	
天智7	무진戊辰	668	總章1	總章戊辰2			
8	기사己巳	669	2			成辰國除	
9	경오庚午	670	咸亨1	咸亨庚午4		自東明甲申至戊	
10	신미申未	671	2			辰合七百五年	
弘文1	임신壬申	672	3				
天武1	계유癸酉	673	4				
2	갑술甲戌	674	上元1	上元甲戌2			
3	을해乙亥	675	2				
4	병자丙子	676	儀鳳1	儀鳳丙子3			
5	정축丁丑	677	2				
6	무인戊寅	678	3				
7	기묘己卯	679	調露1	調露己卯			
8	경진庚辰	680	永隆1	永隆庚辰			
9	신사申巳	681	開耀1	開耀申巳	第三十一神文王		
10	임오壬午	682	永淳1	永淳壬午	金氏名政明字日		
11	계미癸未	683	弘道1	虎后(武后)	炤父文虎王母慈		
12	갑신甲申	684	文明1	弘道癸未 文明甲申	訥王后妃神穆王 后金運公之女辛 巳立理十一年		

제31신문왕(第三十一神文王)

풀이 제31신문왕은 김씨이다. 이름은 정명, 자(字)는 일소라고 한다. 아버
지는 문호왕이라 하고, 어머니는 자눌왕후이다. 왕비인 신목왕후는,

김운공의 딸이다. 신사(년)에 올라, 다스리기를 11년이었다.

○ 【金氏. 名政明. 字日炤. 父文虎王. 母慈訥王后】 '나기'에는 '諱政明明之字
日怊文武大王長子也. 母慈儀一作義王后.'(神文王元年 조)라고 되어 있
다.

○ 【妃神文王后金運公之女】 처음 왕이 태자가 되었을 때, 김흠돌의 딸을 맞
이하여 왕비로 했으나, 김흠돌의 모반주복에 의해서 폐(廢)하고, 새로이
김흠운의 딸을 부인으로 맞이했다. 이것은 '나기' 신문왕의 원년에서 3년
조에 걸쳐서)에 적혀 있다. 김흠운(金欽運)은 또 김흠운(金欽雲)이라고
도 했는데, 이것을 왕력에서는 김운공이라고 하고 있는 것이다. 다음의
효소왕은 후비 신목왕후의 아들이다.

○ 【辛巳立. 理十一年】 치세연차 및 그 간지에 관하여 '사'·'유' 모두 부합.
치세년은 당년칭원법(當年稱元法)에 의하나, 붕년은 계산되어 있지 않
다. '나기' (신문왕 12년 추7월 조)에 '王薨. 謚曰神文. 葬狼山東'이라고 되
어 있으나, 왕력은 능에 관한 것을 다루고 있지 않다.

고려 139)

무진국제(戊辰國除)

무진에 나라가 멸망했다. 동명(왕)의 갑신부터 이 무진에 이르기까지

---

139) 고구려를 말한다.

합쳐서 705년이다.

 ○【東明甲申】이 왕력도, '사' 연표도, 모두 시조 동명왕 즉위년을 전한 효
원제의 건소 2년 갑신년(기원전 37)이라고 기술하고 있다.
○【戊辰】고구려가 신라·당의 연합군에 나라가 멸망한, 당 고종의 총장 원
년(戊辰)(668)을 가리킨다.

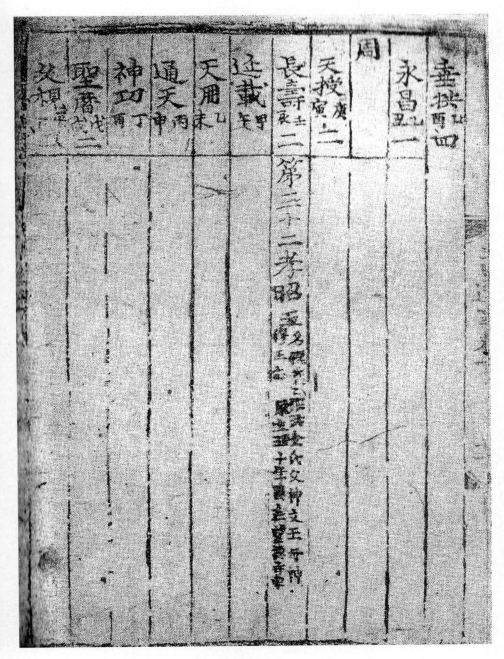

제11장 뒷면

일본	간지干支	서력西曆	중국	유遺 중국력中國曆	라羅
天武13	을유乙酉	685	垂拱1	垂拱乙酉4	
朱鳥1	병술丙戌	686	2		
持統1	정해丁亥	687	3		
2	무자戊子	688	4		
3	기축己丑	689	永昌1	永昌己丑1	
4	경인庚寅	690	天授1	天授庚寅2	
5	신묘申卯	691	2		
6	임진壬辰	692	長壽1	長壽壬辰2	第三十二孝昭王
7	계사癸巳	693	2		名理恭一作洪金氏父神文王母神穆王后田辰理十年陵在
8	갑오甲午	694	延載1	延載甲午	望德寺東
9	을미乙未	695	天冊1	天冊乙未	
10	병신丙申	696	通天1	通天丙申	
文武1	정유丁酉	697	神功1	神功丁酉	
2	무술戊戌	698	聖曆1	聖曆戊戌2	
3	기해己亥	699	2		
4	경자庚子	670	久視1	久視庚子2	

신라

제32효소왕(第三十二孝昭王)

풀이 제32효소왕은 이름을 □□라고 하며, 혹은 홍(洪)이라고도 한다. 아
버지는 신문왕, 어머니는 신목왕후이다. □辰140)에 자리에 올라, 다
스리기를 10년이었다. 능은 망덕사의 동쪽에 있다.

삼국유사 권제1

주해

○ 【名□□一作洪】□□는 이공(理恭)[141]일 것이다. '나기'에 '孝昭王立諱
   理洪一作恭'이라고 되어 있다.

○ 【父神文王】'나기'에는 간단하게 신문왕의 태자라고만 되어 있다.

○ 【母神穆王后】'나기'에 '母姓金氏神穆王后. 一吉湌金欽運一云雲女也'라고
   되어 있다.

○ 【□辰立理十年. 陵在望德寺東】□는 壬이다. 효소왕이 임진에 자리에
   올라 즉위 11년의 임인壬寅)에 훙했던 것은 '나기' 신문왕 12년 및 효소왕
   11년 조에 의해서 알 수 있다. '나기'는 '王薨諡曰孝昭. 葬于望德寺東'(孝
   昭王 11년(長安 2년) 추7월 조)라고 했으며, 나아가 같은 조의 주기에 '觀
   唐書云長安二年理洪卒. 諸古記云壬寅七月二十七日卒. 而通鑑云大足三
   年卒. 則通鑑誤'라고 주기하여, "통감"이 효소왕의 죽음을 대족 3년, 즉
   장안 3년(癸卯年)이라고 하는 것을 논박(論駁)하고 있다.

---

140) DB. '壬辰'. 그 주(注)에는, 원문은 '□辰'이나, 서울대학교소장정덕임신간본·석남필사
    본·조선사학회본·최남선교주본·이병도역주본·이재호역주본·권상로역해본은 '壬辰'.
141) DB. '이공(悝恭)', 그 주(注)에는, 석남필사본·동경제국대학영인본·속장경본·조선사학
    회본·최남선교주본·이병도역주본·이재호역주본·권상로역해본·三品彰英遺撰本에는
    '理恭'.

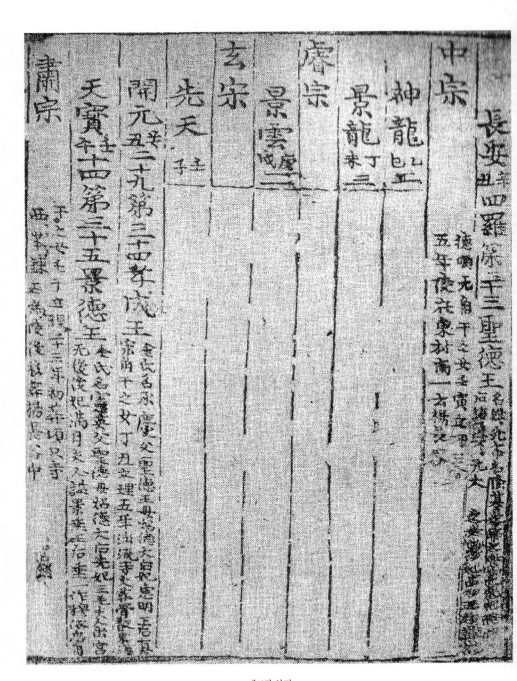

中宗　長安甲辰四　羅第三十三聖德王名興光本名隆基孝昭之母弟先妣

神龍乙巳三　　　　　德滿夫人元無角干之女王之寅立理三十

　　　　　五年陵在東村南一云楊長谷

睿宗　景龍丁未三

玄宗　景雲庚戌二

　先天壬子王

　開元癸丑二十九第三十四孝成王金氏名承慶父聖德王母炤德太后妃惠明王后眞

　　　　　　　　　　宗角干之女丁丑立理五年法流寺火葬骨散東海

天寶壬午十四第三十五景德王金氏名憲英父聖德王母炤德太后先妃三毛夫人出宮

　　　　　　　　　　無後後妃滿月夫人諡景垂王后依忠角干之女

肅宗

　　　　　　　　王丁亥立理二十三年初葬頃只寺西岑鍊石爲陵後移葬楊長谷中

제12장 앞면

일본	간지干支	서력西曆	중국	유遺 중국력中國曆	라羅
大寶1	신축申丑	701	長安1	長安申丑4	
2	임인壬寅	702	2		第三十三聖德王
3	계묘癸卯	703	3		名興光本名隆基孝昭之母弟也先妃陪昭王后諡圓元大
慶雲1	갑진甲辰	704	4	中宗	□之女也後妃占勿王后諡炤德順元角干之女壬寅立理三
2	을사乙巳	705	神龍1	神龍乙巳2	十五年陵在東村南一云楊長谷
3	병오丙午	706	2		
4	정미丁未	707	景龍1	景龍丁未3	
和銅1	무신戊申	708	2		
2	기유己酉	709	3		
3	경술庚戌	710	景雲1	睿宗 景雲庚戌2	
4	신해申亥	711	2		
5	임자壬子	712	先天1	玄宗 先天壬子 開元癸丑9	
6	계축癸丑	713	開元1		
7	갑인甲寅	714	2		
靈龜1	을묘乙卯	715	3		
2	병진丙辰	716	4		
養老1	정사丁巳	717	5		
2	무오戊午	718	6		
3	기미己未	719	7		
4	경신庚申	720	8		
5	신유申酉	721	9		
6	임술壬戌	722	10		
7	계해癸亥	723	11		
神龜1	갑자甲子	724	12		
2	을축乙丑	725	13		
3	병인丙寅	726	14		
4	정묘丁卯	727	15		
5	무진戊辰	728	16		
天平1	기사己巳	729	17		
2	경오庚午	730	18		
3	신미申未	731	19		
4	임신壬申	732	20		

5	계유癸酉	733	21		
6	갑술甲戌	734	22		
7	을해乙亥	735	23		
8	병자丙子	736	24		
9	정축丁丑	737	25		第三十四孝成王
10	무인戊寅	738	26		金氏名承慶父聖德王母炤德大后妃惠明王后眞宋[宗]角干
11	기묘己卯	739	27		之女丁丑立理五年法流寺火葬骨散東海
12	경진庚辰	740	28		
13	신사申巳	741	29		
14	임오壬午	742	天寶1	天寶壬午14	
15	계미癸未	743	2		第三十五景德王
16	갑신甲申	744	3		金氏名憲英父聖德王母炤德大后先妃三毛夫人出官無後
17	을유乙酉	745	4		後妃滿月夫人謚景垂王后垂一作穆依忠角千之女壬午立
18	병술丙戌	746	5		理二十三年初葬頃只寺西岑錬石爲陵後移葬楊長谷中
19	정해丁亥	747	6		
20	무자戊子	748	7		
天平感寶 天平勝寶1	기축己丑	749	8		
2	경인庚寅	750	9		
3	신묘申卯	751	10		
4	임진壬辰	752	11		
5	계사癸巳	753	12		
6	갑오甲午	754	13		
7	을미乙未	755	14		
8	병신丙申	756	至德1	肅宗	

제33성덕왕(第三十三聖德王)

풀이 제33성덕왕은 이름을 흥광이라고 한다. 본명은 융기라고 했다. 효소의 모제(母弟)이다. 선비(先妃)인 암소왕후[142]는 시호로서 엄정이라고 한다. 원대□(元大□)의 딸이다. 후비인 점물왕후는 시호로서 소덕이라고 한다. 순원각간의 딸이다. 임인(년)에 자리에 올라, 다스리기를 35년이었다. 능은 동촌(東村)의 남쪽에 있으며, 혹은 양장곡이라고도 한다.

주해 ○【名興光本名隆基. 孝昭之母弟也】'나기'에는 '聖德王立. 諱興光. 本名隆基. 與玄宗諱同. 先天中改焉唐書言金志誠神文王第二子. 孝昭同母也'(誠德王元年 조)라고 되어 있다. 선천(先天)이라는 연호는 1년밖에 없었고, 그것은 현종 원년, 성덕왕 즉위 11년에 해당되지만, '나기'의 그 조에 '大唐遣使虞元敏. 勅改王名'이라고 보인다.

○【先妃陪昭王后. 諡嚴貞. 元大□之女也】원판에서는 '陪昭王后'라고 판독하는 것은 어려우나, '동대본', '조선사학회본'에 의한다. '나기'의 성덕왕 3년 하5월 조에 '訥乘府令蘇判金元泰之女爲妃', 이 왕 15년 3월 조에 '出成貞一云嚴貞王后. 賜彩五百匹·田二百結·租一萬石·宅一區, 宅買康

申公舊居賜之'라고 보인다. 그 사정은 알아볼 수 없으나, 이 성정(成貞)
(諡嚴貞) 왕후는 별제(別第)로 옮겨졌던 것이다. 어쨌든 이상의 사료에서
'동대본', '조선사학회본'에서 암소왕후라는 선비(先妃)의 이름은 성정왕
후는 아닐까. '元大□□之女'의 원대(元大)는 위의 원태이며, 결자(欠字)
는 소판으로 보이기 때문에 '元大(泰)蘇判之女'가 될 것이다.

○ 【後妃占勿王后諡炤德. 順元角干之女】 '나기' 성덕왕 19년 3월 조에 '納伊
飡順元之女. 爲王妃. … 六月. 冊王妃. 爲王后', 그 23년 동12월 조에 '炤
德王妃卒'이라고 후비(後妃)의 일을 전하고 있다.

○ 【壬寅立. 理三十五年】 '나기' 성덕왕 36년 춘2월 조에 '王薨諡曰聖德'이라
고 하고 있기 때문에, 이 왕력의 예에 따라 理三五年이라고 한 것은 당연
하며, '사' 연표와도 이동(異同)은 없다. 그러나 스에마쓰 야스카즈는, 성
덕왕의 훙년에 의문이 있다는 것을 일찍이 지적했다. 그것에 의하면 왕
이 훙한 것은, 즉위 35년(開元 24년)의 가을에서 겨울에 걸쳐서의 일이라
고 하고 있다. 상세한 것은 "新羅史의 諸問題"를 참조.

○ 【陵在東村南. 一云楊長谷】 '나기'에는 '葬移車寺南'이라고 되어 있을 뿐이
고, 능에 관해서는 적혀 있지 않다.

제34효성왕(第三十四孝成王)

풀이 제34효성왕은 김씨며 이름을 승경이라고 한다. 아버지는 성덕왕이고
어머니는 소덕대후[143]이다. 왕비인 혜명왕후는 진종각간의 딸이다.
정축(년)에 자리에 올라, 다스리기를 5년이었다. 법류사에서 화장하
고, 뼈를 동해에 뿌렸다.

---

143) DB. '소덕태후(炤德太后)'.

○【金氏. 名承慶. 父聖德王. 母炤德大后】'나기'에 '諱承慶. 聖德王第二子.
母炤德王后'라고 되어 있다.

○【妃惠明王后眞宋(宗)角干之女】'나기'의 효성왕 3년 3월 조에 '納伊湌順
元女. 惠明爲妃' 마찬가지의 4년 춘3월 조에 '唐遣使. 冊夫人金氏. 爲王
妃'라고 되어 있다.

○【丁丑立. 理五年】'사' 연표도 치세를 정축에서 임년[144]의 행수 6년으로
했고, 마찬가지로 그 6년 5월 조에 '王薨諡孝成'이라고 되어 있다. 전술
(前述)과 같이 성덕의 훙년이 1년 빠르게 된다면 '丁丑立. 理五年'도, 그
것에 따라 고쳐야 한다. 또한 '유' 권제2 · 효성왕 조에 개성(開成) 10년
임술 10월과 개원 21년 계유라는 두 연호간지에 걸친 일을 열거하고 있
으나, 효성왕대는, 개원 25년(737 · 정축)에서 동29년(훙년은 그다음 해
인 천보 원년(天寶元年))까지의 일이기 때문에, 이것은 무언가의 착오에
의한 것은 아닐까.

○【法流寺火葬. 骨散東海】'나기'는 '以遺命. 燒燒柩於法流寺南. 散骨東海'
라고 약간 상세하게 기록하고 있다.

제35경덕왕(第三十五景德王)

제35경덕왕은 김씨고, 이름을 헌영이라고 한다. 아버지는 성덕이고,
어머니는 소덕대후[145]이다. 선비(先妃)는 삼모부인이나, 궁을 나오고
난 뒤의 일은 모른다.[146] 후비는 만월부인으로 경수왕후라고 시호를
붙였다. 경수(景垂)의 수(垂)는 혹은 목(穆)이라고도 한다. 의충각간의

---

144) 고증. 원문대로. '임오년(壬午年)'일 것이다.
145) DB. '소덕태후(炤德太后)'.
146) DB. '궁에서 나와 후사가 없다.'

딸이다.[147) 임오(년)에 자리에 올라, 다스리기를 23년이었다. 처음에 경지사의 서잠(西岑)에 장례를 치렀으나, 돌을 쌓아 능을 만들었고, 후에 옮겨서 양장곡에서 장례를 치렀다.

주해

o 【金氏. 名憲英. 父聖德. 母炤德大后. 先妃三毛夫人出無後】 '나기'(景德王元年之條)에는 '景德王立諱憲英. 孝成王同母弟. 孝成無子. 立憲英爲太子. 故得嗣位. 妃伊湌順貞之女也'라고만 적고, 왜 후비를 들이게 되었는가에 대해서는 분명하게 하고 있지 않다. 그러나 '유'(권제2·찬기파랑가왈)에는 '王玉莖長八寸. 無子廢之. 封沙梁夫人. 後妃滿月夫人諱景垂大后. 依忠角干之女也'라고 되어 있으므로, 삼모부인은 자식이 없었기 때문에 폐위되었을 것이다. 그리고 삼모부인의 이름은 '유' 권제3·황룡사종조에도 보인다. 즉 경덕왕이 천보 13년 갑오년(즉위 13년)에 황룡사 종을 만들었는데, 그 시주(施主)가 '孝貞伊王三毛夫人'이었다는 까닭을 전하고 있다. 효정이왕은 성덕왕 13년 춘정월에서 동 17년 춘정월까지, 중시 직(職)에 있던 이찬 효정이라는 사람이라고 생각되는데, 삼모부인(三毛夫人)과의 관계는 불명하다. 혹은 부자(父子)일까.

o 【后妃滿月夫人. 爲景垂王后. 垂一作穆. 依忠角于之女】 후비 만월은, '나기'에 의하면 왕의 2년 하4월에 왕비가 되고, 17년 7월 23일에 왕자(후에 혜공왕)을 낳았다. 서불감 김의충의 딸이었다. '유'는 전술(前述)한 '王玉莖長八寸云云' 조에 이어서, 만월왕후의 태자출생담(太子出生譚)을 기재하고 있다. 이충각간[148) ('유'), 즉 서불감 김의충('사')은 후비 만월왕후의 아버지라는 것이 분명하다고 한다면, '나기'(경덕왕 원년 조)에 보이는 '妃伊湌順貞之女也'의 순정은 선비 삼모부인의 아버지일까. 그렇다면 앞서 다루었던 효정이왕(孝貞伊王)(伊湌孝貞일까)과 이찬순정(伊湌順貞)

---

147) 고증 본문에는 依忠角干之女와 같이, 한문체를 즐겨 쓰고 있다.
148) '依忠角干'은 '유'에 근거하여 '이충각간(伊忠角干)'.

은 동일인물일까.

○ 【壬午立 理二十三年】 임오(742년)에 자리에 올라, 을사(765년)에 훙했다는 점에서, '유'·'사'와의 사이에 이동(異同)은 없다('유' 권제2·경덕왕조에는 '御國二十四年'이라고 하고 있으나, 이것은 '유'의 본문의 관례로 훙년을 계산한 결과이다). 그러나 왕의 훙년에 2설이 있었던 것을 '나기'에 의해 알 수 있다. 즉 왕의 24년 6월 조의 주기에 '古記云. 永泰元年乙巳卒. 而舊唐書及資理通鑑皆云. 大曆二年新羅王憲英卒. 豈其誤耶'라고 보이기 때문이다. 영태 원년 을사(765년)과 대력 2년 병오(766년) 사이에는, 1년의 차이가 있게 된다. 한층 더 이 문제를 추급(追及)한 스에마쓰 야스카즈는, '나기' 경덕왕 24년(永泰元年) 하4월 조에 보이는 '遣使入唐朝貢. 帝授使者校禮部尚書'라고 하는 1조가, "책부원구"에서는 영태 2년(改元大曆元年)의 4월에 걸친 기사라는 점, 또 "책부원구"에 그 입당사자(入唐使者)는 '新羅王金憲英'이라는 명기가 있는 점 등을 지적하고, '이와 같이 경덕왕의 훙년을, 영태 2년(大曆元年) 추동(秋冬)의 사이로 의정(擬定)하는 것은 지나친 것이라고 하더라도, 적어도 영태 원년 6월이라고 하는 '사'의 연기(年紀)에는, 의문을 가지지 않을 수 없다'고 하고 있다("新羅史의 諸問題").

○ 【初葬頃只寺西岑. 鍊石爲陵. 後移葬楊長谷中】 '나기'는 '王薨諡曰景德. 葬毛祇寺西'라고 기록할 뿐.

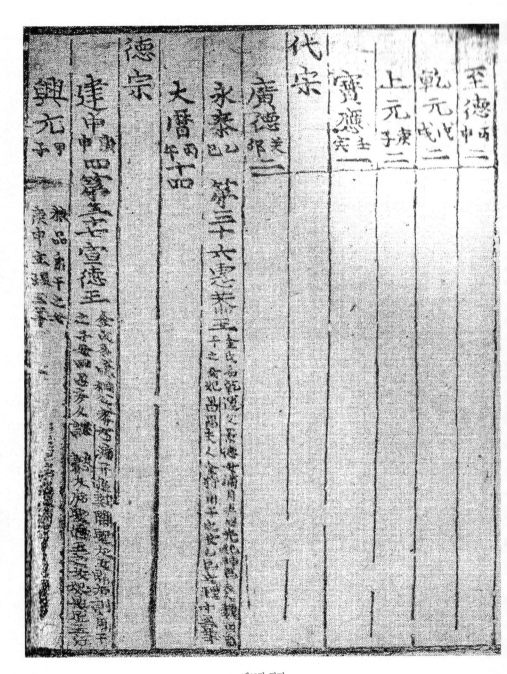

至德丙二

乾元戊七二

上元庚子二

寶應壬二

代宗

寶應癸

廣德癸卯二

永泰乙巳

第三十七惠恭王

大曆丙午十四

德宗

建中

第三十七宣德王

興元甲子

제12장 뒷면

일본	간지干支	서력西曆	중국	유遺 중국력中國曆	라羅
天平寶字1	정유丁酉	757	至德2	至德丙申2	
2	무술戊戌	758	乾元1	乾元戊戌2	
3	기해己亥	759	2		
4	경자庚子	760	上元1	上元庚子2	
5	신축辛丑	761	2		
6	임인壬寅	762	寶應1	寶應壬寅1	
7	계묘癸卯	763	廣德1	代宗	
8	갑진甲辰	764	2	廣德癸卯2	
天平神護1	을사乙巳	765	永泰1	永泰乙巳	第三十六惠恭王
2	병오丙午	766	大曆1	大曆丙午14	金氏名乾運父景德母滿月王后先妃神巴夫人魏正角干
神護景雲1	정미丁未	767	2		之 女妃昌昌夫人金將角干之女乙巳立理十五年
2	무신戊申	768	3		
3	기유己酉	769	4		
寶龜1	경술庚戌	770	5		
2	신해辛亥	771	6		
3	임자壬子	772	7		
4	계축癸丑	773	8		
5	갑인甲寅	774	9		
6	을묘乙卯	775	10		
7	병진丙辰	776	11		
8	정사丁巳	777	12		
9	무오戊午	778	13		
10	기미己未	779	14		
11	경신庚申	780	建中1	德宗	第三十七宣德王
天應1	신유辛酉	781	2	建中庚申4	金氏名亮相父孝方海干追封開聖大王卽元訓角干之子
延曆1	임술壬戌	782	3		母
2	계해癸亥	783	4		四召夫人謚貞懿大后聖德王之女妃具足王后狼品角干
					之 女庚申立理五年
3	갑자甲子	784	興元1	興元甲子	

제36혜공왕(第三十六惠恭王)

풀이 제36혜공왕은 김씨이다. 이름은 건운이라고 하며, 아버지는 경덕, 어머니는 만월왕후이다. 선비(先妃)인 신파부인149)은 위정각간의 딸이며, 왕비 창창부인은 김장각간의 딸이다. 을사(년)에 자리에 올라, 다스리기를 15년이었다.

주해 ○ 【金氏. 名乾運. 父景德. 母滿月王后】 '나기'에는 '惠恭立. 諱乾運. 景德王之嫡子. 母金氏滿月夫人舒弗邯義忠之女'(惠恭王前紀)라고 기록하고 있다.

○ 【先妃神巴夫人魏正魚干之女. 妃昌昌夫人金將角干之女】 혜공왕의 왕비에 대하여 '나기'(혜공왕 16년 하4월 조)에는, '上大等金良相. 與伊飡敬信擧兵. 誅志貞等. 王與后妃. 爲亂兵所害. 良相等諡王爲惠恭王. 元妃新寶王后. 伊飡維誠之女. 次妃伊飡金璋之女. 史失入宮歲月'이라고 보인다.

○ 【乙巳立理十五午】 을사는 혜공왕 원년(765)이다. 또 왕이 김양상 등에 살해된 것은, 왕의 즉위 16년 하4월이었다. 그것은 당의 건중 원년에 해당된다. 그런데 "구당서", "신당서", "당회요" 등의 중국사적은, 혜공왕의 홍년을 건중 4년(748)이라고 하고 있다. 홍년에 의문이 있다고 하는 까닭이 있다(스에마쓰 야스카즈 전게서 참조).

---

149) DB. 석남필사본에는 '神己夫人'. 파른본. '神巴夫人'.

제37선덕왕(第三十七宣德王)

풀이　제37선덕왕은 김씨이고, 이름은 양상(亮相)이라고 한다. 아버지는 효
방해간이며, 추봉해서 개성대왕이라고 한다. 즉 원훈각간의 아들이
다. 어머니인 사소부인은 시호로서 정의대후[150]라고 하며, 성덕왕의
딸이다. 왕비는 구족왕후이며, 양품각간의 딸이다. 경신(년)에 자리에
올라, 다스리기를 5년이었다.

주해　○【宣德王】시대구분 위에서 주목하지 않으면 안 되는 왕이다. 선덕(宣德)
은 내물왕 10세손(世係)이며, 또 성덕왕의 여서(女婿)라고 전해지는데,
선왕 혜공이 살해된 후에 자리에 올랐다. '나기'는 이 왕 이후부터 신라
말기까지를, 소위 '하대'(下代)라고 구분하고 있다.

○【金氏. 名亮相. 父孝方海干. 追封開聖大王. 卽元訓角干之子】'나기'에는
'宣德王立. 姓金氏. 諱良相. 奈勿王十世孫也. 父海湌孝芳 … 追封父爲開
聖大王'이라고 되어 있다.

○【海干】신라의 제4등의 관. '유' 왕력의 문무왕 조 참조.

○【母四召夫人. 諡圓懿大后. 聖德王之女】'나기'에 '母金氏四炤夫人聖德王
之女也 … 尊母金氏爲貞懿太后'라고 되어 있다.

○【妃具足王后. 狼品角干之女】'나기'에 '妃具足夫人. 角干良品之女也一云
義恭阿湌之女'라고 보이며, 마찬가지로 '나기'의 원성왕 원년 3월 조에는,
'出前妃具足王后於外宮賜租三萬四千石'이라고 기록되어 있다.

○【庚申立. 理五年】'나기'에 의하면 왕은 즉위 6년의 춘정월 13일에 훙했

150) DB. '□懿太后'. 그 주(注)에는 동경제국대학영인본·속장경본·최남선교주본·이병도역
주본·이재호역주본·권상로역해본·三品彰英遺撰本에서는 탈자를 '貞'으로 추정, 조선사
학회본에는 '貞懿太后'.

고, 유언 조서(遺詔中)에 '死後. 依佛制. 燒火. 散骨東海'라고 되어 있었던 것을 알 수 있다.

羅 第三十八元聖王 金氏名敬慎 一作敬信 唐書云敬則 父孝讓大阿干 追封明德大王 母仁□一云知烏夫人 諡昭文王后 昌近伊巳之女 妃淑貞夫人 神述角干之女 乙丑立 理十四年 陵在鵠寺 今崇福寺 也崔致遠所立碑□ 或遠寺 亦□乙卯立理

第三十九昭聖王 一作昭成王 金氏名俊邕 父惠忠大子 母□桂花王后 辛卯立而崩

第四十哀莊王 金氏名重熙 一云清明 父昭聖 母桂花王后 辛卯七月十九日立 理十年 元和四年己丑七月十九日 王之叔父憲德興德兩伊干所害而崩

憲宗
元和十五
第四十一憲德王 金氏名彦升 昭聖之母弟 妃貴勝娘 諡皇娥王后 先妃諡皇娥王后忠 理十九年 陵在泉林村北

穆宗
長慶四

敬宗
寶曆二
第四十二興德王 金氏名景暉 憲德母弟 妃昌花夫人 諡定穆王后 昌花即昭聖之女也 理十年 陵在安康界大夫人 即諡梓玉后也 興起昌花今

文宗

제13장 앞면

일본	간지干支	서력西曆	중국	유遺 중국력中國曆	라羅
延曆4	을축乙丑	785	貞元1	貞元乙丑20	第三十八元聖王 金氏名敬愼一作敬信唐書云敬則父孝讓大阿干追封明德
5	병인丙寅	786	2		大王母仁□一云知鳥夫人諱昭文王謚昌近伊巳之女妃淑
6	정묘丁卯	787	3		貞夫人神述角干之女乙丑立理十四年陵在鵠寺今崇福寺
7	무진戊辰	788	4		有也或(致)遠所立碑
8	기사己巳	789	5		
9	경오庚午	790	6		
10	신미申未	791	7		
11	임신壬申	792	8		
12	계유癸酉	793	9		
13	갑술甲戌	794	10		
14	을해乙亥	795	11		
15	병자丙子	796	12		
16	정축丁丑	797	13		
17	무인戊寅	798	14		
18	기묘己卯	799	15		第三十九昭聖王 一作昭成王金氏名俊邕父惠忠大子母聖穆大后妃桂花王
19	경진庚辰	800	16		后夙明公女己卯立而崩
20	신사申巳	801	17		
21	임오壬午	802	18		第四十哀莊王
22	계미癸未	803	19		金氏名重熙一云淸明父昭聖母桂花王后辛卯立理十年元
23	갑신甲申	804	20		和四年己丑七月十九日王之叔父憲德興德兩伊干所害而 崩
24	을유乙酉	805	永貞1	順宗 永貞乙酉	
大同1	병술丙戌	806	元和1	憲宗 元和丙戌15	
2	정해丁亥	807	2		
3	무자戊子	808	3		
4	기축己丑	809	4		第四十一憲德王
弘仁1	경인庚寅	810	5		金氏名彦升昭聖王之母弟妃貴勝娘謚皇娥王后忠恭角干
2	신묘申卯	811	6		之女巳(己)丑立理十九年陵在泉林村北
3	임진壬辰	812	7		
4	계사癸巳	813	8		
5	갑오甲午	814	9		
6	을미乙未	815	10		

7	병신丙申	816	11		
8	정유丁酉	817	12		
9	무술戊戌	818	13		
10	기해己亥	819	14		
11	경자庚子	820	15		
12	신축辛丑	821	長慶1	穆宗	
13	임인壬寅	822	2	長慶辛丑4	
14	계묘癸卯	823	3		
天長1	갑진甲辰	824	4		
2	을사乙巳	825	寶曆1	敬宗	第四十二興德王 金氏名景暉憲德母弟妃昌花夫人謚定穆王后昭聖之女丙
3	병오丙午	826	2	寶曆乙巳2	午立理十年陵在安康北比火壤與妃昌花合葬

신 라

제38원성왕(第三十八元聖王)

풀이 제38원성왕은 김씨이다. 이름은 경신(敬愼)이라고 하며, 혹은 경신(敬
信)이라고도 한다. "당서"에는 경칙(敬則)이라고 한다. 아버지는 효양
대아간으로 추봉해서, 명덕대왕이라고 한다. 어머니는 仁□151)는 혹
은 지조부인이라고 하며, 시호로서 소문왕후라고 한다. 창근이사152)

---

151) DB. 조선사학회본·최남선교주본·이병도역주본·이재호역주본·권상로역해본·三品
彰英遺撰本에는 탈자가 한 자, 동경제국대학영인본·속장경본은 탈자가 두 자. 고증에서는
주해를 미루고 있다. 파른본. 탈자 한 자.
152) 고증. DB. 모두 같다. DB.주(注)에는 최남선교주본·이병도역주본·이재호역주본·권상

의 딸이다. 왕비 숙정부인은, 신술각간의 딸이다. 을축(년)에 자리에 올라, 다스리기를 14년이었다. 능은 곡사, 지금의 숭복사에 있으며, (최치)원[153])이 세운 비(碑)가 있다.

 ○【金氏. 名敬愼. 一作敬信. 唐書云敬則】'나기'에 '諱敬信奈勿王十二世孫'이라고 되어 있다. 경신(敬信)이라고 하는 휘(諱)는 '유' 권제2(원성대왕)에도 보인다. 또 내물왕 12세손이라고 되어 있는데, 경신(敬信)이 즉위한 원년 2월에 일어난 추봉에 의해 거슬러 올라가 5대까지의 계보를 알 수 있다. 즉 '나기'에 의하면 '二月追封高祖大阿喰法宣爲玄聖大王. 曾祖伊湌義寬爲神英大王, 祖伊湌魏文爲興平大王, 考一吉湌孝讓爲明德犬王'이라고 기재되어 있기 때문이다. 이것을 '유'에 대하여 보건대, 인명을 표기한 용자에 다소 다른 것이 보이는데다가 고조보다 1대 더 거슬러 올라가 명기하고 있다. 즉 그 원성대왕 조에 '追封祖訓入匝干, 爲興平大王. 曾祖義官臣干, 爲神英大王. 高祖法宣大阿干, 爲文聖大王. 玄聖大王文聖之考即摩叱次匝干'(玄聖大王이 중복되어 있는 것은 원판의 오각(誤刻)일 것이다)이라고 되어 있다. 그러나 '유' 왕력에 보이는 부 효양에 관한 추봉기사는, 여기에서는 찾을 수 없다.

○【父孝讓大阿干追封明德大王】추봉에 대해서는 전 항목을 참조. 대아간은 제5등관위의 대아찬에 관한 것인데, '나기'에 의하면 '考一吉湌孝讓爲明德大王'(元聖元年 조)이라고 보인다. 일길찬은 제7등관위이기 때문에, 양사료(兩史料)의 사이에서 효양의 관위 격차가 보인다.

○【母仁□. 一云知烏夫人. 諱昭文王后. 昌近伊巳之女】'나기'는 '母朴氏繼烏夫人 … 追封爲昭文太后'라고 한다. '유' 왕력은 지조부인(知鳥夫人)이라고 보이는 것 같은데, 만일 그렇다면 역시 지오부인(知烏夫人)으로 고

로역해본에는 '伊己'.
153) DB. 서울대규장각본에는 式遠, 최남선교주본·三品彰英遺撰本에는 致遠.

치는 것이 좋을까. 仁□는, 몇 자가 들어가는 건지 현재로서는 모른다. 창근이사에 대해서도 지금은 분명하지 않다.

○ 【妃淑貞夫人. 神述角干之女】 왕비의 성에 대하여 '나기'는 '妃金氏神述角干之女'(원성왕 원년 조)라고 기록하고 있으며, 또 "구당서" 신라전에 '(元和)三年. 遣使金力奇來朝. 其年七年. 力奇言上貞元十六年詔. 冊臣故主金俊邕爲新羅王. 母申氏爲妃. 妻叔氏爲王妃'라고도 보인다. 이것에 의하면 왕비는, 김씨가 아니고 신씨(申氏)라는 것이 되는데, 이 성에 대하여 '나기'는, '申氏. 金神述之女. 以神字同韻申. 爲氏. 誤也'(哀莊王九年二月 조)라고 부기(付記)하고 있다. 왕비는 나중에 추봉되어, 성목대후라고 불렀던 일이 '나기' 원년 8월 조에 보인다.

○ 【乙丑立. 理十四年】 '유' 왕력에서는 다음 왕 소성의 즉위(즉 원성왕의 훙년)을 기묘년의 일이라고 하고 있기 때문에, 이 왕력의 필법(筆法)을 따르는 한, 理一四年으로 문제없다. 그러나 원성왕의 훙년에 대해서 '나기' 원성왕 14년 조에, '冬十二月二十九日. 王薨. 諱曰元聖. 以遺命. 擧柩燒於奉德寺南'이라고 기재하였고, 나아가 주기하여 '唐書云貞元十四年敬信死. 通鑑云貞元十六年敬信死. 以本史考之通鑑之誤'라고 되어 있다. 스에마쓰 야스카즈가 이미 지적한 것과 같이("新羅史의 諸問題" 참조), "통감"이 잘못되었다고 하는 것은, 사기편자의 오독(誤讀) 내지는 오해에 의한 것으로, 결국 신구양당서·통감은 모두 정원 14년을 왕의 훙년으로 하고 있는 것이다. 그렇다면 이 정원 14년은 무인년에 해당되며, '유' 왕력에 보이는 기묘년이라는 것은 1년 차이가 생기는 셈이다.

○ 【陵在鵠寺今崇福. 有也或(致)遠所立碑】 앞에 보인 대로 '나기'에는 '以遺命. 擧柩燒於奉德寺南'이라고 되어 있는데, 능에 대해서는 기재가 없다. '유'에는 '王之陵在吐含岳西洞鵠寺今崇福寺崔致遠撰碑(권제2·원성대왕)'라고 되어 있다. 이것에 의하면 판독하기 어려운 '有也或遠所立碑'는, 최치원의 찬비와 관련되는 기재라고도 생각된다. 또한 '有也或遠所'는 '국서간행회복간본'(제2판)에는 '有也致遠所立碑'라고 되어 있다.

제39소성왕(第三十九昭聖王)

풀이 제39소성왕은 혹은 소성왕(昭成王)이라고도 한다. 김씨며 이름은 준옹이라고 한다. 아버지는 혜충대(태)자, 어머니는 성목대(태)후이다. 왕비 계화왕후는 숙명공의 딸이다. 기묘(년)에 자리에 올랐으나, 붕했다.

주해 ○【一作昭成王金氏名俊邕. 父惠忠大子. 母聖穆大后. 妃桂花王后. 夙明公女】 '나기'에는 '昭聖或云昭成王立. 諱俊邕. 元聖王太子仁謙之子也. 母金氏. 妃金氏桂花夫人. 大阿飡叔明女也. 元聖大王元年. 封子仁謙爲太子. 至七年卒. 元聖養其子於宮中(中略)十一年爲太子. 及元聖薨繼位'(卽位紀), '夏五月. 追封考惠忠太子. 爲惠忠大王 (中略). 八月追封母金氏. 爲聖穆太后'(元年之條), '六月. 封王子爲太子. 王薨謚曰昭聖'(二年之條) 등의 관련기사가 있다. 계화의 성을 숙씨(叔氏)라고 하는 사료가 있는데, 이것에 대해서는 다음의 애장왕의 항목 참고.

○【己卯立而崩】 이미 적은 것과 같이, 선왕(先王)(원성)의 홍년이 무인일 가능성이 지적되기 때문에, '己卯立'이라는 것에도 당연히 의문이 생기게 된다. '사'는 연표·본기(本紀) 모두 소성의 홍년을 즉위 2년으로 하고 있는데, 이것은 경진년에 해당된다. 스에마쓰 야스카즈는, '사'의 기년(紀年)은 "자치통감"에 의한 것이며, 이 "통감"의 연월은, 준옹의 홍거와 중희의 즉위를 알리는 사신이 당 조정에 도달한 연월을 보이는 것이라고 생각되기 때문에, 준옹의 사실 홍년은 '유'에서 말하는 기묘년(秋冬의 사이)이었다고 하는 편이 이치에 맞을 것이라 하고 있다("新羅史의 諸問題").

제40애장왕(第四十哀莊王)

제40애장왕은 김씨이다. 이름은 중희, 혹은 청명이라고도 한다. 아버지는 소성왕, 어머니는 계화왕후이다. 신묘(년)에 자리에 올라, 다스리기를 10년[154]이었다. 원화 4년 기축 7월 19일에 왕의 숙부 헌덕, 흥덕 양이간(兩伊干)에게 살해당해 붕했다.

○【金氏名重熙. 一云淸明. 父昭聖. 母桂花王后】'나기'에 '諱淸明. 昭聖王太子也. 母金氏桂花夫人. 即位時十三歲', '秋七月更名重熙'라고 되어 있다. 또 모성(母姓)에 관하여, '나기'의 6년 춘정월 조에, '封母金氏. 爲大王后. 妃朴氏爲王后'라고 되어 있으며, 나아가 같은 해의 시년(是年) 조에, '其(哀莊王) 母叔氏爲大妃王母父叔明奈勿王十三世孫. 姓金氏. 以父名爲叔氏. 誤也. 妻朴氏爲妃'라고 보인다. 또 "책부원구"에는 '其(金重熙) 母和氏爲太妃. 其處朴氏爲妃'라고 보인다. 이 왕모, 왕비의 성에 대해서는, 이노우에 히데오, '新羅朴氏王系의 成立'("新羅史基礎硏究")을 참조.

○【辛卯立. 理十年. 元和四年己丑七月十九日. 王之叔父憲德·興德兩伊干所害而崩】신묘(辛卯)라고 되어 있는 것은, 기묘(己卯)를 잘못한 것은 아닐까. 원화 4년이 기축(己丑)이라는 것에 잘못은 없다. 그리고 '理十年'이라고 하는 것이, '유' 왕력의 필법(筆法)에 따라 붕년을 계산하지 않은 것이라면, 기축년의 전년(前年)인 무자(戊子)에서 역산(逆算)하여 10년, 즉 기묘(己卯)년이 왕의 즉위 원년이라야 한다. 또한 '유' 권제2(早雪)에 '第四十哀莊王末年戊子八月十五日有雪'이라고 기록되어 있다. 한편 '사' 연표는 애장왕 중희(重熙)의 즉위 원년(즉 소성왕의 훙년)을 경진(庚辰)년

---

154) DB. 동경제국대학영인본·속장경본에는 '九年'.

(貞元 16년)에 두고 있다. 스에마쓰 야스카즈는 '애장왕이 살해당한 다음 달(新王憲德即位의 翌月) 추8월에 일어난, 김창남의 입당고애 및 당으로 부터의 책립사 최연의 파견은, 기사 그 자체는 당의 사적(史籍)에 있는 그대로 옮겨 왔음에도 불구하고, 연월은 커다란 개역(3년 끌어올림)을 하고 있는 것'에 착목하여 고증한 결과, '나는 애장왕의 훙년에 관한 '사기'의 기록을 의심하는, 바꿔 말하면 당의 '사적'(史籍)이 전하는 바에 바탕을 두면, 왕의 훙년은 적어도 원화 4년이 아니라고 말할 수 있지 않을까'라고 생각한다. 이렇게 생각하는 이유의 가장 주된 것은, 원화 5년(元和 五年) 10월의 입당사자 김헌장을, 김중희=애장왕이 보내는 부분이었다는 것이었다는 것이라고 언급하고 있다(前揭書 참조). 다음으로 헌덕·흥덕의 두 사람의 모반에 대하여, '나기'는, 애장왕의 10년 추7월 조에 걸쳐서 '王叔父彦昇與弟伊飡悌度悌邕. 將兵入內作亂弑王. 王弟體明侍衛王幷害之. 追諡王爲哀莊'이라고 기재할 뿐이었다. 또 헌덕·흥덕의 양이(兩伊)의 이간은, 두말할 것도 없이 이척찬 또는 이찬이라고도 표기되는 신라 제2등의 관위이다.

제41헌덕왕(第四十一憲德王)

(풀이) 제41헌덕왕은 김씨이다. 이름은 언승이라고 하며, 소성왕의 모제(母弟)이다. 왕비, 귀승랑은 시호로서 황아왕후라고 하며, 충공각간의 딸이다. 사축[155](년)에 자리에 올라, 다스리기를 19년[156]이었다. 능은 천림촌 북쪽에 있다.

---

155) 규장각본, 교다이(京大)본에는 모두 '사축(巳丑)'. 고증에는 '기축(己丑)'의 잘못이라고 주해. DB. '기축(己丑)'. 주(注)는 없다. 파른본. 분명한 '己丑'.
156) DB. 동경제국대학영인본·속장경본에는 '十七年'.

○ 【憲德王】【金氏. 名彦升. 昭聖王之母弟】모제(母弟)는 외삼촌(同母弟)을 말한다. '나기'에는 '諱彦昇. 昭聖王同母弟也'라고 기록하고 있다. 헌덕왕 (彦昇)은 전왕(前王) 애장왕의 숙부에 해당되며, 조부인 원성왕 6년(790) 에는 사신으로 당에 가서, 대아찬이 되었고, 동 7년에는 이찬 제공이 모 반하는 것을 주살하고, 동 10년에는 잡찬에 올라 시중이 되었고, 동 11년 에는 이찬에 올라 재상이 되었고, 동 12년에는 병부령이 되었고, 애장왕 원년(800)에는 각간에 올랐고, 동 2년에는 어룡성사신, 이윽고 상대등 ('나기')이 되는 등, 눈부신 경력의 주인공이었으나, 809년에 난을 일으켜 애장을 시해하고, 왕위에 올랐다. 이 왕대에는 여러 번 천변이 일어나 기 민이 속출했고, 또 도적이 봉기하는 등, 평온하지 않았다. 이러한 가운데 그 14년(822년) 3월, 앞서 원성왕과의 왕위계승의 다툼에서 패배한 주원 (무열왕의 자손)의 아들, 웅천주 도독 헌창이 반란을 일으켜, 국호를 장 안이라 하고, 건원(建元)하여 경운 원년이라고 칭하며, 옛 백제·가라에 걸치는 지방을 위협하여, 한때 대란이 되었다. 나아가 동 17년에는 헌창 의 아들인 범문 등이 모반을 일으켰으나, 모두 신속하게 진압되었다. 이 것으로 인해 국내는 분열되었다고 해도 좋을 것이다. 18년에는 북방의 주군인(州郡人), 1만 명을 징발하여 패강장성 삼백리를 쌓았으나, 북변 (北邊)에 대한 대비도 용이하지 못한 것이 있었던 것 같다. 이 왕대에 대 해서는 '유' 권제2(早雪)를 참조.

○ 【妃貴勝娘. 諡皇娥王后. 忠恭角干之女】'나기'에는 '妃貴勝夫人. 禮英角 干女也'라고 보이며, 부명(父名)이 다르다. 황아왕후라는 시호는 다른 사 료에는 보이지 않는다. 충공각간에 대해서는 '나기' 헌덕왕 9년 조에 '以 伊湌金忠恭爲侍中' 또 마찬가지로 13년 조에는 '夏四月. 待中金忠恭卒'이 라고 되어 있다. 다음으로 부인에 관해서는 '冊妻貞氏爲妃'라고 기록하 고, 또 거기에 '按王妃禮英角干女也. 今云貞氏. 未詳'이라고 주(注)를 달 고 있다. '나기'의 이 조는 중국사적에 의한 기재이다. 즉 "신당서" 동이전 에는 '彦昇立…以妻貞爲妃', "구당서" 동이전에는 '彦昇妻冊貞氏爲妃', 또

"당회요" 권95 신라 조에는 '妻正氏冊爲妃'라고 보인다.

○【巳丑】사축(巳丑)은 기축(己丑)의 잘못이다.

○【理十九年】'유' 왕력은 다음 왕 홍덕이 병오에 자리에 올랐다('나기'도 '十八年十月王薨'이라고 하고 있다)고 하고 있기 때문에, 헌덕의 치세는 기축(809)부터 병오(826)까지 도합 18년간이 된다. 따라서 그 치세연차는 왕의 붕년을 빼고 '理十七'로 해야 할 것이다. 그러나 이 점에 관련해서 '나기' 홍덕왕 18년 조에 '古記云在位十八年寶曆二年丙午四月卒. 新唐書云慶寶曆間羅王彦昇卒. 而資理(治)通鑑及舊唐書皆大和五年卒. 豈其誤耶'라고 주기하고 있어, 왕의 홍년에 의문을 생긴다. 또 '유' 권제2(홍덕왕·앵무)에 '第四十二興德大王寶曆二年丙午即位'라고 되어 있는 것은, 이곳에서 말하는 "고기"와 부합된다. 스에마쓰 야스카즈는 "당회요"(권95)에 '大和四年彦昇卒. 五年四月. 詔以新羅王智徵爲 … 鷄林州諸軍事兼充寧海軍使'라고 되어 있는 것이, 혹은 진실에 가까운 기전(記傳)일까 생각한다고 말하고 있다("新羅史의 言問題" 427면 참조).

○【陵在泉林村北】'나기'에는 '葬于泉林寺北'이라고 되어 있다. '승람' 권21·경주부의 능묘(陵墓) 조에는 '憲德王陵. 在府東泉林里'라고 되어 있으나, 천림사(泉林寺)는 미상. '국서간행회복간본'(제2판)에는 '陵在泉林寺村北'이라고 되어 있다.

제42흥덕 왕(第四十二興德王)

풀이 제42홍덕왕은 김씨이다. 이름은 경휘라고 하며, 헌덕의 외삼촌이다. 왕비 창화부인은 시호로서 정목왕후라고 한다. 소성의 딸이다. 병오에 자리에 올라 다스리기를 10년이었다. 능은 안강의 북쪽, 비화양에 있으며, 왕비 창화와 합장했다.

○ 【金氏名景暉】 "신당서" 및 "구당서"의 신라전에 의하면, 흥덕왕의 이름은 경휘라고 되어 있다. 또 '나기'도 '興德王立. 諱秀宗. 後改爲景徽. 憲德王同母弟也'라고 기록하고 있다. 따라서 '유' 왕력만이 '名景暉'라고 하고 있는 것은 착간(錯簡)에 의한 것으로 생각된다. 즉 '유' 왕력은 흥덕왕과 신덕왕의 이름을 바꿔서 기재한 것은 아닐까. 왕명 이외의 계보기사까지 바꾸고 있는지 어떤지는 당장 판단하기 어렵다. 지금 알기 쉽게 하기 위하여, '유' 왕력과 '나기'에 의해 흥덕·신덕, 두 왕의 계보사료를 병기해 두겠다. [참고] 스에마쓰 야스카즈, '新羅下古諸王薨年存疑', "新羅史의 諸問題"; 이노우에 히데오, '新羅朴氏系의 成立', "新羅史基礎硏究".

	'유' 왕력	'나기'
興德	金氏名景暉憲德母弟妃昌花夫人謚定穆王后昭聖之女	諱秀宗後改爲景徽憲德王同母弟也冬十二月妃章和夫人卒追封爲定穆王后
神德	朴氏名景徽本名秀宗母眞花夫人夫人之父順弘角干追謚成虎大王祖元隣角干乃何達王之遠孫父文元伊干追封興廉大王祖文官海干義父銳謙角干追封成大王妃資成王后一云懿成又孝資	姓朴氏諱景暉阿達羅王遠孫父又一云銳謙事定康大王爲大阿湌母貞和夫人妃金氏憲康大王之女

○ 【妃昌花夫人. 諱定穆王后 昭聖之女】 '나기'에는 '妃章和夫人卒. 追封爲定穆王后'라고 있으며, 시호는 일치하고 있다. '昭聖之女'에 관해서는, '나기'의 주문(注文)에 '章和. 姓金氏. 昭聖王之女也', 또 "구당서"에 '景徽母朴氏. 爲太妃. 妻朴氏爲妃'라고 보여, 부인의 성이 다르다.

○ 【丙午立. 理十年】 '丙午立'이 맞는다고 한다면, 전왕(前王)인 헌덕이 '己丑에 자리에 올라 다스리기를 19년'이라고 하는 기재와 모순이 되는데, 병오즉위설은 '유' 권제2(흥덕왕 앵무)에도 보인다. 이 점, '나기'에 헌덕의 졸년(卒年)에 관하여, '古記云, 在位十八年·寶曆二年丙午四月卒'이라고 주기하였고, 나아가 계속해서 "신당서", "자치통감", "구당서", 모든 서에도 '大和五年卒'이라고 되어 있는 것을 비판하여 '豈其誤耶'라고 자설(自說)을 전개하고 있는 것을 주목할 수 있다. '유' 왕력, '나기', 중국사서,

각각의 기재의 어느 것을 옳다고 해야 할까. 한층 더 후고(後考)를 기다
려야 할 것이다. 다음으로 '理十年'에 대하여 말하면, 이 치세연수에는 역
시 붕년이 계산되어 있지 않다. 왕의 치세 11년째에 다음 왕 희강이 즉위
하고 있다. '나기'도 '十一年冬十二月王薨謚曰興德'이라고 기록하고 있다.

○ 【陵在安康北比火壤. 與妃昌花合葬】 '나기'는 왕의 11년 동12월 조에 '朝
廷以遺言, 合葬章和王妃之陵'이라고 되어 있다. 왕비 이름인 창화(昌花)
와 장화(章和)는 다른 것 같으나, 음 상통하기 때문에 동일인일 것이다.
또 '승람' 권21 · 경주부의 능묘 조에는 '興德王陵. 在安康縣北'이라고 되
어 있으나, 비화양에 대해서는 미상. 안강은 경주의 북쪽 교외에 있다.

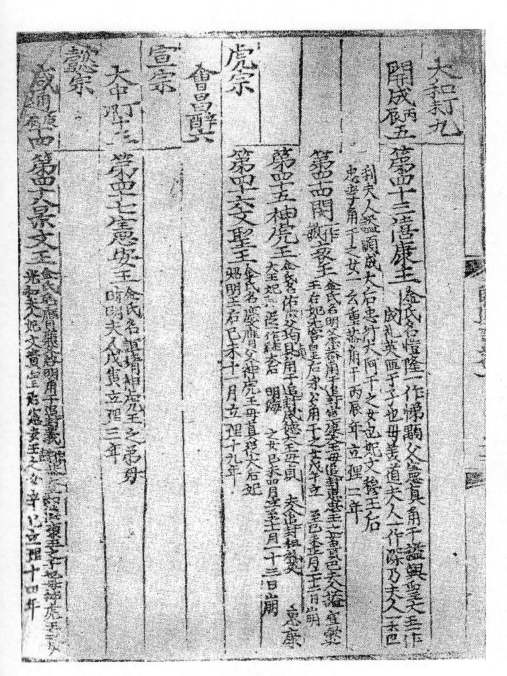

大和辛亥

開成丙辰五　第四十三僖康王　金氏名悌隆一作愷父憲貞角干諡興聖大王作
　　　　　　　　　　　　　　　 祖礼英匝于一云孝宗大阿干之子也母義道夫人一作深乃夫人一云
　　　　　　　　　　　　　　　 　忠孝夫人角干之女 一云巴只夫人妃文穆王后立理二年

第四十四敏哀王　金氏名明父忠恭角干追封宣康大王母追封惠忠王之女貴巴夫人諡宣懿皇太后
　　　　　　　　　　妃无容皇后父永公角干立理至己未正月二十二日崩

第四十五神虎王　金氏名佑徵父均貞角干追封成德大王母貞[口]夫人諡憲穆太后妃真從大后妃
　　　　　　　　　己未四月立理十九年　文聖　辰[口]　己未四月二十三日崩　惠康

第四十六文聖王　金氏名慶膺父神虎王母貞繼夫人明海
　　　　　　　　　妃炤明王后己未十一月立理十九年

虎宗

會昌六

宣宗

大中四　第四十七憲安王　金氏名誼靖昭明王之弟身
　　　　　　　　　　　　　妃明[口]夫人立理三年

懿宗

咸通　　第四十八景文王　金氏名膺[口]父啓明角干追封僖康王即僖康王之子光和大妃文資皇后
　　　　　　　　　　　　　乃憲安王之壻辛巳立理十四年

일본	간지干支	서력西曆	중국	유遺 중국력中國曆	라羅
天長4	정미丁未	827	太和1	文宗 大和丁未9	
5	무신戊申	828	2		
6	기유己酉	829	3		
7	경술庚戌	830	4		
8	신해申亥	831	5		
9	임자壬子	832	6		
10	계축癸丑	833	7		
承和1	갑인甲寅	834	8		
2	을묘乙卯	835	9		
3	병진丙辰	836	開成1	開成丙辰5	第四十三僖康王 金氏名愷隆一作悌顒父憲眞角干諡興聖大王一作□成禮
4	정사丁巳	837	2		英臣子干之子也母美道夫人一作深乃夫人一云巴利夫人諡順
5	무오戊午	838	3		成大后忠行大阿干之女也妃文穆王后忠孝角干之女一云
6	기미己未	839	4		重恭角干丙辰年立理二年
7	경신庚申	840	5		第四十四閔[一作敏]哀王
8	신유申酉	841	會昌1	虎宗 會昌申酉6	金氏名明父忠恭角干追封宣康大王母追封惠忠王之女貴
9	임술壬戌	842	2		巴夫人諡宣懿王妃無容皇后永公角干之女戊午立至己
10	계해癸亥	843	3		未正月二十二日崩
12	갑자甲子	844	4		第四十五神虎王
13	을축乙丑	845	5		金氏名佑(徵)父均具[貞]角干追封成德大王母貞□夫人追
14	병인丙寅	846	6		封祖禮英□惠康大王妃眞從一作繼太后□明海□之女己
15	정묘丁卯	847	大中1	宣宗 大中丁卯13	未四月立至十一月十三日崩 第四十六文聖王
嘉祥1	무진戊辰	848	2		金氏名慶膺父神虎王母貞從大后妃炤明王后己未十一月
2	기사己巳	849	3		立理十九年
3	경오庚午	850	4		
仁壽1	신미申未	851	5		
2	임신壬申	852	6		
3	계유癸酉	853	7		
齊衡1	갑술甲戌	854	8		
2	을해乙亥	855	9		
3	병자丙子	856	10		
天安1	정축丁丑	857	11		
2	무인戊寅	858	12		第四十七憲安王

貞觀1	기묘己卯	859	13		金氏名誼靖神虎王之弟昕母明夫人戊寅立理三年
2	경진庚辰	860	咸通1	懿宗	第四十八景文王
3	신사辛巳	861	2	威通庚辰14	金氏名膺廉父啓明角干追封義[一作懿]
4	임오壬午	862	3		恭大王即僖康王之
5	계미癸未	863	4		子也母神虎王之女光和夫人妃文資皇后憲安之女辛巳立
6	갑신甲申	864	5		理十四年
7	을유乙酉	865	6		
8	병술丙戌	866	7		
9	정해丁亥	867	8		
10	무자戊子	868	9		
11	기축己丑	869	10		
12	경인庚寅	870	11		
13	신묘辛卯	871	12		
14	임진壬辰	872	13		
15	계사癸巳	873	14		

제43희강왕(第四十三僖康王)

풀이 제43희강왕[157]은 김씨이다. 이름은 개릉이라고 하며, 혹은 제옹이라고도 한다. 아버지는 헌진(정)각간[158]이며, 시호로서 흥성대왕이라고 하고, 혹은 □성(□成)이라고도 한다. 예영잡간의 아들이다. 어머니는 미도부인이며, 혹은 심내부인이라고도 하고, 혹은 파리부인이라고도 한다. 시호로서 순성대후라고 한다. 충행대아간[159]의 딸이다. 왕비는

---

157) DB. 권상로역해본에는 '僖庸王'.
158) DB. 동경제국대학영인본 · 속장경본 · 조선사학회본 · 최남선교주본 · 이병도역주본 · 이재호역주본 · 권상로역해본에는 '憲貞'. 파른본. '憲貞'.
159) DB. '충연(忠衍)'. 그 주(注)에는 동경제국대학영인본 · 속장경본 · 조선사학회본 · 三品彰英遺撰本에는 '忠行'.

문목왕후라고 하고, 충효각간의 딸이다. '충효각간'은 혹은 중공각간 이라고도 한다. 병진년에 자리에 올라, 다스리기를 2년이었다.

주해

○ 【金氏名愷隆. 一作悌顒】 '나기'는 성을 기록하고 있지 않으나, '諱悌隆一 云悌顒'이라고 되어 있다. 신라에서는 흥덕왕이 죽자마자, 그 당제(堂弟) 인 균정과 조카인 제융이 왕위를 다투어, 양 파가 서로 싸우기에 이르렀 다. 결국은 제융파가 승리를 거두고, 이 제융이 왕위에 올랐으나, 이것이 희강왕이다.

○ 【父憲眞(貞)角干. 諡興聖大王. 一作□成禮英匝干子也】 헌진(憲眞)은 헌 정(憲貞)을 잘못 새긴 것으로 보인다. '국서간행회복간본'(제2판)을 비롯 해, 모든 간본에는 헌정이라고 교정되어 있다. '나기'도 '元聖大王孫伊湌 憲貞一云草奴之子也'라고 기록하고 있다. 또 '一作□成'의 결자에는 '익' (翌) 자를 제시하고 있다. '나기'에도 왕의 2년 춘정월 조에 '追封考爲翌成 大王'이라고 되어 있다.[160]

○ 【母美道夫人. 一作深乃夫人. 一云巴利夫人. 諡順成大后. 忠行大阿干之 女也】 미도부인에 대해서 '나기'는 '母包道夫人'이라고 이자(異字)로 보이 고, 2년 춘정월 조에는 '母朴氏爲順成大后'라고만 기록하고 있다.

○ 【妃文穆王后. 忠孝角干之女. 一云重恭角干】 '나기'에는 '妃文穆夫人. 葛 文王忠恭之女'라고 되어 있다.

○ 【丙辰年立. 理二年】 병진년은 서기 836년. '나기'에 의하면 왕의 치세 3 년 춘정월에 상대등 금명, 시중 리홍 등이 난을 일으키고, 왕은 궁중에서 액사(縊死)[161]했다고 한다. 따라서 붕년을 계산하지 않으면 '理二年'이 된다.

---

160) DB. 동경제국대학영인본·속장경본·최남선교주본·이병도역주본·이재호역주본·권 상로역해본에서는 탈자를 '翌'으로 추정하고 있으며, 조선사학회본에는 '翌成'.
161) 목을 매어 죽음.

제44민애왕(第四十四閔哀王—作敏哀王)

 제44민애왕162)은 김씨이고, 이름을 명(明)이라고 한다. 아버지, 충공 각간은 추봉되어 선강대왕이라고 한다. 어머니는 추봉 혜충왕의 딸인 귀파부인으로, 시호하여 선의왕후163)라고 한다. 왕비는 무용황후이며, 영공각간의 딸이다. 무오(년)에 일어나, 기미의 정월 22일에 이르러 붕했다.

○【金氏. 名明】'나기'에는 '閔哀王立. 姓金氏. 諱明. 元聖大王之曾孫也'라고 되어 있다. 김명은 흥덕왕대의 말년에 시중이 되었으나, 왕이 죽은 후, 왕위 싸움이 일어나자마자 제융을 도와, 균정파를 물리치고, 제융(희강왕)을 왕위에 올리고, 스스로는 상대등이 되었다. 이윽고 명(明)은 시중 리홍 등과 병사를 모아 난을 일으켜, 희강왕을 죽음에 이르게 하고, 스스로 왕위에 올랐다. 이것이 민애왕이다.

○【父忠恭角干追封宣康大王】'나기'에 민애왕이 왕위에 오르자마자, 아버지 충공에게 시호하여 선강대왕이라고 한 것이 보인다.

○【母追封惠忠王之女. 貴巴夫人. 謚宣懿王后】'나기'에는 '母朴氏貴寶夫人. 爲宣懿大后'라고만 보인다.

○【妃無容皇后. 永公角干之女】'나기'는 '妻金氏. 爲允容王后'라고만 기록하고 있다.

○【戊午立】민애왕이 즉위한 것은, 서기 838년(戊午)이기 때문에 '나기'와 일치한다.

○【至己正月二十二日崩】앞서 왕위쟁탈에 있어, 균정파는 제융파에게 졌

---

162) DB. '민(敏)이라고도 한다'. 고증에는 언급이 없다.
163) DB. 석남필사본에는 '宣皇后'. 파른본. 宣懿.

기 때문에(균정은 전사), 균정의 아들인 우징 등은 청해진대사 궁복(장보고)에게 달려가, 드디어 궁복 등의 지원을 받아 도읍을 공격해, 민애왕을 죽이고, 우징이 왕위에 올랐다. 이것이 신무왕이다. '나기'에 의하면 민애왕이 병사에게 살해당한 것은, 그 2년(己未 · 서기 839) 윤정월(閏正月) 9일 이후가 될 것 같다.

제45신호왕(第四十五神虎王)

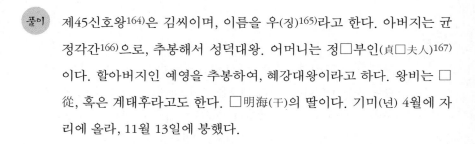

 제45신호왕164)은 김씨이며, 이름을 우(징)165)라고 한다. 아버지는 균정각간166)으로, 추봉해서 성덕대왕. 어머니는 정□부인(貞□夫人)167)이다. 할아버지인 예영을 추봉하여, 혜강대왕이라고 하다. 왕비는 □從, 혹은 계태후라고도 한다. □明海(干)의 딸이다. 기미(년) 4월에 자리에 올라, 11월 13일에 붕했다.

주해 ○【神虎王】 호(虎)는 피휘(避諱). 신무왕을 말한다. '유' 권제2(신무대왕 · 염장 · 궁파)를 참조.
　　 ○【名佑(徵)】 '나기'에는 신무왕의 휘는 우징(祐徵)이라고 한다.

---

164) DB. '제45대 신무왕(神虎王)'이라며 '호(虎)'를 '무'로 읽었다.
165) DB. 서울대학교소장 정덕임신간본 · 순암수택본에는 탈자에 손으로 '徵'이라 썼다. 동경제국대학영인본 · 속장경본 · 최남선교주본 · 이병도역주본 · 이재호역주본 · 권상로역해본 · 三品彰英遺撰本에는 '佑徵'으로 추정, 조선사학회본은 '佑徵'. 파른본. '佑□'.
166) DB. '균구(均具)'. 그 주(注)에는 석남필사본에는 '珀具'라고 되어 있고, 동경제국대학영인본 · 속장경본 · 조선사학회본 · 최남선교주본 · 이병도역주본 · 이재호역주본 · 권상로역해본에는 '均貞'.
167) 고증에는 언급이 없다. DB. 동경제국대학영인본 · 속장경본 · 최남선교주본 · 이병도역주본 · 이재호역주본 · 권상로역해본에서는 '貞矯夫人'으로 추정, 조선사학회본에는 '貞矯夫人'.

삼국유사 권제1

○【父均具[貞]角干. 追封成德大王. 母貞□夫人. 追封祖禮英. □…□惠康大
王】'나기'에는, 이것에 상당하는 기사로서, '諱祐徵. 元聖大工孫均貞上大
專之子. 僖康王之從弟也. …追尊祖伊湌禮英一云孝眞, 爲惠康大王. 考爲
成德大王. 母朴氏眞矯夫人, 爲憲穆太后'라고 기록하고 있다. 균정은 애장
왕 3년(802) 가왕자가 되어 왜국에 인질이 되려고 할 때에 사퇴. 헌덕왕
4년(812) 시중이 되고, 그 14년에는 웅천주 도독 헌창의 반란에 활약, 다
음의 홍덕왕 10년(835)에는 상대등이 되었다. 홍덕왕이 죽은 후, 종형제
제융(후의 희강왕)과 왕위를 다투다가 패사했다.

○【妃□從一作繼太后. □明海(干)之女】신무왕의 태자 문성왕 조에 '나기'
에서는 '母貞繼夫人. 一云定宗太后'라고 되어 있다. 명해는 '나기'에 보이
지 않는다.

○【己未四月立. 至十一月一十三日崩】기미[168]는 서기 839년. 신무왕이 청
해진대사 궁복의 지원을 받아, 도읍을 공격해, 민애왕을 쓰러트린 것은 2
월의 일이지만('나기'), '나기'에는 즉위의 월에 관해서는 기재가 없고, 또
그 붕년도 7월로 되어 있어 왕력의 기재와 다르다.

제46문성왕(第四十六文聖王)

풀이 제46문성왕은 김씨이며, 이름을 경웅이라고 한다. 아버지는 신호왕,
어머니는 진종대후.[169] 왕비는 소명왕후이다. 기미(년) 11월에 자리
에 올라, 다스리기를 19년이었다.

---

168) 교다이(京大)본, 규장각본 모두 '사미(巳未)'. 고증, DB. 모두 언급이 없다.
169) 교다이(京大)본, 규장각본 모두 '太后'. DB. '太后' 그 주(注)에는 동경제국대학영인본·속
    장경본·최남선교주본·이병도역주본·이재호역주본·권상로역해본에는 '貞從太后'.

○ 【炤明王后】'나기'에 보이지 않는다.

○ 【己未十一月立. 理十九年】 기미는 서기 839년. 치세연수는 '나기'와 일치.

제47헌안왕(第四十七憲安王)

제47헌안왕은 김씨이며, 이름은 의정이라고 한다. 신호왕의 동생이며, 어머니는 흔명부인이다. 무인(년)에 자리에 올라, 다스리기를 3년이었다.

○ 【神虎王之弟. 母昕明夫人】 '나기'에는 '神武王之異母也. 母照明夫人. 宣康王之女'라고 되어 있다. 선강대왕은 민애왕의 아버지, 충공의 추익(追謚).

○ 【戊寅立. 理三年】 무인은 서기 858년. '나기'에서는 서기 858년 즉위, 치세 5년으로 하고, 서기 861년에 죽었다고 되어 있다.

제48경문왕(第四十八景文王)

제48경문왕은 김씨이며, 이름은 응렴이라고 한다. 아버지는 계명각간이며, 추봉하여 의[일작의]공대왕 즉 희강왕의 아들이다. 어머니는 신호왕의 딸인 광화부인. 왕비는 문자황후[170]이며, 헌안왕의 딸이다.

---

170) 교다이(京大)본에는 '皇'이 뚜렷하고, 규장각본에는 비어 있다. DB. 동경제국대학영인본·속장경본·이재호역주본에서는 탈자를 '皇'으로 추정, 조선사학회본·이병도역주본·권상로역해본·三品彰英遺撰本에는 '文資皇后'. '皇' 표기는 이례적으로 보이나, 그 의미에 대해

신사(년)에 자리에 올라, 다스리기를 14년이었다.

○ 【父啓明角干. 追封義[一作懿]恭大王】계명각간은 문성왕 10년(848)에 시중이 되었고, 경문왕 6년(866)에는 의공대왕에 봉해진다('나기').

○ 【光和夫人】광의(光義)라고도 한다. 경문왕 6년 광의왕태후에 봉해진다('나기').

○ 【妃文資皇后. 憲安之女】경문왕의 혼인전승(婚姻傳承)으로서는, '나기' 헌안왕 4년(860) 조에 대략 다음과 같이 기록되어 있다. '경문왕이 15세 때에, 헌안왕의 하문(下問)에 대답하기를, 선행의 예로서 "高門子弟. 其與人也. 不自先而處於下", "家富於財. 可以侈衣服. 而常以麻紵自喜", "有勢榮. 百未嘗以其勢加人"의 삼익(三益)을 올렸기 때문에, 헌안왕이 감탄하여 장녀 영(납)화를 처(妻)로서 내렸다.'라고. '나기'에 의하면, '경문왕 2년에는 한층 더 부인의 여동생을 차비(次妃)로서 맞이했다.'고 되어 있다. 이 장녀 영화는 '경문왕 6년에 문의왕비가 되었고, '유'에서 말하는 문자황후에 해당된다.

○ 【辛巳立. 理十四年】신사는 서기 861년. 즉위년은 '사'와 일치한다. 또 치세연수 14년은 붕년을 제외한 것이다.

모두 언급이 없다. 파른본. '文資□后'.

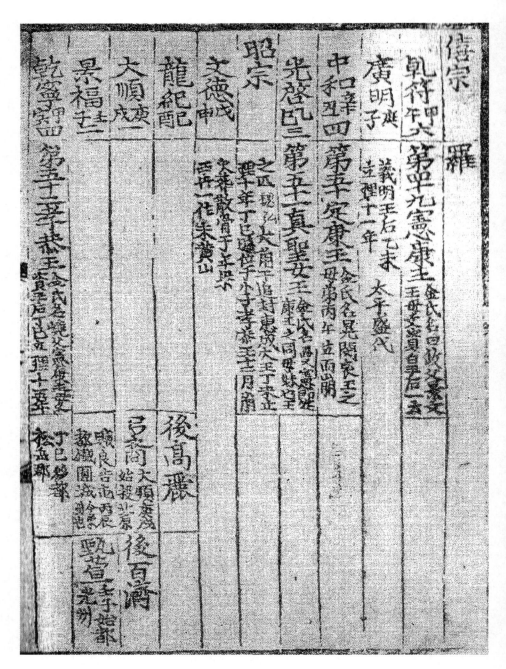

제14장 앞면

일본	간지干支	서력西曆	중국	유遺 중국력中國曆	라羅	후고려後高麗	후백제
貞觀16	갑오甲午	874	乾符1	僖宗 建寧甲午6			
17	을미乙未	875	2		第四十九憲康王 金氏名晸父景文王母文 資王后一云義明王后乙 未立理十一年		
18	병신丙申	876	3				
元慶1	정유丁酉	877	4				
2	무술戊戌	878	5				
3	기해己亥	879	6				
4	경자庚子	880	廣明1	廣明庚子	太平盛代		
5	신축申丑	881	中和1	中和申丑4			
6	임인壬寅	882	2				
7	계묘癸卯	883	3				
8	갑진甲辰	884	4				
仁和1	을사乙巳	885	光啓1	光啓乙巳3			
2	병오丙午	886	2		第五十定康王 金氏名晃閔哀王之母弟 丙午立而崩		
3	정미丁未	887	3	昭宗 文德戊申			
4	무신戊申	888	文德1		第五十一眞聖女王 金氏名曼憲即定康王之 同母妹也王之匹(魏弘)大 角干追封惠成大王丁未 立理十年于己遜位于 小子孝恭王十二月崩火 葬散骨于牟梁西□一作未 黃山	後高麗 弓裔 大順庚戌始投 北原賊良吉屯	
寬平1	기유己酉	889	龍紀1	龍紀己酉			
2	경술庚戌	890	大順1	大順庚戌2			
3	신해申亥	891	2				後百濟 甄萱 壬子始都光州
4	임자壬子	892	景福1	景福壬子			
5	계축癸丑	893	2				
6	갑인甲寅	894	建寧1	建寧甲寅4			
7	을묘乙卯	895	2			丙辰都鐵圓城 (今東州也)	
8	병진丙辰	896	3				
9	정사丁巳	897	4		第五十二孝恭王 金氏名嶢父憲康王母文 資王后己巳立理十五年 火葬師子寺北骨藏于仇 知堤東山脇	丁巳移都松岳郡	

제49헌강왕(第四十九憲康王)

풀이 제49헌강왕은 김씨이고, 이름은 정(晸)이라고 하며, 아버지는 경문왕이다. 어머니는 문자황후라고 하며, 혹은 의명왕후[171]라고도 한다. 을미(년)에 자리에 올라, 다스리기 11년이었다.

주해 ○【憲康工】'나기'에는 '諱晸. 景文王之太子. 母文懿王后. 妃懿明夫人'이라고 되어 있다. 앞의 경문왕대부터 이 왕대에 걸쳐서는, 신라국내는 비교적 평정하고, 특히 헌강왕대의 왕경은 은진이 넘쳤고, 시정환오의 정황에 대해서는 '나기' 헌덕왕 6년(880) 조, '유' 권제1(又四節遊宅), 권제2(처용랑·망해사)에 보이기 때문에 상세한 것은 그곳으로 미룬다.

○【乙未立】을미는 서기 875년. 헌강왕의 즉위연차는 '나기'와도 일치한다.

○【理十一年】'나기'에는 '十二年秋七月五日薨, 諡曰憲康. 葬菩提寺東南'이라고 왕의 훙거에 대해서 적고 있다. 붕년을 제외하면 왕의 치세연간은 11년이 된다.

○【太平盛代】신라는 하대(下代)에 들어, 왕위계승의 쟁란이 빈발하여 왕위가 안정되지 않았다. 그러나 왕위계승의 다툼도 전전대(前々代) 쯤부터 없어졌기 때문에, 신라의 정치 정세는 일단 안정되어 소강상태가 된 것 같은 느낌이 있었다. 그래서 헌강왕 때에는 귀족의 생활은 화려하게 지냈고, 왕도 경주는 은진이 극에 달했다. '유' 권제1·우사절유택(又四

---

171) DB. 최남선교주본에는 妃懿明夫人이 추가되어 있다.

節遊宅) 조(주해 106)에서 지적하고 있듯이, 그때의 일을 '사'·'유' 양서 (兩書)에 전하고 있는데, 특히 헌강왕 6년(880) 9월 9일 조의 기사는, 태평을 구가하고 있는 듯하다. 그래서 헌강왕 6년(880)에 해당하는, 당의 광명 원년(庚子年) 이후에 태평성대라고 기록했던 것이다. 그러나 왕도의 귀족들이 가무유락에 빠져 있는 동안에, 신라는 멸망일로를 향하고 있었던 것이다.

제50정강왕(第五十定康王)

풀이 제50정강왕은 김씨이다. 이름은 황(晃)이라고 하며, 민애왕의 친동생이다. 병오(년)에 자리에 올랐으나, 붕했다.

주해 ○【定康王】 헌강왕의 동생. '나기'에는 '諱晃. 景文王之第二子也'라고 되어 있다. 연령적으로 봐도 민애왕(838-839 재위)의 모제(母弟)라는 것은 의심스럽다.
○【丙午立】 병오(丙午)는 서기 886년.
○【而崩】 '나기'에 의하면, 정강왕은 그 2년 하5월에 병이 들어, 시중 준흥에게 '孤之病革矣. 必不復起. 下幸無嗣子. 然妹曼天資明銳. 骨法似丈夫. 卿等宜倣善德·眞德古事. 立之可也'라고 말하고 추7월 5일에 죽었다고 되어 있다. 왕력의 필법에 의하면 '다스리기를 1년'이 될 것이다.

제51진성여왕(第五十一眞聖女王)

풀이 제51진성여왕은 김씨이고, 이름은 만헌이라고 한다. 즉 정강왕의 동모매(同母妹)이다. 왕의 필(匹)172)은 위홍 대각간173)으로, 추봉하여 혜성대왕이라고 한다. 정미(년)에 자리에 올라, 다스리기를 10년이었으나, 정사(년)에 자리를 소자효공왕에게 물려줬다. 그리고 그 12월에 붕했기 때문에, 화장하여 뼈를 모량서□(牟梁174)西□175))(혹은 미황산이라고도 한다)에 뿌렸다.

주해 ○ 【眞聖女王】 '나기'에는 왕의 휘(諱)를 '만'(曼)이라고 한다. 헌강, 정강 2왕의 여동생으로서 정미(887)에서 정사(897)까지 재위했다. 앞서 헌강왕대에는 왕경이 번영하여, 시정환오했으나, 이미 지방은 점차 황폐하여, 망국의 징조가 농후해지고 있었던 것이다. 과연 여왕의 즉위 3년에는 국내 모든 군(郡)은 공부를 내지 않고, 부고허갈한 곳에 도적이 일어나, 천하가 소연하게 되었다. 6년에는 견훤이 옛 백제 땅 완산(지금의 전주)에 자리를 잡고 후백제국을 세우고, 궁예도 지방에 난을 일으켰다. 또 신라인이 해적이 되는 자도 많아, 일본 규슈연안에 나타나는 일도 누누이 있었다. 더욱이 즉위 10년(896)에는 적고의 적(賊)이 왕도의 서부 모량리를 겁략하는 형국이었다. 그래서 그다음 해 여왕은 '近年以未. 百姓困窮. 盜賊峰起. 此孤之下德也'('나기')라고 하며 퇴위했다. 상세한 것은 '유' 권제 2(진성여대왕·주타지 및 후백제·견훤)으로 미룬다.

---

172) 배필(配匹), 부부로서의 짝.
173) DB. 동경제국대학영인본·속장경본·최남선교주본·이병도역주본·이재호역주본·권상로역해본·三品彰英遺撰本에는 '魏弘'으로 추정, 조선사학회본에는 '魏弘'. 파른본. '魏弘' 결락.
174) 고증에는 언급이 없다. DB. '연량(年梁)'. 그 주(注)에는 동경제국대학영인본·속장경본·조선사학회본·최남선교주본·이병도역주본·이재호역주본·권상로역해본·三品彰英遺撰本에는 '牟梁'.
175) 고증에는 언급이 없다. DB. '서훼(西卉)'. 그 주(注)에는 조선사학회본·三品彰英遺撰本에는 '西□', 최남선교주본·이병도역주본·이재호역주본·권상로역해본에는 '西岳'.

제52효공왕(第五十二孝恭王)

제52효공왕은 김씨이며, 이름은 요(嶢)라고 한다. 아버지는 헌강왕이
고, 어머니는 문자왕후176)이다. 정사(년)에 자리에 올라 다스리기를
15년이었다. 사자사 북쪽에 화장을 하고, 뼈를 구지제의 동쪽의 산기
슭에 뿌렸다.

주해 ○【孝恭王】이 왕력은 '父憲康王. 母文資王后'라고 하고 있으나, '나기'에는
'憲康王之庶子. 母金氏'라고 하고, 나아가 효공왕의 즉위 후, 모김씨(母金
氏)를 높여 의명왕태후라고 한 것이 보이며, 또 왕(嶢)의 출생에 대해서
는 '나기' 진성여왕 9년 조에 보이고 있다. 그리고 왕이 여왕의 태자가 된
경위에 대해서는 다음과 같다. '冬十月. 立憲康王庶子嶢, 爲太子. 初憲康
王觀獵. 行道傍見一女子. 姿質佳麗. 王心愛之. 命後車載. 到帷宮野合. 即
有娠而生子. 及長體貌魁傑. 名曰嶢. 眞聖聞之. 喚入內. 以手撫其背曰. 孤
之兄弟姉妹骨法異於人. 此兒背上兩骨隆起. 眞憲康王之子也. 仍命有司.
備禮封崇.'('나기' 진성여왕(眞聖女王) 9년 조.)
○【丁巳立. 理十年】'나기'에 의하면 효공왕은 정사(897)부터 임신(912)까
지, 대략 16년간 재위했다. 이 왕대에 북방에서는 궁예가 나라를 세우고,
일선군(지금의 경상북도 선산) 이남이 견훤에게 빼앗기는 등으로 국토가
좁아졌다.
○【火葬. 師子寺北云云】'나기'에는 단지 '葬于師子寺北'이라고 기록할 뿐이다.
○【仇知提】미상.

---

176) DB. '우자왕후(又資王后)'. 그 주(注)에는 석남필사본·조선사학회본·최남선교주본·이
병도역주본·이재호역주본·권상로역해본·三品彰英遺撰本에는 '文資王后', 순암수택본에
는 '又'가 '文'으로 고쳐 적었다. 고증에는 언급이 없다.

후고려

궁예(弓裔)

풀이 궁예는 대순의 경술(년)에, 처음으로 북원¹⁷⁷⁾의 적·양길의 진영에 있다가, 병진(년)에 철원성(지금의 동주)에 도읍을 정하고, 정사(년)에 도읍을 송악군으로 옮겼다.

주해 ○【弓裔】궁예에 대해서는 '나기' 궁예열전에 상세하며, 또 '유' 권제2(후백제·견훤 조)에 주해하고 있기 때문에, 상세한 것은 그곳으로 미루나, 궁예는 헌강왕 혹은 경문왕의 서자라고 전해진다. 그는 출생과 동시에 민간에 버려져 승려가 되었으나(스스로 선종이라고 불렀다), 진성여왕대에 들어 천하가 어지러워지고, 지방에 군웅이 할거하자마자, 그는 난을 틈타 무리를 모으고, 내가 뜻을 이룬다고 하면서 우선 진성여왕 5년(唐大順 2년 서기 891)에 죽주의 적괴 기훤 아래에 몸을 맡겼다. 그러나 기훤이 모만불예했기 때문에, 다음 해에 북원의 적, 양길 아래에 몸을 던졌다. 궁예는 이곳에서 활약하면서 크게 위세를 떨쳤고, 이윽고 독립하여 효공왕 5년(901)에 끝내 고구려의 부흥을 외치면서 독립을 선언하고 스스로 왕이라 불렀다.

○【大順】당소종(唐昭宗)의 연호.

○【丙戌】이 병술년은 서기 890년(진성여왕 4년·당 소종의 대순 원년에 해당된다). 궁예가 양길에게 투신한 해는 '나기'와는 1년의 차이가 있다.

---

177) DB. 석남필사본에는 '比原'. 교다이(京大), 규장각본, 파른본에는 뚜렷한 '北原'.

○ 【丙辰】서기 896년.

○ 【鐵圓城】지금의 강원도 철원 지역에 해당된다.

○ 【今東州】이 금(今)은 고려시대, '유'가 편집되었을 때를 가리킨다. 동주
에 대해서는 "승람" 권7 · 강원도의 철원도호부 · 건치연혁조에 '本高句麗
鐵圓郡. 一云毛乙冬非 新羅景德王. 改鐵城郡. 後弓裔起兵. 略取高句麗舊
地. 自松岳郡來都. 修葺宮室. 窮極奢侈. 國號泰封. 及高麗太拒即位, 徒都
松岳, 改鐵圓爲東州. … 忠宣王二年 … 改今名 … '이라고 되어 있다.

○ 【丁巳】서기 897년(효공왕 원년).

후백제

견훤(甄萱)

풀이　견훤은 임자(년)에 처음으로 광주를 도읍으로 했다.

주해　○ 【甄萱】'유' 권제2에 '후백제 남부여 · 견훤'의 장을 두고 있으므로 그곳을
참고.

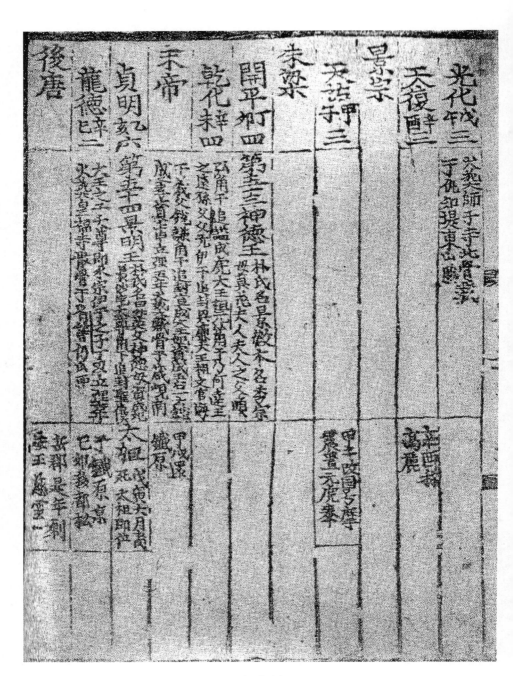

제14장 뒷면

일본	간지干支	서력西曆	중국	유遺 중국력中國曆	라羅	후고려後高麗 고려
昌泰1	무오戊午	898	光化1	光化戊午3		
2	기미己未	899	2			
3	경신庚申	900	3			
延喜1	신유申酉	901	天復1	天復申酉3		辛酉稱高麗
2	임술壬戌	902	2			
3	계해癸亥	903	3			
4	갑자甲子	904	天祐1	景宗 天祐甲子3		甲子改國號摩震置元虎 泰
5	을축乙丑	905	2			
6	병인丙寅	906	3			
7	정묘丁卯	907	開平1	朱梁 開平丁卯4		
8	무진戊辰	908	2			
9	기사己巳	909	3			
10	경오庚午	910	4			
11	신미申未	911	乾化1	乾化申未4		
12	임신壬申	912	2		第五十三神德王 朴氏名景徽本名秀宗母眞花夫人夫人之父順弘角干追謚成虎大王祖元隣角干乃阿達羅王之遠孫父乂元伊干追封興廉大王祖文官海干義父銳謙角干追封宣成大王妃資成王后一云懿成又孝資壬申立理五年火葬藏骨于箴峴南	
13	계유癸酉	913	3	末帝		
14	갑술甲戌	914	4			甲戌還鐵原
15	을해乙亥	915	貞明1	貞明乙亥6		
16	병자丙子	916	2			高麗 太祖
17	정축丁丑	917	3			戊寅六月裔死太祖即位
18	무인戊寅	918	4			于鐵原京己卯移都松岳
19	기묘己卯	919	5			郡是年創法王慈雲王輪
20	경진庚辰	920	6		第五十四景明王 朴氏名昇英父神德王母資成妃長沙宅天會角干追封聖僖大王之子天會即水宗伊干之子丁丑立理七年火葬皇福寺散骨于省等仍山西	內帝釋舍那又創天禪院 [卽普膺]新興文殊通地藏前十
21	신사申巳	921	龍德1	龍德申巳2		大寺皆是年所創 庚辰乳岩下立油市故今
22	임오壬午	922	2			俗利市云乳下十月創大
延長1	계미癸未	923	同光1	後唐		興寺或系壬午壬午又創 日月寺或系辛巳甲申創
2	갑신甲申	924	2			外帝釋神衆院興國寺

제53신덕왕(五十三神德王)

풀이 제53신덕왕은 박씨이다. 이름은 경휘(景徽)라고 한다. 본명은 수종이다. 어머니는 진화부인178)이라고 한다. 부인(夫人)의 아버지 순홍179) 각간은 추익하여 성호대왕, 할아버지인 원인각간은 아달라왕의 원손에 해당된다. (왕의) 아버지는 문원180)이간이며, 추봉하여 홍렴대왕, 할아버지는 문관해간. 의부(義父)인 예겸각간을 추봉하여 선성대왕. 왕비는 자성왕후라고 혹은 의성이라고도 하며, 또 효자라고도 한다. 임신(년)에 자리에 올라, 다스리기 5년이었다. 화장하여 뼈를 잠현의 남쪽에 장례 치렀다.

주해 ○ 【朴氏】 '나기'도 '姓朴氏'라고 한다. 제24대 진흥왕 이후의 신라왕은 김씨를 호칭해 왔으나, 신덕왕 이후 3대만이 박씨를 호칭하고 있다. 신덕왕이 박씨를 호칭한 이유는, 신덕왕과 효공왕이 형제자매 결혼을 했기 때문이다. '나기'에 의한 왕통계보는 다음과 같다.

---

178) DB. 동경제국대학영인본 · 속장경본 · 조선사학회본 · 최남선교주본 · 이병도역주본 · 이재호역주본 · 권상로역해본에는 '眞花夫人'.

179) DB. 동경제국대학영인본 · 속장경본에는 '頃弘'.

180) DB. '부원(父元)'. 그 주(注)에는 석남필사본 · 동경제국대학영인본 · 속장경본 · 조선사학회본 · 최남선교주본 · 이병도역주본 · 이재호역주본 · 권상로역해본 · 三品彰英遺撰本에는 '文元'. 파른본. '文元'.

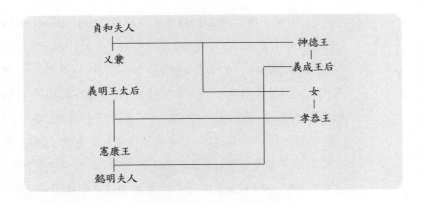

신라는 중국왕조로부터 책명을 받기 때문에, 제24대 진흥왕 이후의 왕의
성을 김씨로 했다. 제34대 효성왕 이후에, 왕비·왕모도 당조로부터 책
봉을 받게 되었으나, 왕비·왕모는 왕족 출신이 많고, 김씨를 호칭했기
때문에 동성불혼의 제도를 취하는 당조와 대립했다. 제39대 소성왕 이후
왕비·왕모의 성을 당조의 책봉을 받기 위해, 당의 동성불혼의 제도를
수용한 신라왕조는 수시로 왕비·왕모의 성을 조작했다. 그 가운데 박씨
를 호칭하는 것이 비교적 많았다. 신덕왕의 자매가 효공왕의 왕비가 되
었기 때문에, 신덕왕도 박씨를 호칭하게 되었다([참고] 이노우에 히데오,
'新羅朴氏王系의 成立', "新羅史基礎研究" 所收).

○ 【名景徽. 本名秀宗】 '나기' 흥덕왕에 '諱秀宗. 後改爲景徽.'라고 되어 있으
며, 신구당서도 흥덕왕의 이름을 경휘(景徽)라고 하고 있다. 아마 '나기'
가 옳을 것이다. '나기'에서는 신덕왕의 휘(諱)를 경휘(景暉)라고 하고, 왕
력에서는 흥덕왕의 이름을 경휘(景暉)라고 하고 있다. 무언가의 사정으
로 왕력이 흥덕왕과 신덕왕의 이름을 혼동했을 것이다.

○ 【母眞花夫人. 夫人之父順弘角干. 追諡成虎大王. 祖元隣角干. 乃阿達羅
王之遠】 '나기'에는 신덕왕의 어머니를 전기(前紀)에서 정화부인이라고
하고, 원년 5월 조에서 정화태후라고 하고 있다. 왕모의 이름이 양서(兩
書)에서 다르나, 그 이유는 불명. 또 왕모의 호칭이 부인(夫人) 이름뿐이

라는 것, 어머니 쪽의 계보를, 아버지 쪽의 계보보다 앞에 기재하고 있다는 것, 어머니 쪽의 계보에서 증조부까지 기재하고 있다는 것, 대왕의 추익(追謚)을 왕모의 아버지에 부여하고 있다는 것, '나기'에서는 아달라왕의 원손 신덕왕에 걸쳐, 부계·모계를 명시하지 않는데, 이곳에서는 모계에 걸쳐 있는 것 등은 왕력에서도 이례(異例)의 기재법이다. 이와 같은 특이한 기재법은 신라사회에 모계 존중의 풍조가 강했기 때문이라고 보기보다, 박씨 왕계의 성립원인을 왕력 편찬자가 그 모계에 있었다고 생각했기 때문일 것이다. 왕모의 아버지 순홍, 할아버지 원인은 미상. 아달라왕과의 계보관계는 박씨 왕계의 성립에 의해 조작되었을 것이다.

○ 【父文元伊干. 追封興廉大王. 祖文官海干. 義父銳謙角干. 追封宣成大王】 '나기' 신덕왕 전기(前紀)에서는 '父乂兼(一云銳謙)'이라고 되어 있고, 이 왕 원년 5월 조에서는, '追尊考. 爲宣聖大王'이라고 되어 있다. 왕력에서 신덕왕의 의부(義父)라고 하는 예겸이 '나기'에서는 실부(實父)의 별명이 되어 있고, 추봉의 대왕 이름도 선성(宣成)이 선성(宣聖)으로 되어 있어, 성(成)과 성(聖)은 동음이차자 ―'왕력' 제39대 소성왕(昭聖王)을 일명 소성왕(昭成王)이라고 하는 등의 예로부터― 로서 양자 동일 인명이라고 할 수 있을 것이다. '왕력'에서 의부의 이름을 드는 것이나, 의부에게 추봉의 대왕호(大王號)를 붙이는 것도 이례(異例)로, 이것 또한 왕력 편찬자의 박씨 신덕왕에 대한 특수한 관심에 의해서 생겼던 것은 아닐까. 의부라고 하는 예겸(乂謙)(銳謙)은 헌강왕 원년에 시중이 된 유력귀족으로, 헌강왕과의 특수한 관계를 추측하게 하는 것이다. 아버지 문원, 조부 문관은 미상.

○ 【妃資成王后. 一云懿成. 又孝資】 '나기' 신덕왕 전기(前紀)에 '姓金氏. 憲康大王之女'라고 되어 있고, 이 왕 원년 5월 조에 '妃爲義成王后'라고 되어 있다. 왕후명이 양서에 다르다. 별명인 의성, 효자는 필경 왕후명이 아니고, 본명 내지 어릴 적 이름(幼名)이라고 생각되나, 왕비의 이름을 3종류나 들고 있는 것은 이례(異例)이다. 박씨 신덕왕의 즉위에 관심을 가

진 편찬자가 즉위의 사정에 왕비가 중요한 역할을 가졌다고 생각했기 때문에, 특히 왕비 관계의 기사를 중시했던 것으로 보인다.

○ 【壬申立】 '사' 연표에 신덕왕 즉위년을 후양 태조조(太祖朝)의 건화 2년(912) 임신이라고 하고 있는 것과 일치한다.

○ 【理五年】 '나기'에는 신덕왕의 홍거를, 이 왕 6년 추7월 조에 기록하고 있다. '왕력'에서는 붕년을 치세연수로 세지 않기 때문에, '나기'와 일치한다.

○ 【火葬】 '나기'에는 신덕왕의 화장기사를 기재하고 있지 않다. '나기' 문무왕 21년 추7월 1일 조의 문무왕의 유언에 화장에 관한 일이 적혀 있다. '왕력'에서는 제51대 진성여왕 이후의 각왕이 화장했다고 되어 있다. 필경 신라 말기에는 화장이 실시되었을 것이다.

○ 【藏骨于箴峴南】 '나기'에서는 신덕왕을 죽성에 장례를 치렀다고 되어 있다. 잠현, 죽성은 미상.

제54경 명 왕(五十四景明王)

풀이 박씨이다. 이름은 승영. 아버지는 신덕왕, 어머니는 자성. 왕비는 장사택이라고 하며, 천존각간, 추봉하여 성희대왕의 아들.[181] 천존[182]은 수종이간[183](성희대왕)의 아들이다. 정축(년)에 자리에 올라 다스리기 7년이었다. 황복사에서 화장을 하고, 뼈를 성등잉산 서쪽에 뿌렸다.

---

181) DB. 「子」己庚兩本註曰子疑女誤.
182) DB. '대존(大尊)'. 교다이(京大)본의 '대존(大尊)'에는 위의 글자 '자(子)'의 마지막 획이 겹쳐 보여 '천(天)'으로 볼 수 있겠으나, 규장각본, 파른본에는 뚜렷한 '대존(大尊)'.
183) 고증, DB. 모두 '이간(伊干)'. 그러나 교다이(京大)본, 규장각본에는 뚜렷한 '이우(伊于)'이다.

○【朴氏. 名昇英. 父神德 母資成】'나기' 경명왕 전기(前紀)에 '諱昇英. 神德王之太子, 母義成王后'라고 되어 있고, 신덕왕 조에서 왕비 이름을 달리하고 있던 것이 그대로 이어져, 이곳에서는 왕모명(王母名)을 달리하고 있다.

○【妃長沙宅】'나기'에서는, 경명왕비에 관한 기사를 전부 빠트리고 있다.

○【天尊角干追封聖僖大王】천존 · 성희대왕은 미상.

○【水宗伊干】미상.

○【丁丑立】'사' 연표에는, 경명왕 즉위년을 후량(後梁) 말제의 정명(貞明) 3년 정축(丁丑)(917)이라고 하여, 이것과 일치한다.

○【理七年】'나기'에서는 경명왕의 훙거를 이 왕 8년 추8월의 일이라고 하고 있다. '왕력'에서는 왕의 붕년을 치세연수로 세지 않기 때문에, 양서(兩書)의 치세연수는 일치한다.

○【火葬皇福寺. 散骨于省等仍山西】'나기'에는 경명왕을 '葬于黃福寺北'이라고 되어 있다. 황복사(皇福寺)와 황복사(黃福寺)는 황(皇)과 황(黃)이 통음(通音)으로 동음이자일 것이다. '나기'에는 화장에 관한 것도, 산골(散骨)에 관한 것도 기록하고 있지 않다. '왕력'에서는 제51대 진성여왕 조에 화장 · 산골이 보인다. 성등잉산은 미상.

후고려

신유칭고려(辛酉稱高麗)

풀이 　신유에 고려라고 칭했다.

주해 　o 【辛酉稱高麗】 신유는 서기 901년에 해당한다. 궁예는 당시 유행하던 참
위사상에 근거를 두고 신유혁명에 연연해, 이 해를 기해서 독립을 외치고
스스로 왕이라고 한 것이다. 그리고 '稱高麗'는 일찍이 한반도 중북부를
차지했던, 고구려국의 부흥과 계승을 외치고, 국호를 고구려라고 불렀던
것이다. 상세한 것은 '유' 권제2(후백제 · 견훤) 및 '나기' 궁예전을 참조.

갑자개국호마진치원호태(甲子改國號摩震置元虎泰)

풀이 　갑자(년)에 국호를 마진이라고 고치고, 원(호)을 두고 호태로 하였다.

주해 　o 【甲子. 改國號摩震】 이 갑자년은 서기 904년에 해당된다. 신유혁명사상
에서는 갑자는 혁명년에 해당되기 때문에, 궁예는 국호를 고치고, 원호를
세웠던 것이다.
　o 【置元虎泰】 호태(虎泰)는 무태(武泰)를 말한다. 무(武) 호(虎)로 한 것은,
피휘(避諱)에 의한다. 무태라고 원호를 세웠던 것이다.

풀이 갑술(년)에 철원(鐵原)에 돌아왔다.

주해 ○ 【甲戌還鐵原】이 갑술년은 서기 914년에 해당된다. '사' 궁예전에 의하면 이 갑술년에는, 수덕만세의 연호 정개로 고쳤다고 되어 있으나, 환도에 관한 것은 보이지 않는다. 이전에는 궁예는 897년에 송악을 도읍으로 정하고, 904년(甲子年·武泰元年) 추7월에 철원성에 들어가 도읍으로 했다고 보이고 있다. 갑술은 혹은 갑자라고 해야 할까. 혹은 이전(異傳)일까. 철원(鐵圓)은 지금의 강원도 철원(鐵原) 지역.

태조(太祖)

풀이 무인(년) 6월에 궁예가 죽고, 태조가 철원경(鐵原京)에서 즉위했다.
기묘(년)에는 도읍을 송악군으로 옮겼는데, 이 해에 법왕·자운·왕륜·내제석·사나를 창건했고, 또 천선원[184] 즉 보응[185]·신흥·문수·원통[186]·지장을 창건했다. 앞의 십대사(十大寺)는, 모두 이 해에

---

184) DB. '대선원(大禪院)'. 교다이(京大)본, 규장각본에는 뚜렷한 '천선원(天禪院)'.
185) DB. 석남필사본·최남선교주본·이재호역주본에는 '普濟'.

창건했던 것이다.

경진(년)에 유암의 아래에 유시를 세웠다. 지금 세간에서는 이시를 유하라고 한다. 10월에는 대흥사를 창건했다. 혹은 임오(년)이라고 해야 할까.

임오(년)에는 또 일월사를 짓게 했다. 혹은 신사(년)이라고 해야 할까.

갑신(년)에 외제석·신중원·흥국사를 창건했다.

정축(년)에 묘사를 창건했다.

기축(년)에 구산을 창건했다.

경인(년)에 安···.187)

주해

○ 【太祖】 고려태조를 말한다. 신라말기에 천하가 어지러워지자, 송악방면에서 세력을 키운 왕건은 궁예와 연합하여, 그 부장(部將)으로서 활약했다. 한편 궁예는 왕위에 오른 후, 스스로 미륵불이라고 부르면서 광신적이 되어 비행(非行)이 많아지고, 점차 인심을 잃고, 결국 918년에 이르러 성망이 높은 왕건으로 바뀌었다.

○ 【戊寅】 서기 918년에 해당된다.

○ 【己卯】 서기 919년에 해당된다. 도읍을 송악으로 옮긴 것에 대해서는, '나기' 경명왕 조, "고려사" 태조세가 등을 참조.

○ 【十大寺】 10사(十寺)를 고려왕도에 창건한 것은, "고려사", "고려사절요" 등에 보인다.

○ 【庚辰】 서기 920년에 해당된다.

---

186) DB. 조선사학회본·최남선교주본·이병도역주본·이재호역주본·권상로역해본에서는 탈자를 '圓'으로 추정. 교다이(京大)본, 규장각본에는 '문수(文殊)'에 이어 빈칸 없이 '통(通)'으로 이어졌다.

187) 교다이(京大)본, 규장각본, 파른본 모두 '안(安)' 다음에 결락.

○ 【油市】유암의 아래에 유시를 세웠다는 것은, 이 '왕력'에만 보일 뿐이다.

○ 【甲申】서기 924년.

○ 【丁亥】서기 927년.

○ 【己丑】서기 929년.

○ 【庚寅. 安】경인은 서기 930년. '국서간행외복간본'(제2판)에는, 安의 아래에 화선원(和禪院)이라고 3아들을 보입(補入)하고 있기 때문에, '安和禪院을 창건했다.'라고 읽어야 할 것이다.

同光三　羅湇五王景哀王　朴氏名魏膺　景明之母弟也

明宗　天成戊四

天成戊四　第平六發順王　金氏博文　甲子

長興庚四　角干封魏　與大王母　城

閔帝　末帝　乙未納葬子　陵在

清泰甲二　自五鳳甲子至乙未　合九百九十二年

石晉　天福丙八

女資戌甲申　立理三年

追封抑　與大王母　城

丙申統三韓　是年國除　自辛未至此四十　四年而亡

自未金父自立

甲午神祖　乙未金父自立

前削　慶愛死　孔雀下立　池市效令傷

創入帝　神象院　奉回尋　巳　創皇龍山　庚寅安

創奉寺已　五創　龜山

釋院所傷　新興　皇奏通度藏

일본	간지干支	서력 西曆	중국	유道 중국력 中國曆	라羅	고려	후백제
延長3	을유乙酉	925	同光	同光癸未3	第五十五景哀王 朴氏名魏膺景明之 母弟也母資成甲申 立理三年 第五十六敬順王 金氏博父孝宗伊干 追封神興大王祖官 角汗封懿興大王母 桂娥□康王之		
4	병술丙戌	926	天成	明宗 天成丙戌4			
5	정해丁亥	927				丁亥創妙寺	
6	무자戊子	928					
7	기축己丑	929				己丑創龜山 庚寅 安	
8	경인庚寅	930	長興	長興庚寅4			
承平1	신묘申卯	931					
2	임진壬辰	932					
3	계사癸巳	933					
4	갑오甲午	934	淸泰	閔帝末帝 淸泰甲午2			乙未 [萱子神釼篡父自 立] 是年國除 [自壬子至此四十 四年而已]
5	을미乙未	935			乙未納土歸于 陵在□東向洞 自五鳳甲子至乙未 合九百九十二年		
6	병신丙申	936	天福	石普 天福丙申8		丙申統三韓	
7	정유丁酉	937					
天慶1	무술戊戌	938					
2	기해己亥	939					
3	경자庚子	940					
4	신축申丑	941					
5	임인壬寅	942					
6	계묘癸卯	943					

신라

제55경애왕(第五十五景哀王)

풀이 제55경애왕은 박씨이고, 이름은 위응이라고 한다. 경명왕의 동모제

(同母弟)이며, 어머니는 자성왕후[188]이다. 갑신(년)에 자리에 올라, 다스리기 3년[189]이었다.

○ 【朴氏. 名魏膺. 景明之母弟也. 母資成】 '나기' 경애왕 전기(前紀)에 '諱魏膺. 景明王同母弟也.'라고 되어 있다. 왕모명(王母名)을 제외하면 두 사료는 일치한다.

주해

○ 【朴氏. 名魏膺. 景明之母弟也. 母資成】 '나기' 경애왕 전기(前紀)에 '諱魏膺. 景明王同母弟也.'라고 되어 있다. 왕모명(王母名)을 제외하면 두 사료는 일치한다.

○ 【甲申立】 '사' 연표에 후당 장종의 동광 2년(924) 갑신년에, 경애왕이 즉위했다고 되어 있어, '왕력'와 일치한다.

○ 【理三年】 '나기'에서는 경애왕 4년 11월에 견훤 군이 왕도에 침입하여, 경애왕을 살해했다고 되어 있다. '왕력'에서는, 왕의 훙년을 치세연수에 넣지 않기 때문에, '사'와 일치하게 된다.

제56경순왕(第五十六敬順王)

풀이

제56경순왕은 김씨이고, (이름은) 부(傅)라고 한다. 아버지는 효종이간[190]이며 추봉하여 신흥대왕. 조부는 관각한.[191] 추봉하여 의흥대

---

188) DB. 동경제국대학영인본 · 속장경본 · 최남선교주본 · 이병도역주본 · 이재호역주본 · 권상로역해본에서는 아래 '資成王后'가 빠진 것으로 추정. 교다이(京大)본, 규장각본, 파른본 모두 똑같이 '王后' 없이 '資成'만 있고, 빈칸 없이 곧장 다음의 갑신(甲申)으로 이어져 있다.

189) DB. 2년간. 그 주(注)에는 동경제국대학영인본 · 속장경본 · 이병도역주본 · 권상로역해본 · 三品彰英遺撰本에서는 '三年', 순암수택본에서는 '三年'으로 고쳐 놓았다. 파른본. 2년.

190) DB. '이우(伊于)'. 그 주(注)에는 필사본 · 동경제국대학영인본 · 속장경본 · 조선사학회본 · 최남선교주본 · 이병도역주본 · 이재호역주본 · 권상로역해본 · 三品彰英遺撰本에는 '伊干'. 이곳의 '伊干'은 '이간'을 말할 것이다. 제54 경명왕 수종이간(水宗伊干)과 같은 경우, 해당 주(注) 참조. 파른본. '伊干'.

191) 교다이(京大)본, 규장각본, 고증, DB. 모두 '角汗'. DB. 주(注)에는 최남선교주본 · 이병도역주본 · 이재호역주본 · 권상로역해본에는 '角干'.

왕이다. 어머니 계아는 □康王의 ⊞이다.

을미(년)에 국토를 고려에게 내주었다. 능은 □동향동(□東向洞)에 있
다.

오봉의 갑자(년)부터 이 을미(년)에 이르기까지 합쳐서 992년이다.

 ○ 【金氏傳】 '名傳'라고 되어 있는 곳에 '名'이 탈락되어 있다. '유' 권제2(金
傳大王)에 상세하다.

○ 【父孝宗伊于. 追封神興大王. 祖官角汗. 封懿興大王】 '나기' 경순왕전기에
'文聖大王之裔孫. 孝京伊湌之子也'라고 되어 있다. '祖官角汗'은 조부의 1
자명(一字名)의 관이라고 하는 것이나, 각한(角汗)(다른 곳에서 角干이라
고 하고 있다)은 이례적인 것이다.192) 효종, 관직은 미상.

고려

병신통삼한(丙申統三韓)

풀이 병신(년)에 삼한을 통일했다.

주해 ○ 【丙申】 서기 936년. 고려는 이 전년(前年)에 신라를 병합하고, 병신년에
후백제를 토멸하여, 한반도를 통합했다. 후삼국시대는 여기에서 끝난 것

---

192) DB. 최남선교주본 · 이병도역주본 · 이재호역주본 · 권상로역해본에는 '角干'.

이다.

○【三韓】'유' 권제1(마한)의 주해 25를 참조.

을미(乙未)

풀이 을미(년)에 훤(萱)의 아들인 신검이, 아버지로부터 왕위를 빼앗아 자립했다.

주해 ○【乙未】이 해는 서기 935년에 해당된다.
○【神釰(劒)簒父自立】후백제에서는 내홍이 생겨, 견훤의 장자 신검이, 동생인 양검·용검 등과 모반하여 아버지 견훤을 금산에 유폐하고, 동생인 금강을 죽이고 스스로 대왕이라고 불렀다. 후에 견훤은 도망쳐서 고려태조에게 투신했다. 상세한 것은 '나기' 견훤전 및 '유' 권제2(후백제·견훤)에 보인다.

시년국제(是年國除)

풀이 이 해에 나라가 멸망했다. 임자(년)부터 여기에 이르기까지 44년으로 망했다.193)

○ 【是年國除】 후백제는 서기 936년에 멸망했다. 상세한 것은 '유' 권제2, 후
　　백제 · 견훤 조를 참조.

---

193) 'ㅌ'와 같은 모양의 ''자(字)이다. 이것은 교다이(京大)본, 규장각본, 모두 같다. DB. 석남
　　필사본 · 동경제국대학영인본 · 속장경본 · 조선사학회본 · 최남선교주본 · 이병도역주본 ·
　　이재호역주본 · 권상로역해본에는 '已'가 아니라 '亡'으로 되어 있어, '44년 만에 멸망하였다'
　　로 해석할 수 있다. 파른본. '亡'.

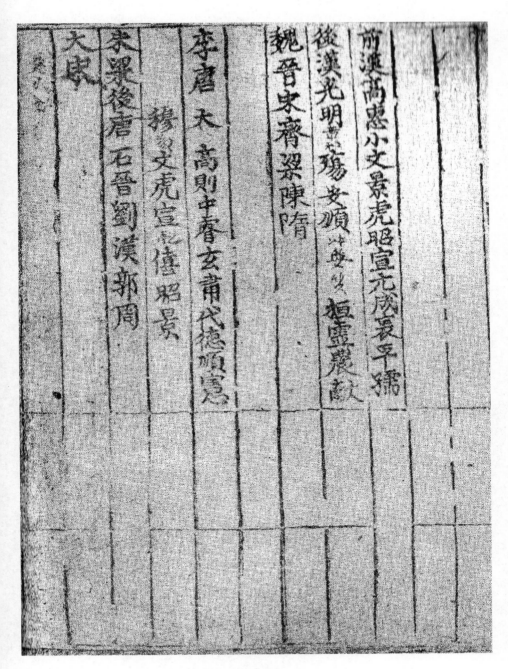

제15장 뒷면

저자(1970년대 당시)

三品彰英(미시나 아키히데)_ 오사카시립박물관장, 불교대학 교수.

村上四男(무라카미 요시오)_ 와카야마대학 명예교수, 삼국유사연구회 회장.

井上秀雄(이노우에 히데오)_ 쇼인여자단기대학 학장.

笠井倭人(가사이 와진)_ 교토여자대학 강사.

木下札人(기시타 레진)_ 긴기대학 교수.

江畑武(에바타 다케시)_ 한난대학 교수.

역주자 김정빈(金正彬)

히로시마대학대학원 학술박사(교육학), 일본국립시마네대학 연구원. 저서로는 『校正宋本廣韻에 의한 廣韻索引과 韻鏡索引』(한국학술원, 2010) 외 10여 편이 있으며, 역서로는 沼本克明의 『한국인을 위한 일본한자음의 역사』(한국학술원, 2008), 小林芳規의 『각필의 문화사』(한국문화사, 2016) 등이 있다.

An Annotated Translation of
"Historical Investigation of
the Three Kingdoms Archive in Ancient Korea"